身近な草や木の葉でできる

作ろう草玩具

佐藤邦昭

築地書館

目次

はじめに

日本には、おもしろい草玩具《くさがんぐ》があちこちにあります。これらは植物と私たちとの長いつきあいのなかで、子どもたち（大人もふくめて）の「遊び心」によって生まれ、伝承《でんしょう》されてきたものです。こうした草玩具には、思わず「ほほう……」と感心させられるようなおもしろさがあちこちにちりばめられ、また「なるほど！」と目を見はらせられる知恵や素材を生かす工夫がうまく取り入れられていて、とても楽しいものです。

草玩具の「草」は、草野球や草競馬《くさけいば》、あるいは草相撲《くさずもう》、草笛《くさぶえ》……などと同じ意味で「素人《しろうと》の」とか「遊びの」あるいは「本格的でない手軽な」といった意味をふくんでいます。

郷土玩具や工業的に作られた玩具のように、全国的に知られていたり売られている玩具は、デザインや作り方、材料などがほとんど固定され決まっています。これに対して草玩具は、ありあわせの草や木の葉などの材料を上手に使って作ってあります。つまり草玩具は、身近な材料で作る手軽な手づくり玩具と考えてよいでしょう。その意味では、草玩具は野の「草花遊び」に近いものかもしれません。

ただ、作ったらその場だけで楽しみ、すぐに捨ててしまう草花遊びとくらべて、できあがった作品がそのまま残り、またちょっとおしゃれな装飾品《そうしょくひん》にもなります。「草玩具」はそんな存在の玩具に対して名づけたものです。

豊かな日本の自然と私たちとのつきあいのなかで、「遊び心」を通して生まれたさまざまな草玩具を作ってみませんか。そして身近な植物たちとのこんなつきあい方を楽しんでいただけたら幸いです。

カタツムリ

♪でんでんむしむしかたつむり……カタツムリを見つけると、まず誰でも口をついて出てくるのがこの歌でしょう。傘《かさ》をさしながらうっとうしい梅雨《つゆ》の道を歩いている時など、アジサイの葉の上にカタツムリを見つけると、それまでのうっとうしさを忘れてしまうような楽しさがありました。

さっそくつかまえてきては、何匹も箱のなかで飼って（と言うより、とじこめたと言ったほうがいい）、いろんな色や大きさのカタツムリを眺《なが》めて楽しんだり、ノロノロ歩く姿を見たり、ニョキッと出てきた目をつついてひっこめたり、カミソリの刃渡《はわた》りをさせたり、餌《えさ》にスイカをやって赤いウンチをさせてみたり……。こんなことをして遊んでいると、いつまでも退屈《たいくつ》することがありませんでした。右巻きの殻《から》だけでなく、左巻きのものもあることに気づいたのも、こうした遊びからでした。

カタツムリの愛嬌《あいきょう》のある姿は、いろんなところで愛されているのでしょう。いくつかの作り方があります。そのなかから日本各地に伝わっているもの（Ⓐ）と、奄美大島《あまみおおしま》で見つけた作り方（Ⓑ）を紹介しましょう。できあがったら花瓶《かびん》のアジサイの葉の上などにそっとのせてあげたら、いっそうかわいらしく見えることでしょう。

材料

ヤブカンゾウの葉、ノカンゾウの葉、またはヤシの葉、シュロの葉。また、春に紫色《むらさき》の花が咲くシャガやアヤメ、花ショウブの葉などいろんなものが使えます。もちろん紙を切ってリボンにしたものでも作ることができます。乾燥《かんそう》しても縮《ちぢ》まない葉を使うと長く飾《かざ》っておくことができるでしょう。

作り方

Ⓐ　葉の頭の部分を一〇センチほど残し、残りを半分にさいて二本のリボンにし、これを裏へ裏へと巻きこんでしめていきます。頭の部分と巻きこんだ部分が交差する時に、上を通るようにするところがポイントです。下を通してしまうとできません。

Ⓑ　作りはじめの二本のリボンを重ね合わせてしぼり、動かないように止めるところと、最後に裏に返してしっぽにするところがポイントになります。あとはそんなに難しいところはないので、図を見て作ることができるでしょう。

Ⓐ日本各地に伝わるカタツムリ

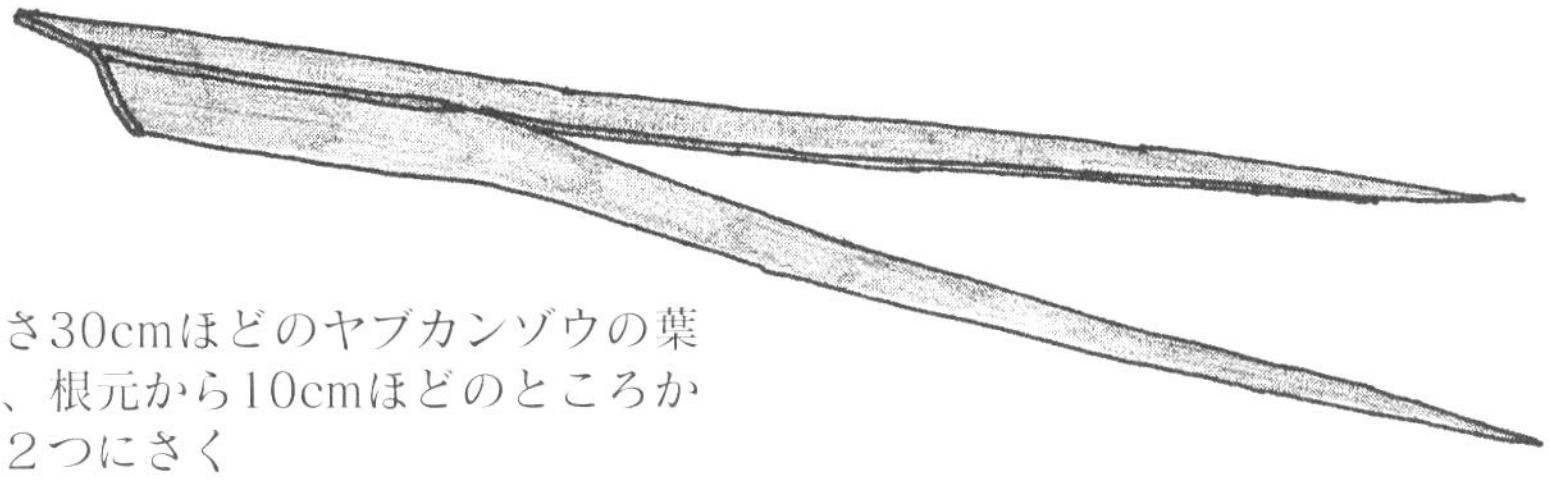

❶長さ30cmほどのヤブカンゾウの葉を、根元から10cmほどのところから２つにさく

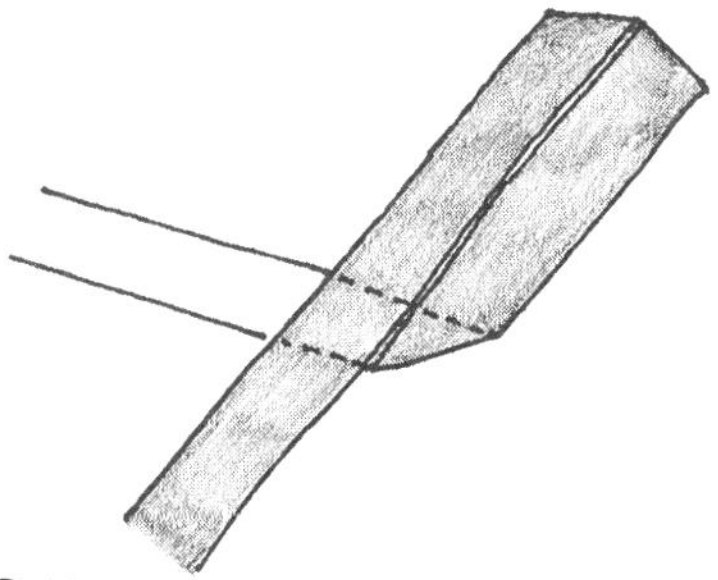

❸折る

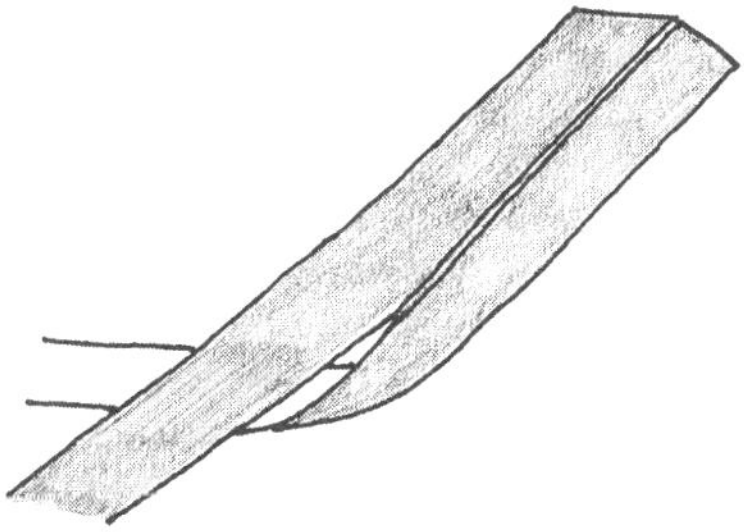

❷一方を裏側に折り曲げるようにして

❹～❻のように折っていく

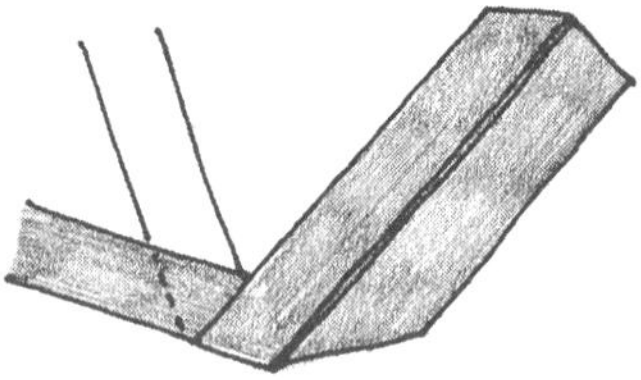

❹

❺

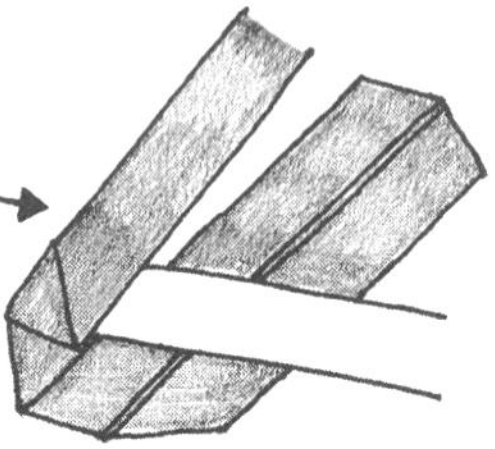

❻

交差する時、もとの
葉の上を通るように
するのがポイント

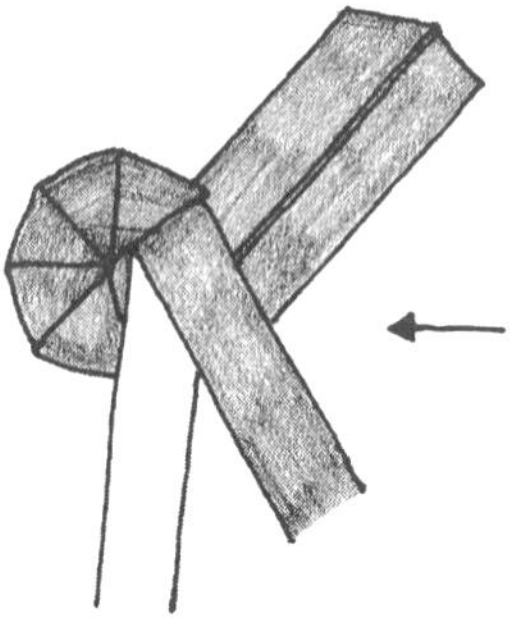

❼同じようにどんどん折りすすめる

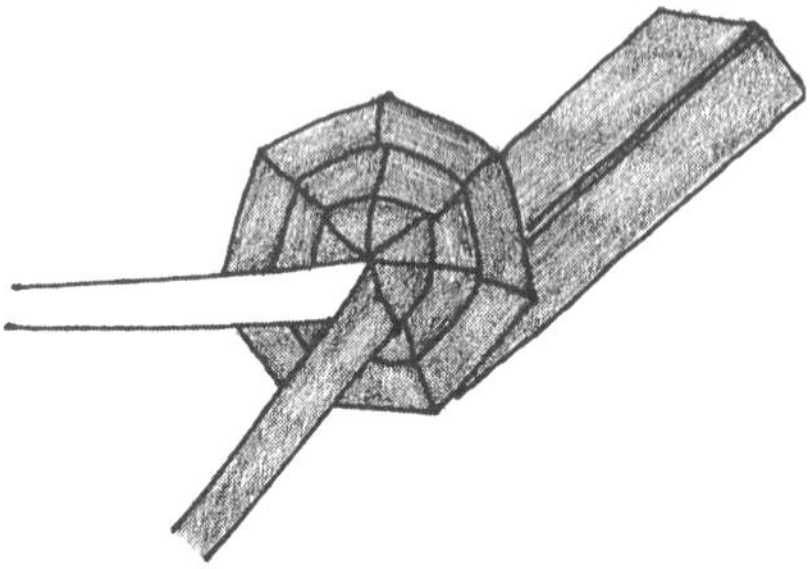

❽まんなかをしめながら、三重ぐらい巻きこむ

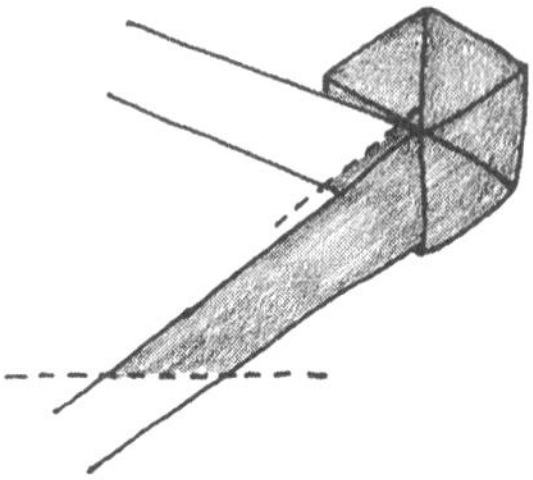

❾尾になる部分を残して切る

❿最後に頭の部分を切って

⓫完成

Ⓑ奄《あま》美《み》大島《おおしま》のカタツムリ

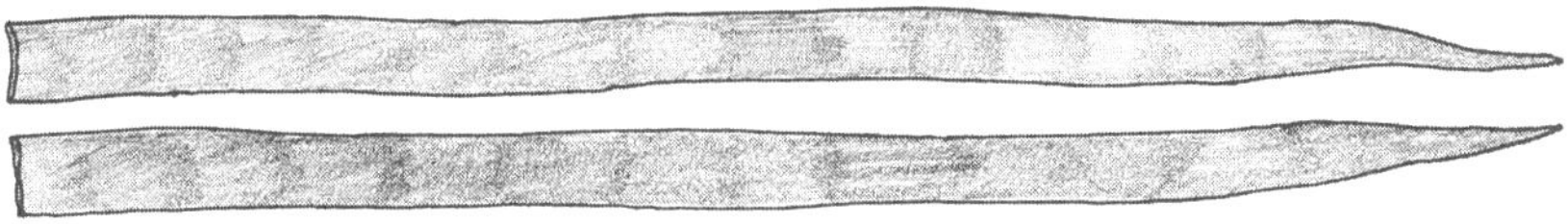

❶長さ40cm、幅１cmほどのリボンを２本用意する

❹ ❸ ❷

２本のリボンを❷のように組み合わせて、❸❹のように２～３回巻きつける

❼

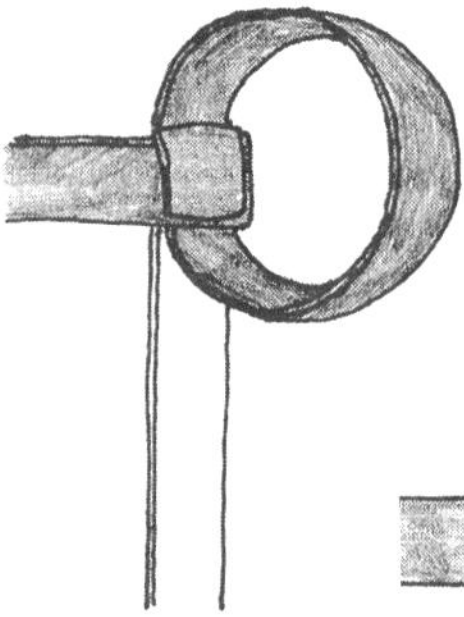

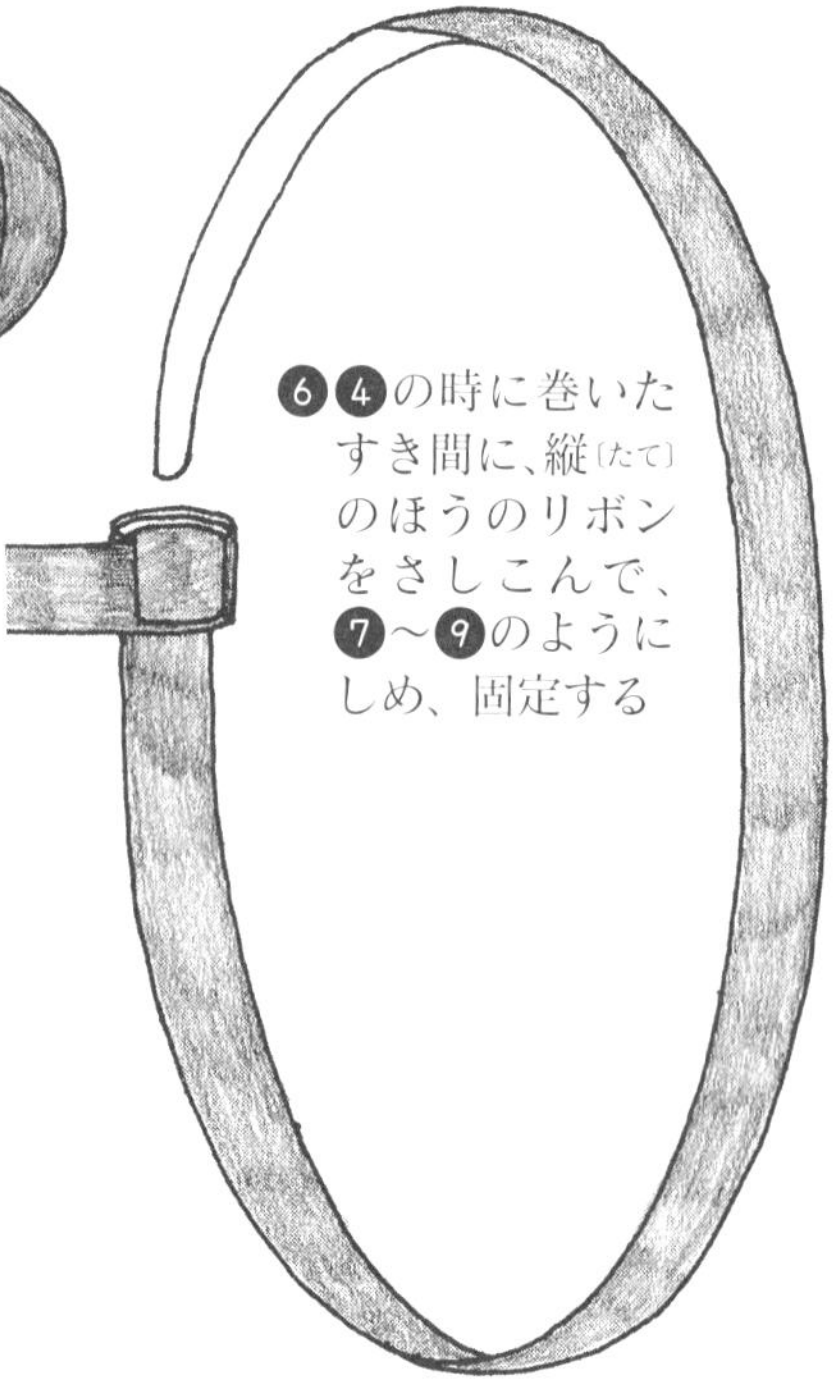

❻❹の時に巻いたすき間に、縦〔たて〕のほうのリボンをさしこんで、❼〜❾のようにしめ、固定する

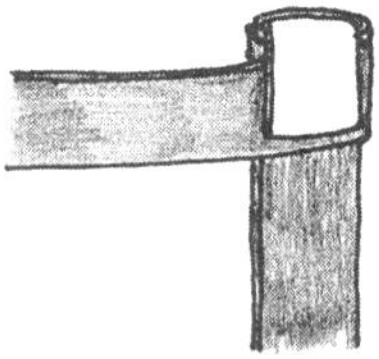

❺上に出ている部分を手前に折っておさえる

❽

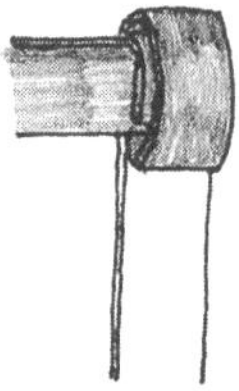

❾

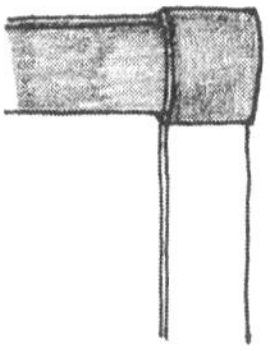

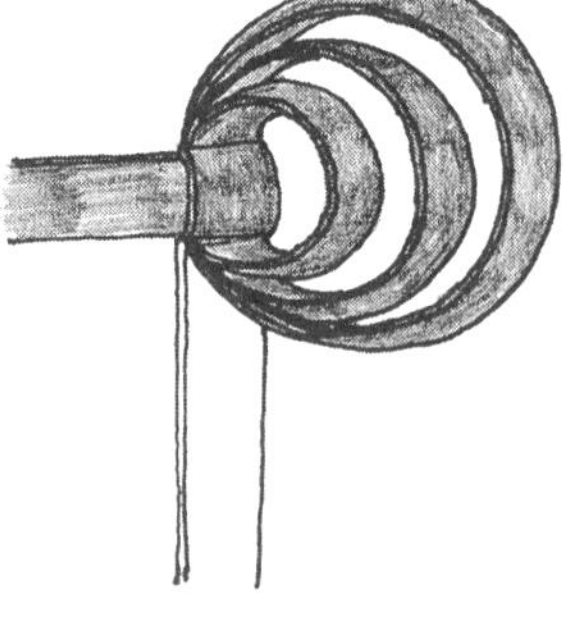

❿さらに同じところにさしこんで、同じ間隔〔かんかく〕で輪を３つ作る

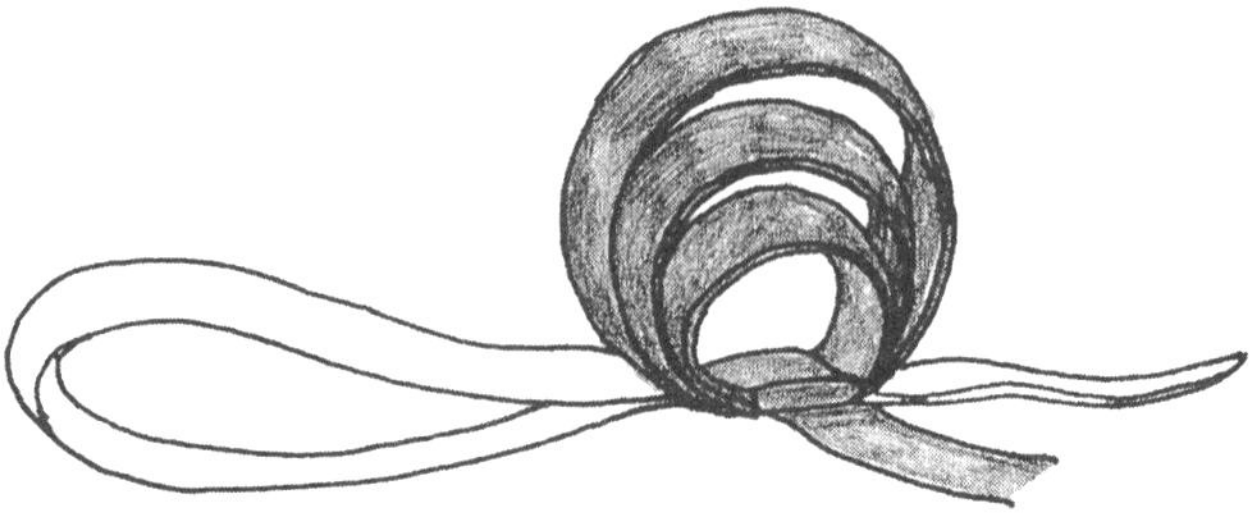

⓫リボンを逆向きにさしこむ

⓭

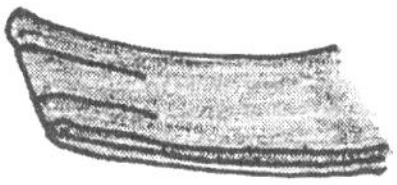

⓮

⓬頭になる部分を1～2cm出し、この部分をつぶしておく

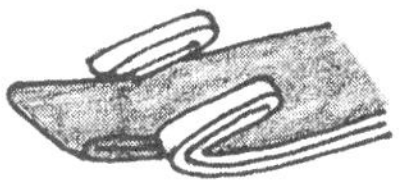

つぶした部分を⓭のようにハサミで切り、⓮のように起こしてから、⓯のように後ろから押すと頭の部分が⓰のようになる

⓯

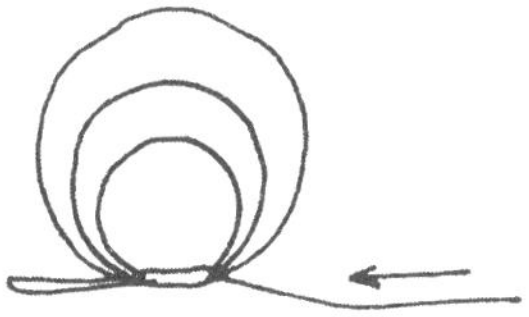

⓰

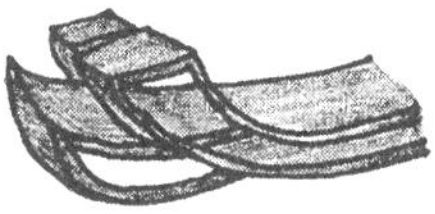

⓱横のリボンを切り(⓬)、しっぽを適当な長さに切って完成

バッタ

子どもたちに松葉の虫かご（85ページ）を教えていました。マテバシイの葉を二枚重ねてそれにクロマツの葉をさしこんで、重ねた二枚の葉を離していくと、かわいらしいおもちゃの虫かごのできあがりです。「できたあ！」子どもたちは大喜びです。

「それじゃあ、なかに虫を入れてあげるね」そう言いながら、私はススキの葉でバッタを折ってやりました。

「えっ、これほんとに作ったの？　本物みたい！」ススキの葉一枚が、本物そっくりのバッタに変身したことに、子どもたちは驚いています。

できあがったバッタは、ススキの葉にとまらせたり、草のなかにおいたり、あるいは虫かごに入れたりして、いろんな楽しみ方ができるでしょう。

材料も、長野県ではススキの葉、関東地方から南では雑木林《ぞうきばやし》のなかに多いシュロの葉、沖縄ではヤシの葉とさまざまです。また同じようなバッタを、マレーシアやハワイ、中国などでも見つけました。どうやらこのバッタは、世界中で広く作られているようです。また作り方は、それぞれの地方や国によって少しずつちがっていて、いくつかの作り方がありますが、ここでは私がいつも作っている方法を紹介します。

材料

ススキの葉、オギの葉、シュロの葉、チガヤの葉、マコモの葉、ヤシの葉などさまざまなものが使えます。

作り方

葉のまんなかを通っている太い筋《すじ》を境に、葉を二本のリボンにさいて分け（❶）、まんなかの筋を輪にして、葉の端《はし》ではさみこむところからスタートです（❷）。輪にした筋を中心にして、葉を左右から回しながら折り重ねて胴体《どうたい》を作っていきます（❸〜⑯）。最後に、触角《しょっかく》にする部分を輪のなかに通して、はさみこんであったまんなかの筋をひっぱると、輪がしまって触角をはさみこみ、止まります（⑰⑱）。足は、筋を同じ長さに二本切り取って二つに折り、折り重ねた胴体のひだにさしこんでできあがりです（⑲）。葉の折り方の決まりさえわかれば、単純な作りですから簡単です。図を見て、考えながらゆっくり作ってみましょう。

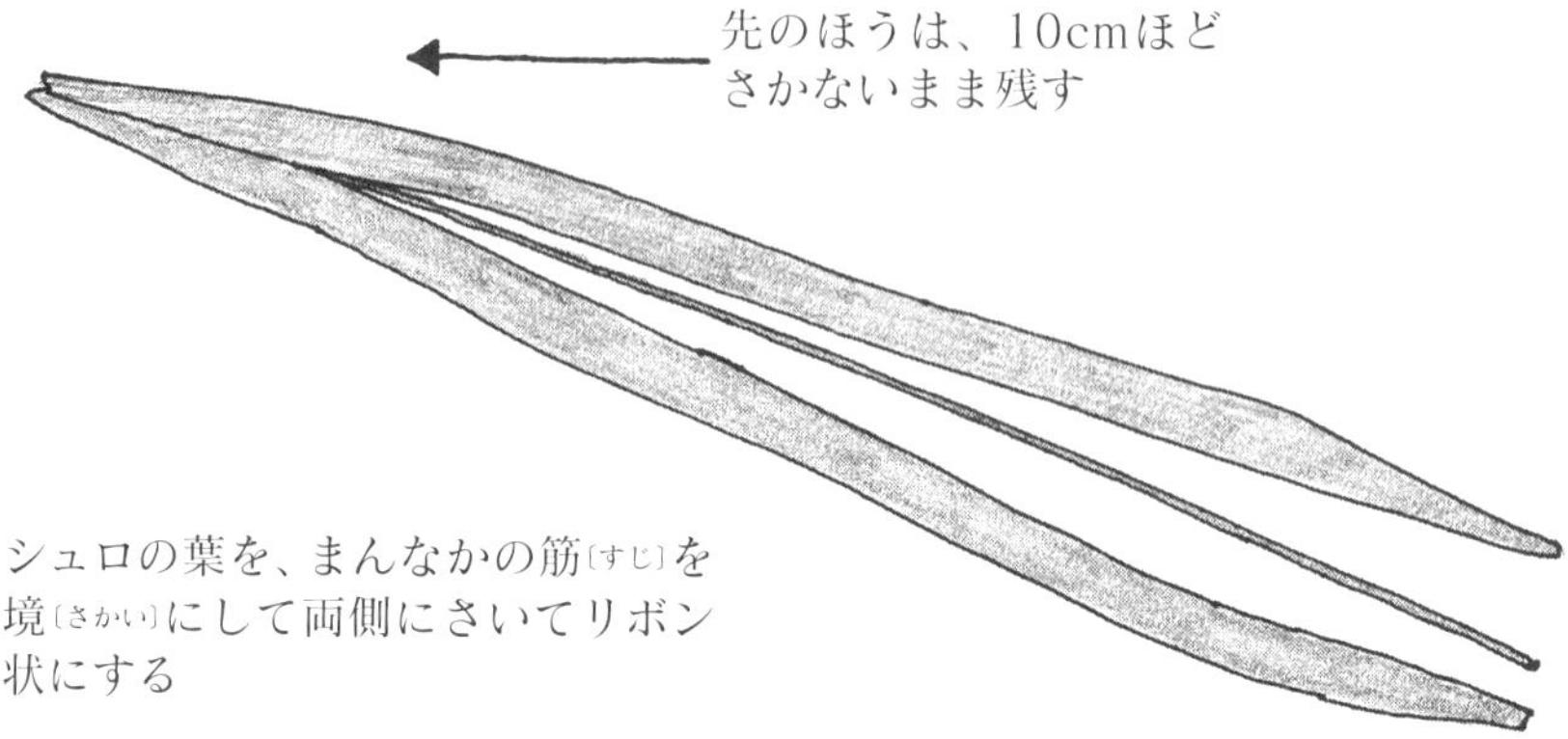

❶シュロの葉を、まんなかの筋〔すじ〕を境〔さかい〕にして両側にさいてリボン状にする

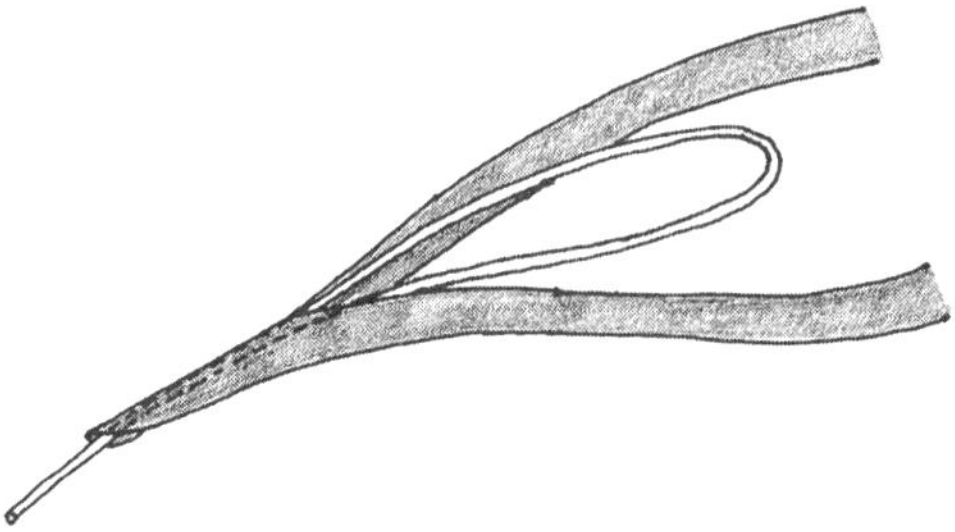

❷くっついた部分を２つに折り、筋を輪にしてはさみこむ

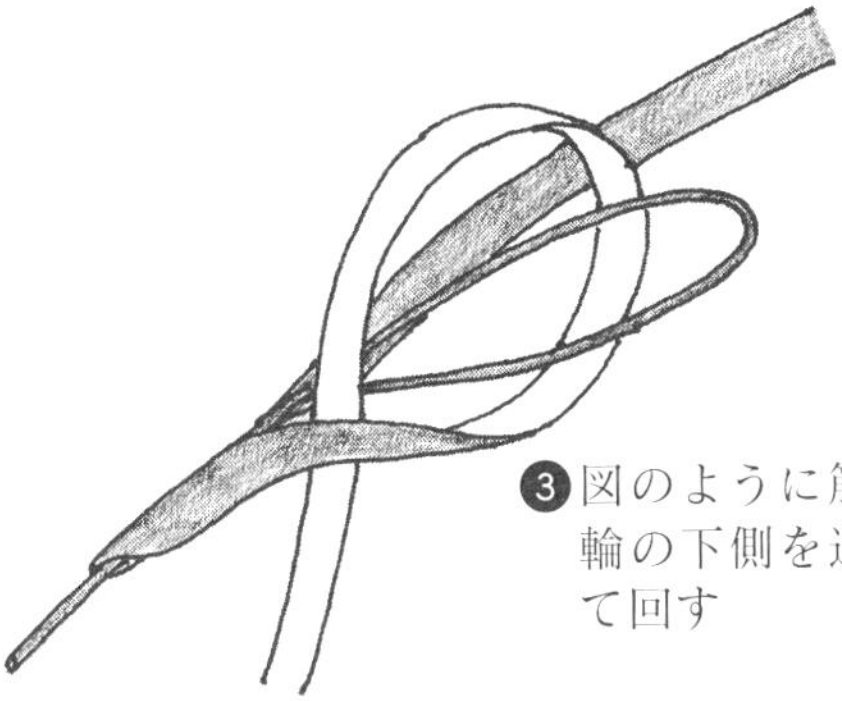

❸図のように筋の輪の下側を通して回す

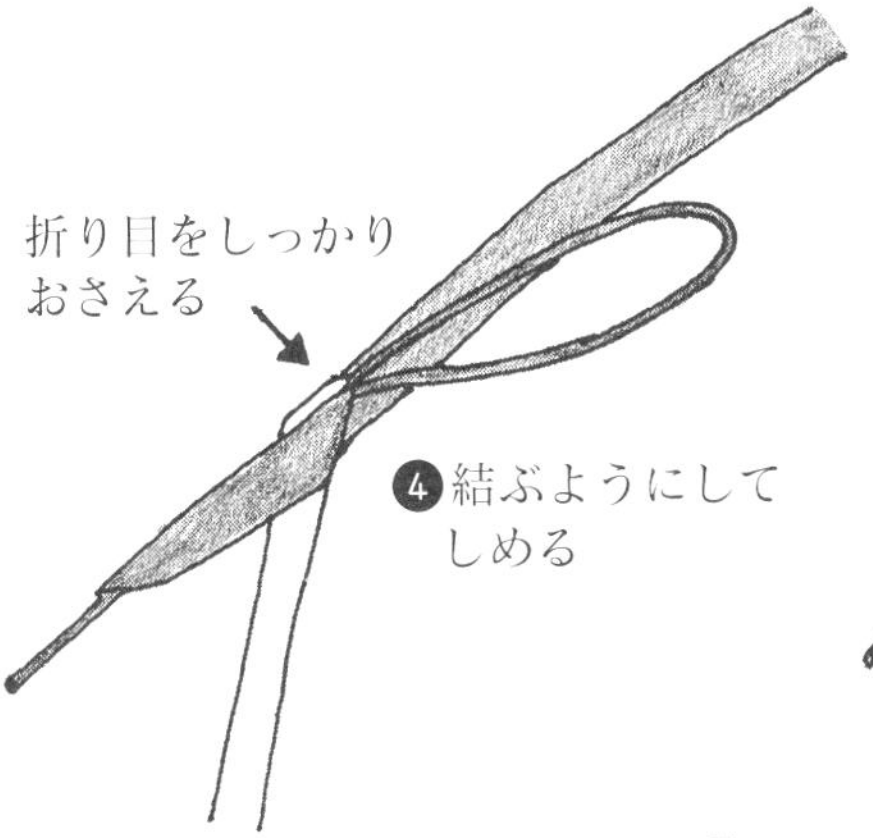

❹結ぶようにしてしめる

❺反対側も同じように輪の下側を通して

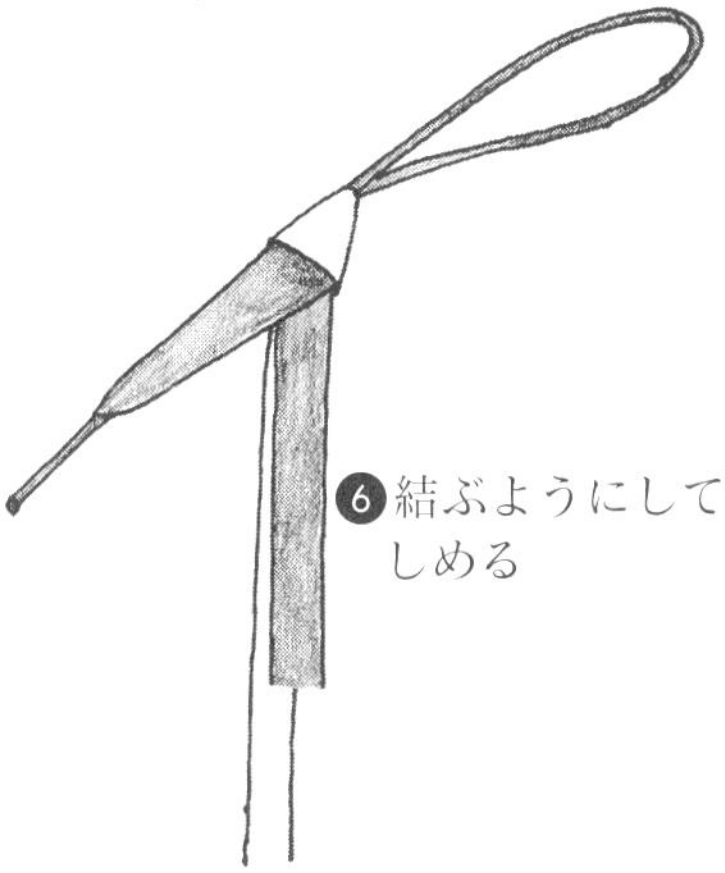

❻結ぶようにしてしめる

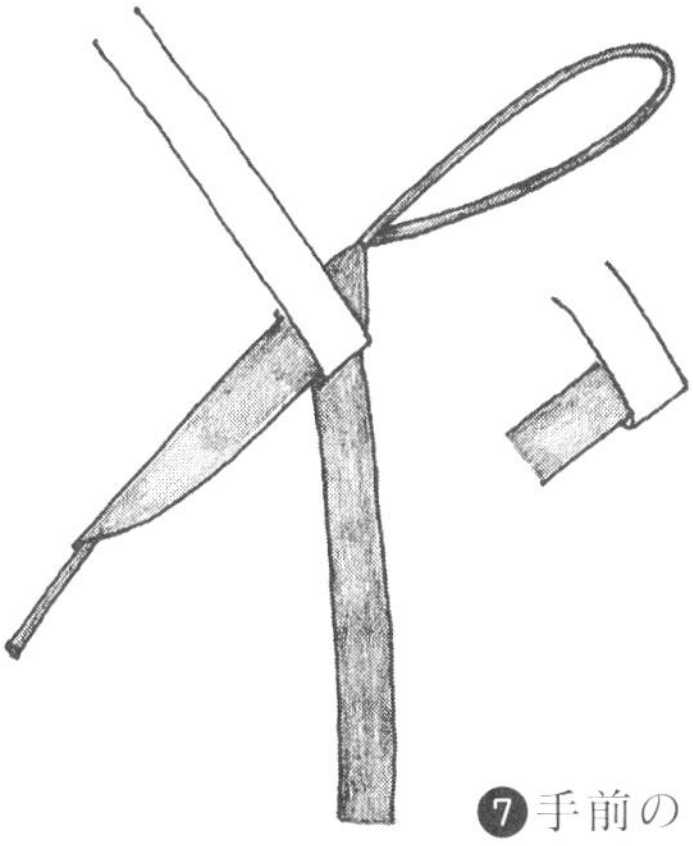

❼手前の1本を真上に上げる

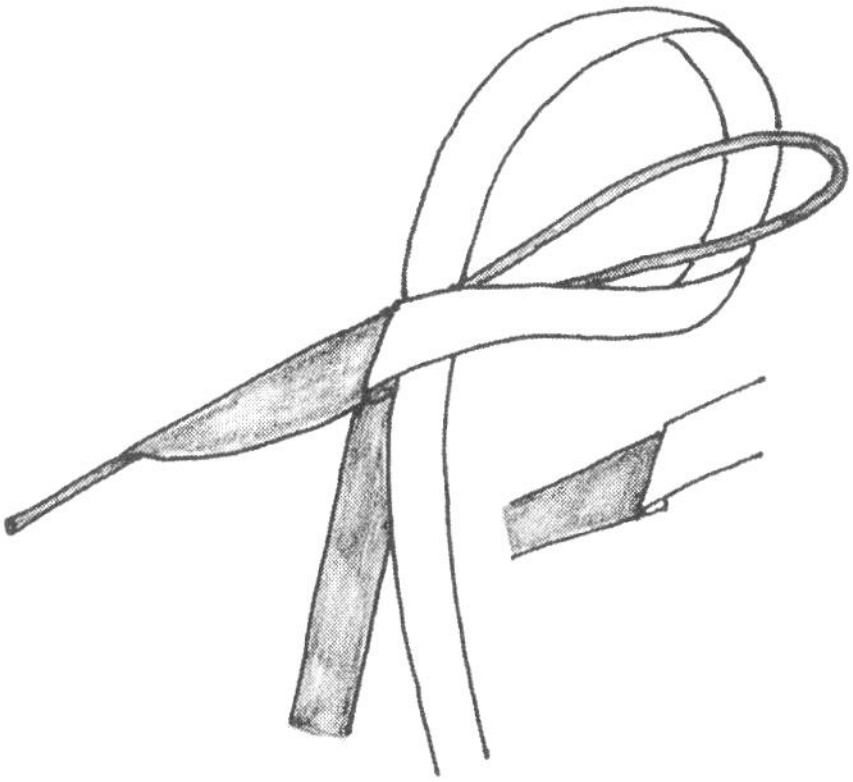

❽まず45度に折って、その後、輪の下側を通して回す

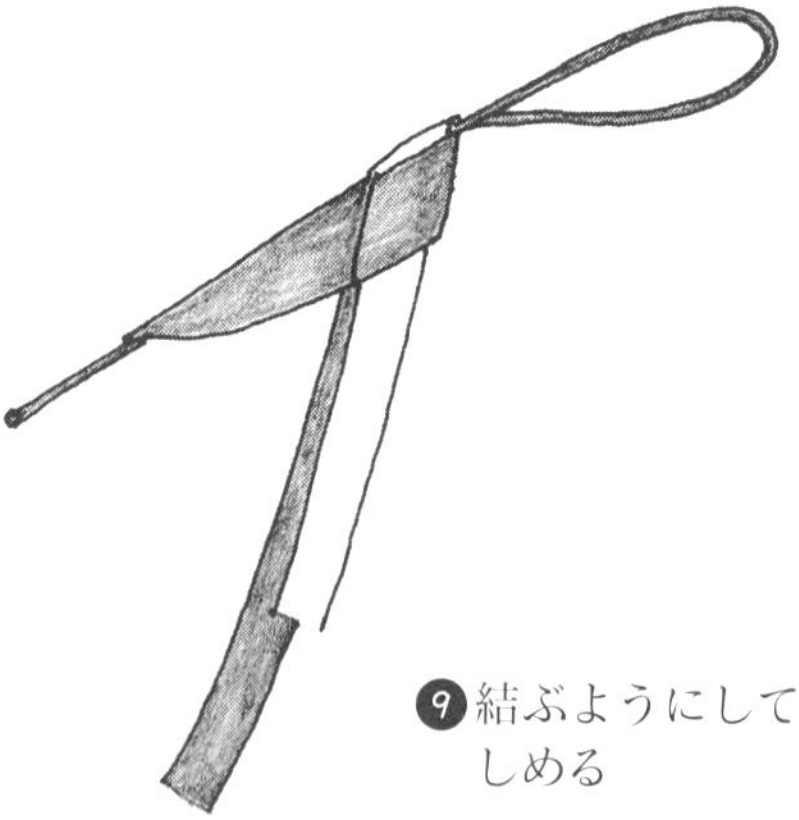

❾結ぶようにしてしめる

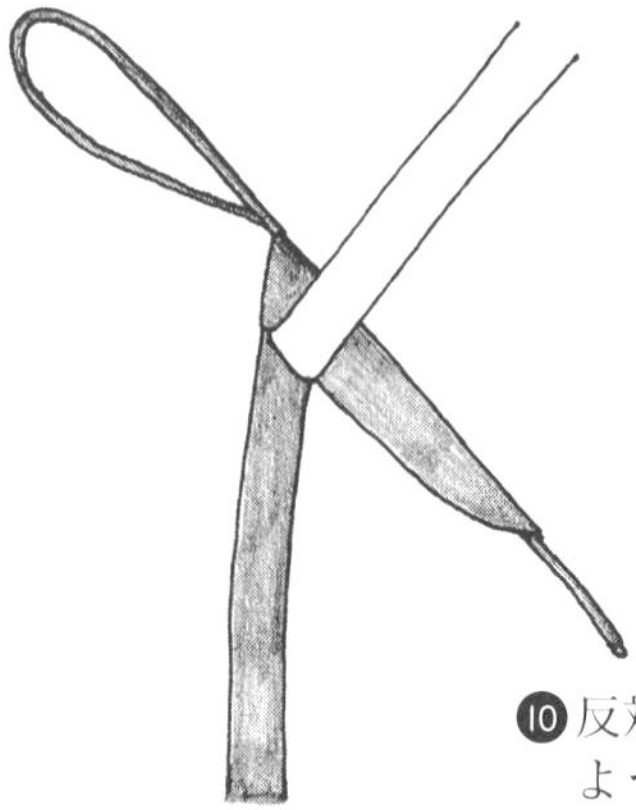

❿反対側も同じように真上に上げる

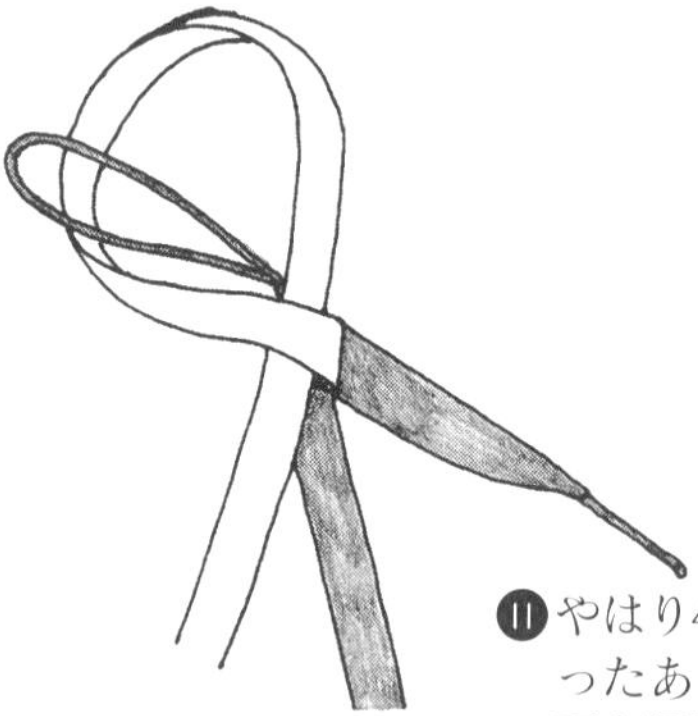

⓫やはり45度に折ったあと、輪の下を通して回す

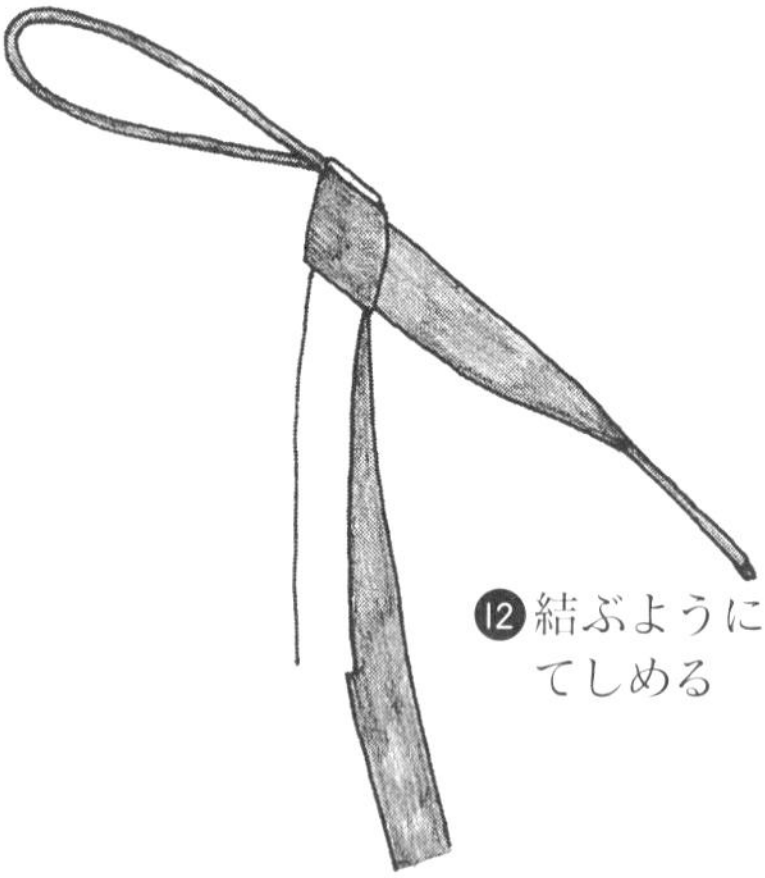

⓬結ぶようにしてしめる

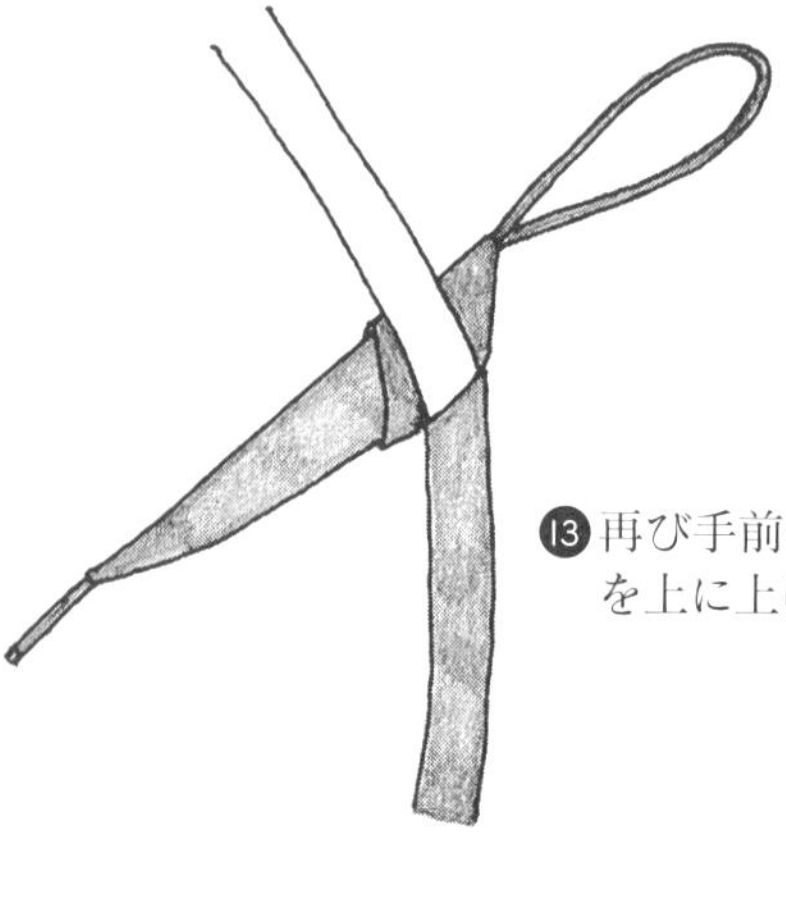

⓭再び手前の１本を上に上げる

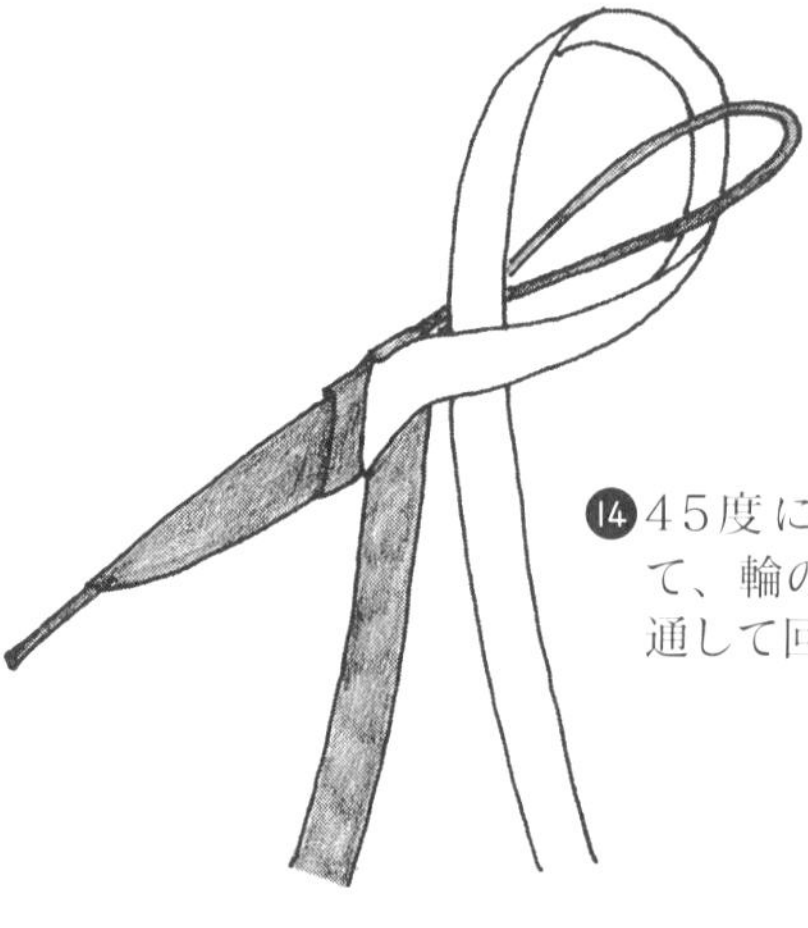

⓮45度に折って、輪の下を通して回す

⑮結ぶようにしてしめる

⑯これを5〜6回くりかえす

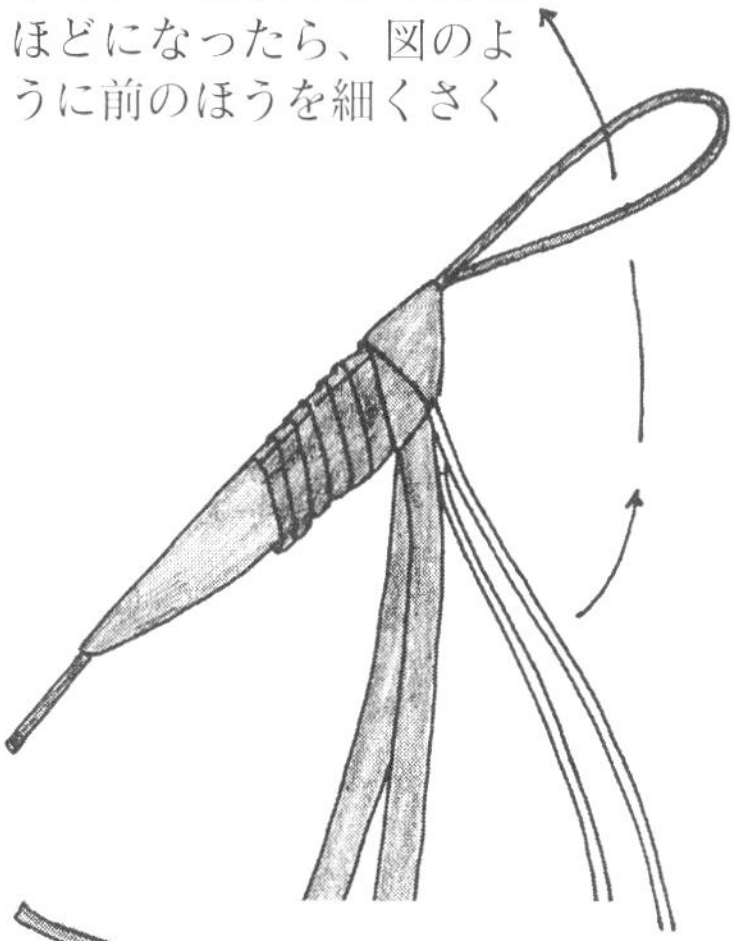

⑰リボンのあまりが10cmほどになったら、図のように前のほうを細くさく

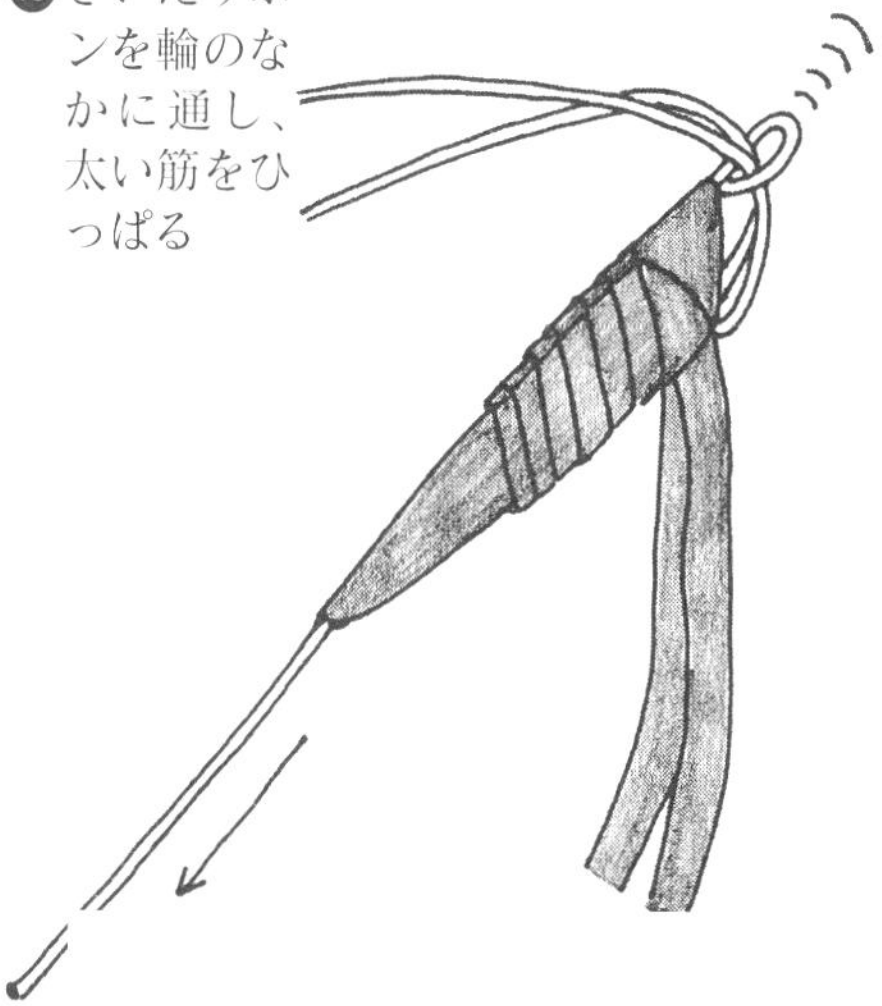

⑱さいたリボンを輪のなかに通し、太い筋をひっぱる

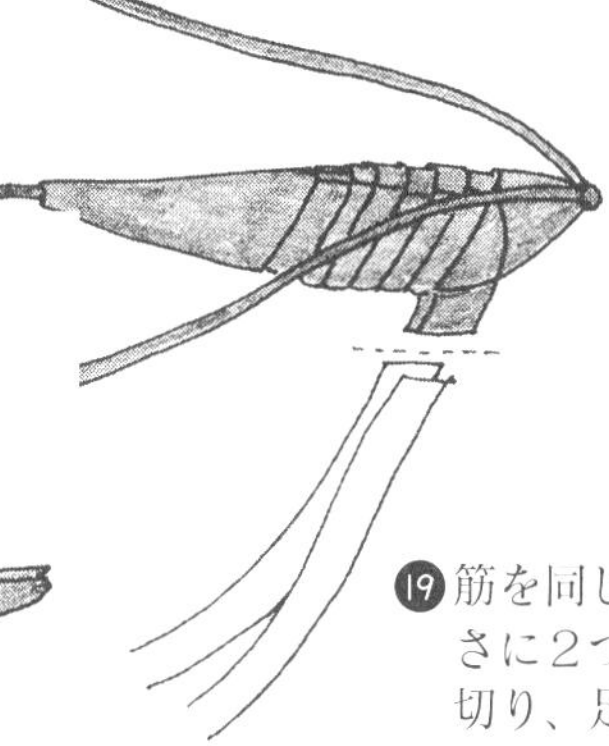

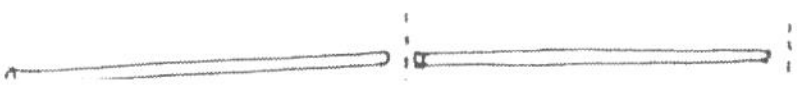

⑲筋を同じ長さに2つに切り、足にする

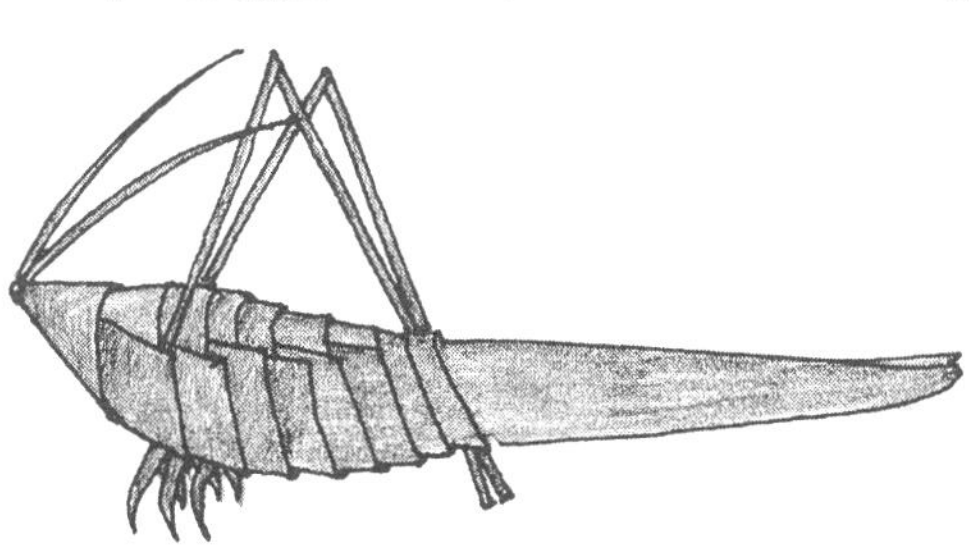

⑳あまったリボンを切って形を整える

ヘビ

石垣島《いしがきじま》のお土産屋《みやげ》をのぞいていた時に、おもしろいものを見つけました。ヤシの葉で編《あ》んだ玩具のヘビです。名前を聞いたら「指ハブ」とか「ハブグワー」と呼ばれていると教えてくれました。なるほど、沖縄地方ではヘビと言えばハブなのでしょう。口に指を入れると、食いついて離れなくなります。あわててひっぱると、いっそう抜けません。とっても愉快《ゆかい》な玩具なのです。この地方の代表的な玩具なのでしょう。沖縄ではあちこちのお土産屋さんの店先で見られました。ようしっ！　これを持って帰っていたずらしてやろう。いたずらの大好きな私は、たちまちこの楽しい玩具に魅了《みりょう》されて、すぐに五、六本買ってしまいました。

東京へ帰ってどんな作りになっているのかを調べてみると、わりあい単純で簡単な作りになっています。そしてちょっとした工夫で、こんなおもしろいものができるんだなと、その知恵と遊び心に感心してしまいました。さっそくシュロの葉で作ってみました。二つの平面を組み合わせて筒《つつ》にする時にだいぶ苦心しましたが、やっているうちにクリップを使うと簡単に作業ができることを発見しました。

材料

沖縄地方では、クロツグ（マーニと呼んでいる）というヤシの一種の葉やアダンの葉を使いますが、関東地方ではシュロの葉、また公園などに植えてあるニオイシュロランの葉などを使うとよいでしょう。私はよく、ニオイシュロランの落ち葉を水でやわらかくもどして使っています。この葉はとても強く、大人の力でひっぱっても決して切れません。

作り方

シュロの葉を細くさいて四本のリボンを作ります（幅は七、八ミリが適当です）（❷）。これを図❸〜❻のように組み合わせたあと、反対側の端《はし》と端をくっつけて組みこんで輪にします（❼〜❾）。この時にクリップで止めておくと、はじめに編《あ》んだほうがほどけずに便利です。あとは順序をくるわせないように、一目ずつていねいに編みこんでいきます（❿）。

適当な長さになったら、四本のなかの一本でまず止め（⓬）、その後縄に編みこんで最後にもう一度輪を作って止めれば完成です（⓮〜⓰）。さあ、さっそくお友達にいたずらをしてみましょう。

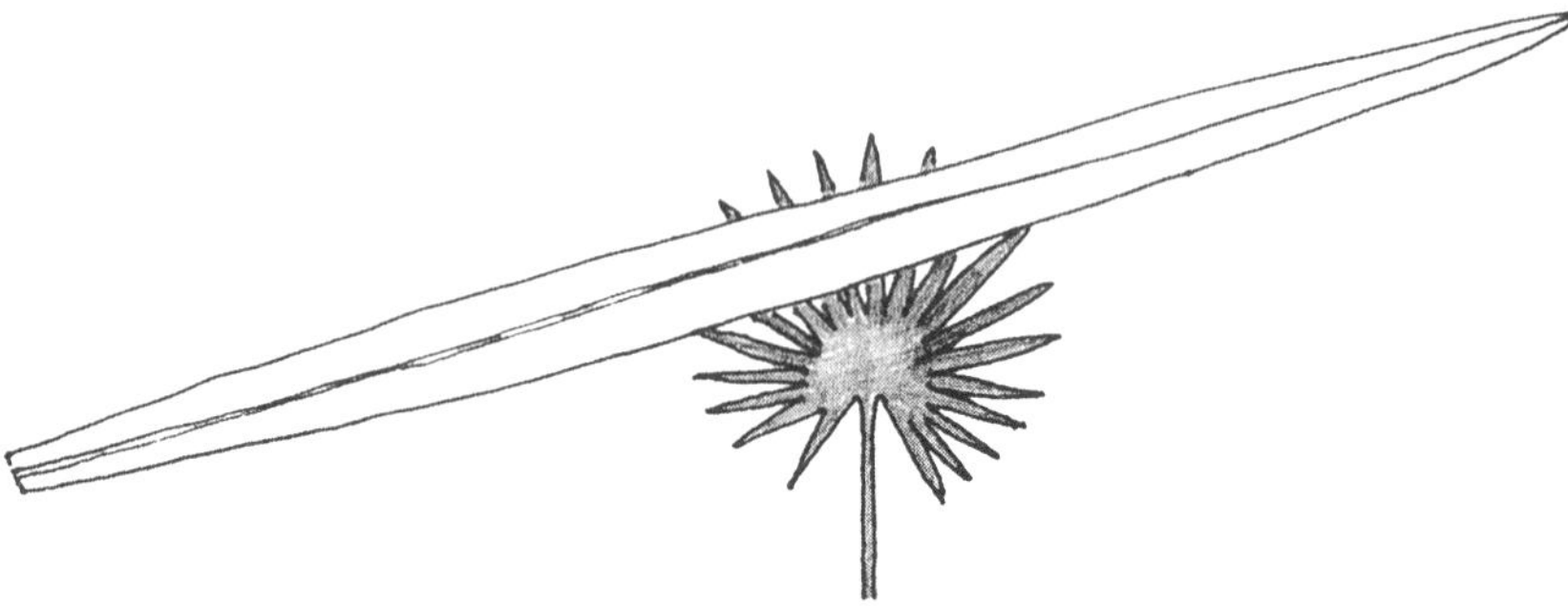

❶シュロの葉を１枚切り取る

❷まんなかの太い筋〔すじ〕を取りのぞいて幅７mmぐらいのリボンを４本作る

❸２本のリボンを図のようにななめに組み合わせる

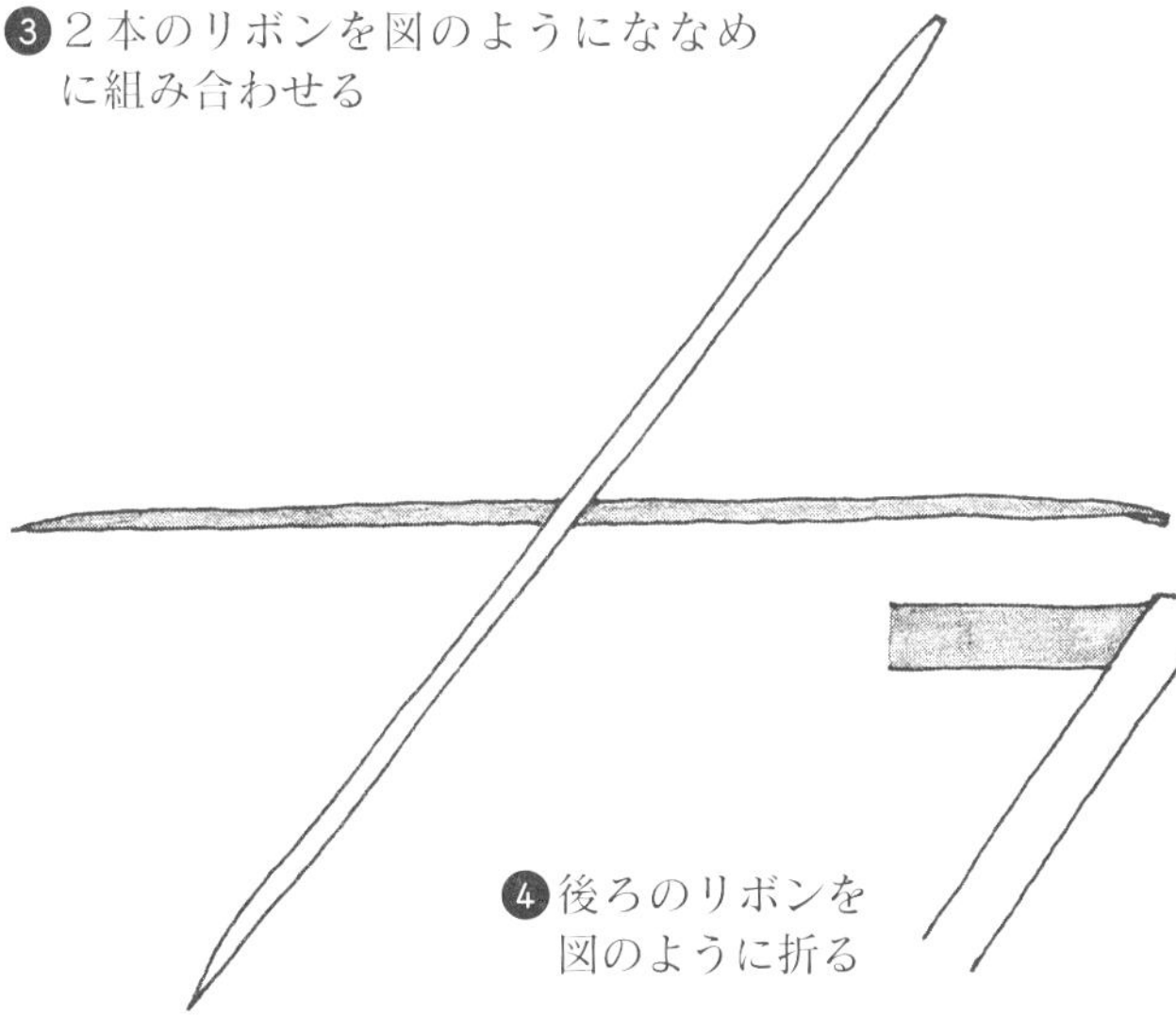

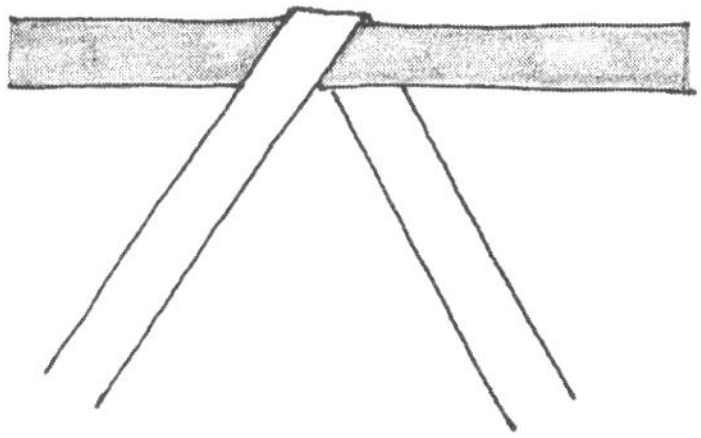

❹後ろのリボンを図のように折る

❻

❺

さらに図❺❻のように折る

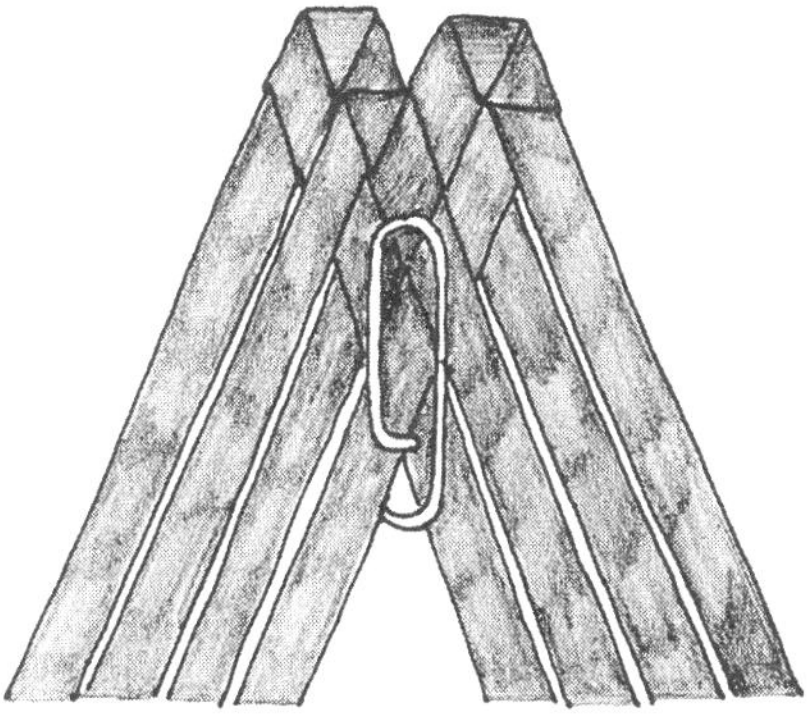

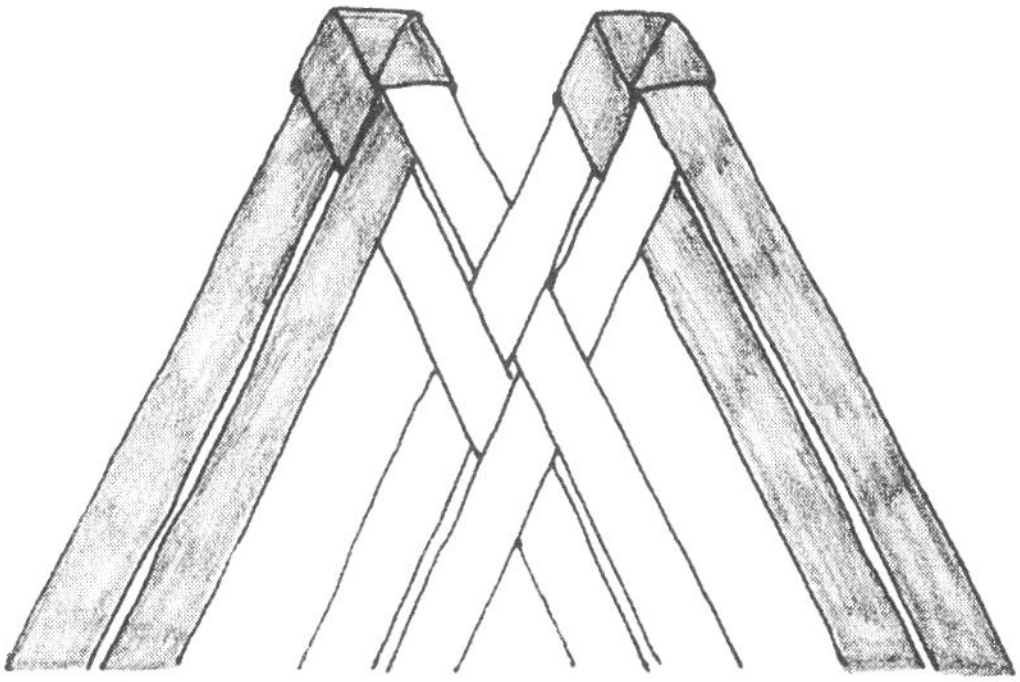

❽組み合わせたすき間をつめる（この時クリップを使うと便利）

❼同じものを２組作り、図のように組み合わせる

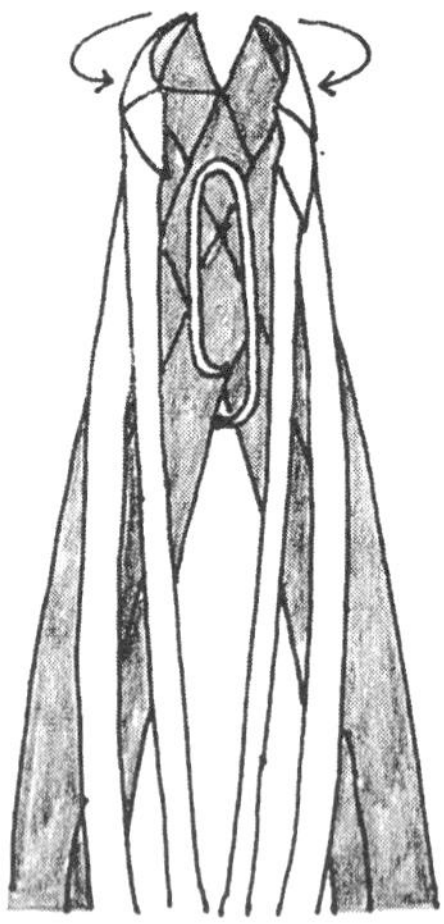

❾両端〔りょうはし〕を手前に曲げて組み合わせ、輪にする

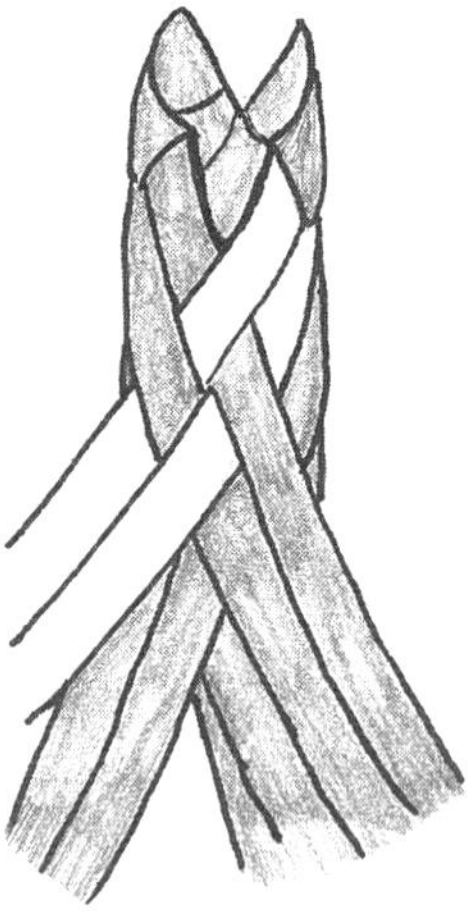

❿輪になったものを、編〔あ〕んで筒〔つつ〕にする

⓫適当な長さになるまで編みすすめる

⓬適当な長さになったら、なかの１本を使って結ぶ

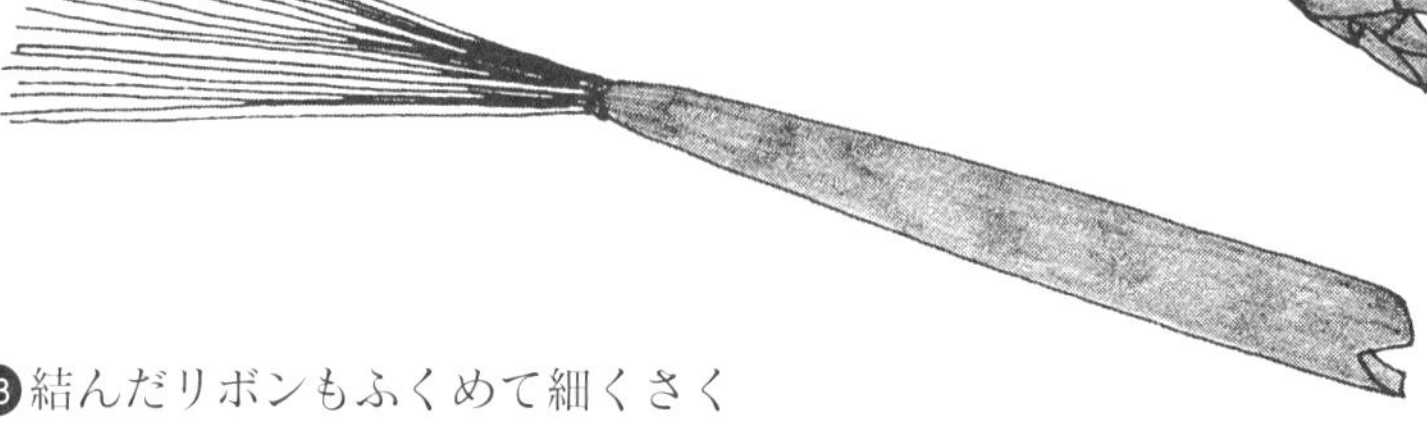

⓭結んだリボンもふくめて細くさく

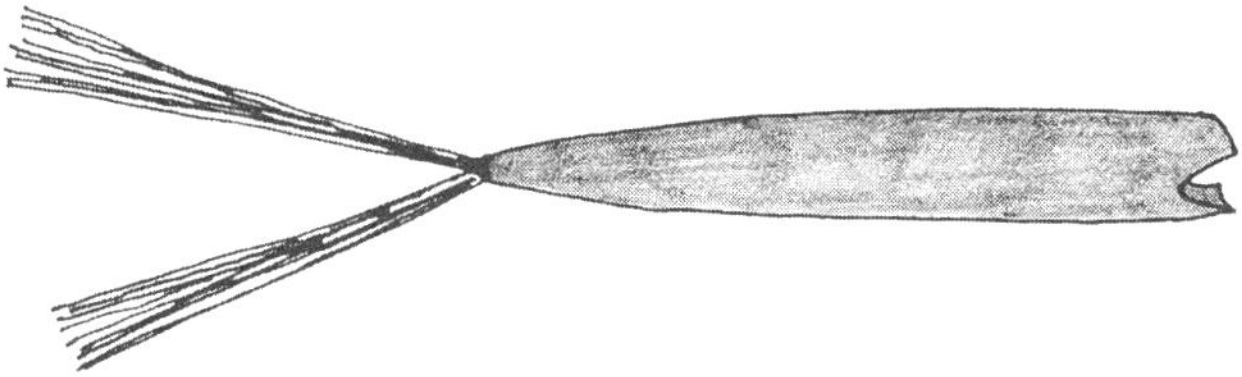

⓮さいたものを２等分して

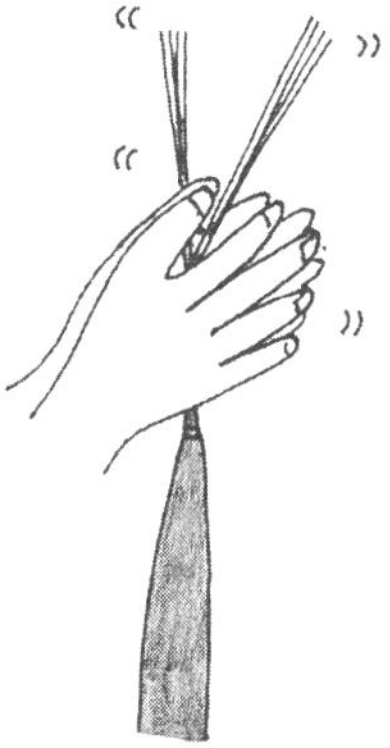

⓰最後に結んで

⓯縄にする

⓱完成

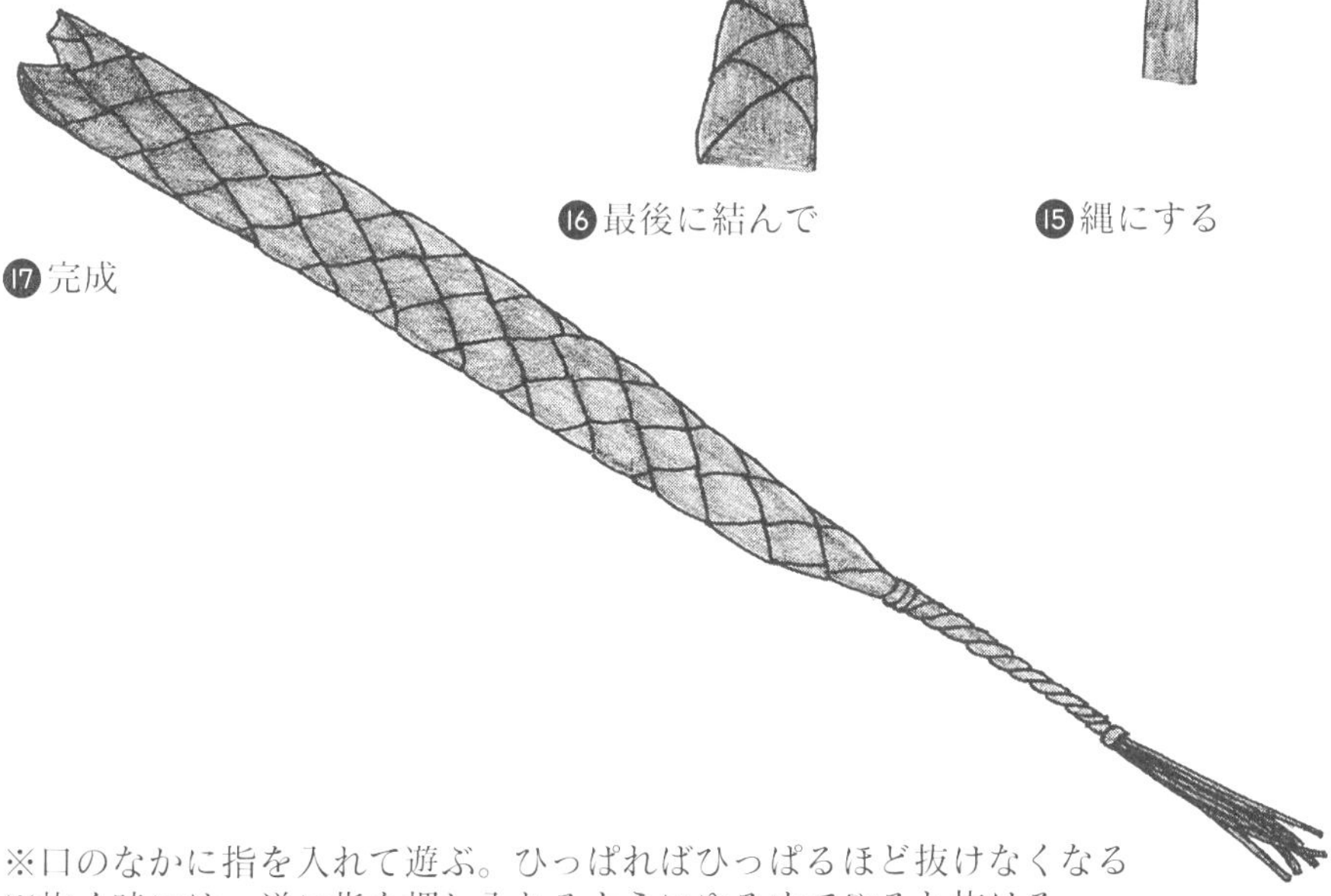

※口のなかに指を入れて遊ぶ。ひっぱればひっぱるほど抜けなくなる
※抜く時には、逆に指を押し入れるようにゆるめてやると抜ける

馬っこ

まだ機械の発達していない時代、田畑をたがやす力として、あるいは物を運んだり、どこかに出かけたりする時の乗り物として、馬ほど私たちの身近にいて、私たちの助けになった動物はなかったのではないでしょうか。私の友達の農家にも必ず二～三頭の馬がいたものでした。

東北の私の田舎《いなか》では、なんでも物の名前の後ろに「こ」をつける習慣があります。猫っこ、犬っこ、べご（牛）っこ、茶碗《ちゃわん》っこ、靴《くつ》っこ、わらしっこ……というように。ですから馬のこともやはり同じように「こ」をつけて、「馬っこ」と呼んでいました。

これは五本のリボンを組み合わせていくだけでできる馬です。日本のあちこちに伝わっているところを見ると、お盆の迎え火の時にでも門口《かどぐち》に飾《かざ》られたものが、子どもの玩具として広がっていったのかもしれません。材料は土地によってさまざまで、稲のわらをはじめ、麦わらのものも多く見かけます。沖縄ではアダンの葉で作られたものを見ましたし、秋田県の角館《かくのだて》というところでは、イタヤカエデという木のうすいへぎで作っためずらしいものがありました。

材料

一般的には麦わらや稲わらで作られているものが多いようですが、そのほかヤシの葉、アダンの葉など、いろんなものが使われています。もちろん紙を五ミリぐらいの幅に切ったリボンなども使えます。色紙などで作るのもきれいです。私の場合は、近くの山にたくさん生えているシュロの葉をよく使っています。ちょっと慣れたら、首を長くしてキリンにしたり、胴《どう》を長く、足を短くしてダックスフントにしてみたりと、いろんな動物に変化させることもできます。

作り方

同じ太さ、同じ長さの葉のリボン五本を準備してから始めます。太さがちがったり長さがちがっていると、あとで足りなくなる場合があります。もし、足りなくなったら、同じものを折りこんで足していくようにします。はじめの一本を横におき、そこに十字架のように上を短くして二本目をおきます。はじめの一本がしっぽの部分になり、ここからがスタートです。あとは図を見ながら折ってみましょう。折り目をつめてキチンと折ることがきれいに仕上げるコツです。

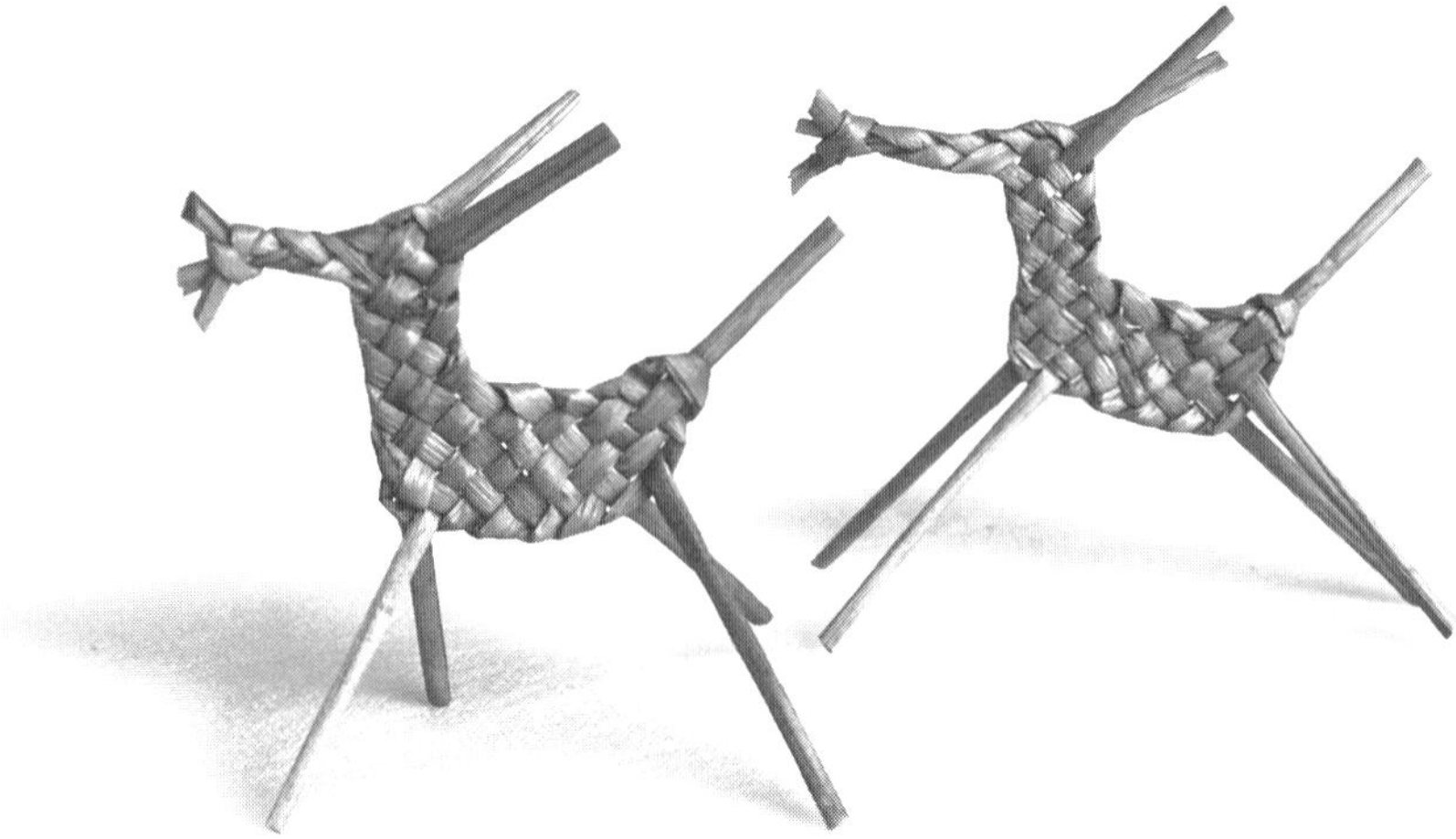

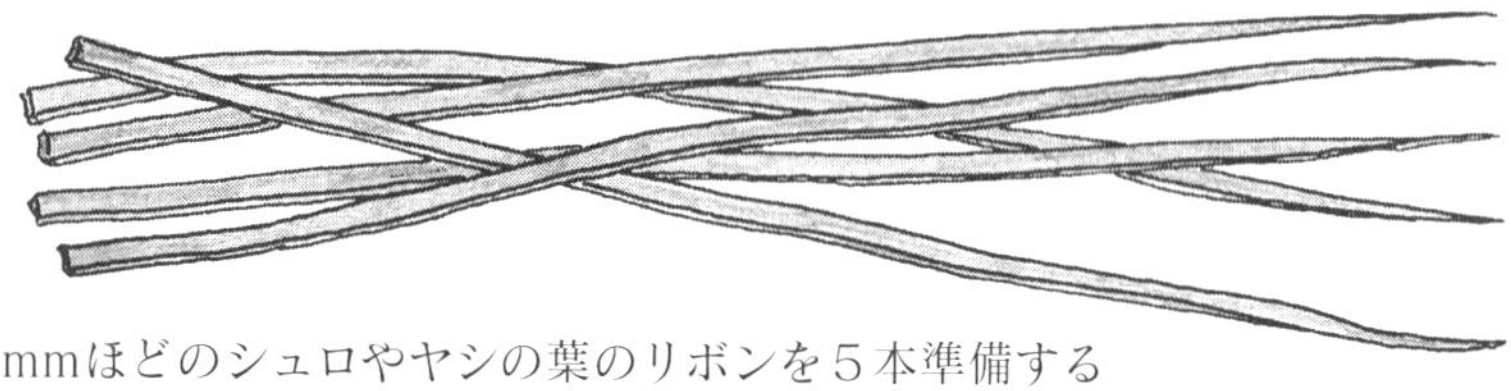

❶５mmほどのシュロやヤシの葉のリボンを５本準備する

❸その上に図のように３本目を重ねる

❷まず２本を図のように十字におく(縦〔たて〕のリボンは上を短くしておく)

❹はじめの１本を折る

❺４本目を図のように、たがいちがいに入れる

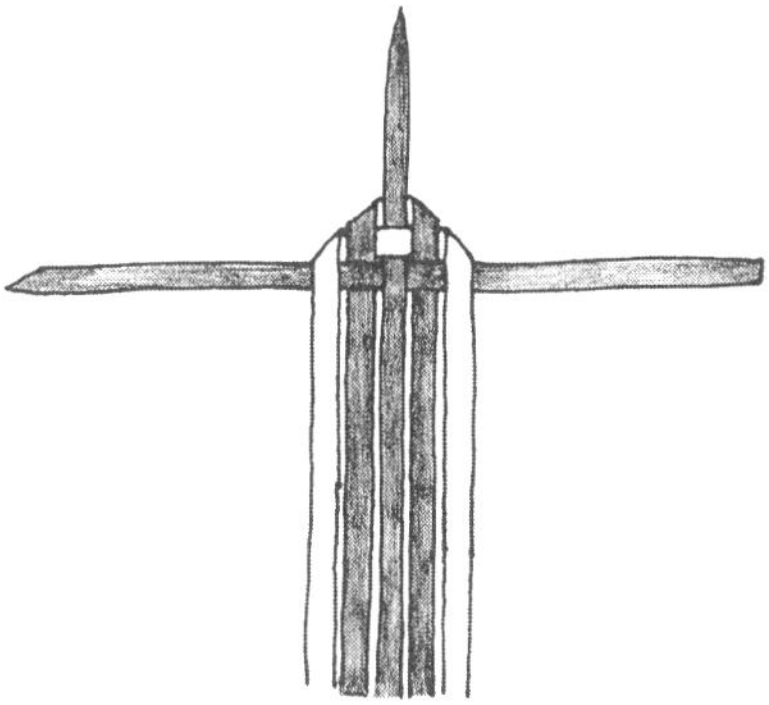

❻３本目を❹と同じように折る

❼最後の１本を図のように、たがいちがいに入れる

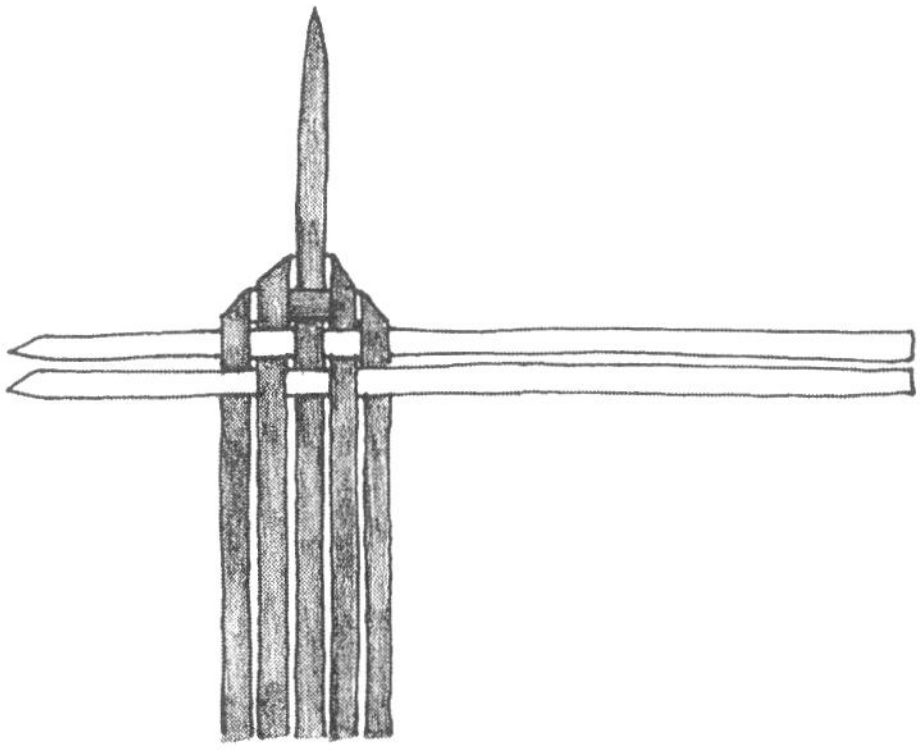

❽横２本を右に少し引き寄せておく

❾下５本のなかの左の１本を図のように折る

❿同様に2、3、4本目も折る

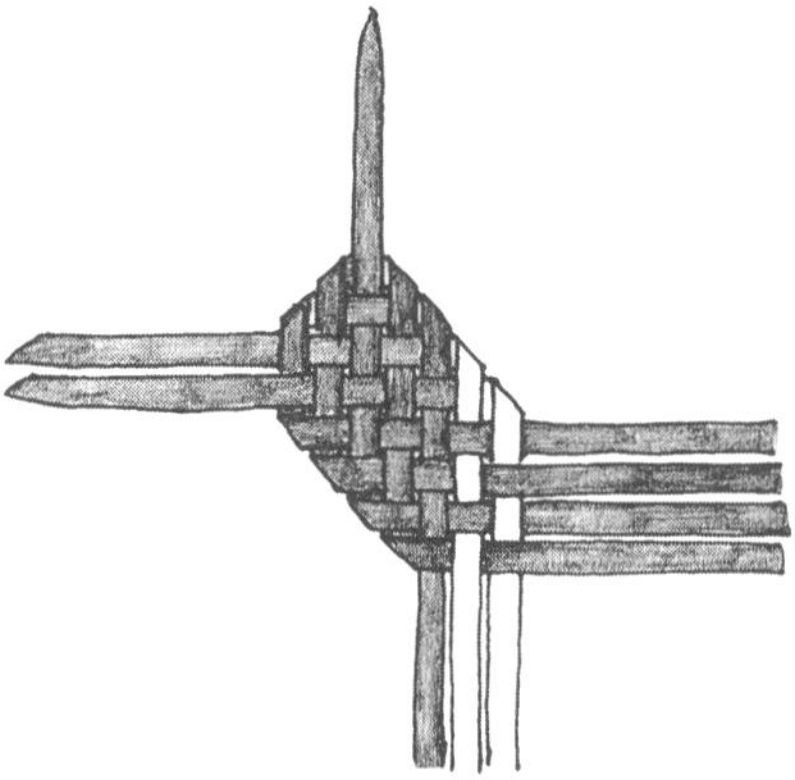

⓫右6本のうち、上の2本を図のように折る

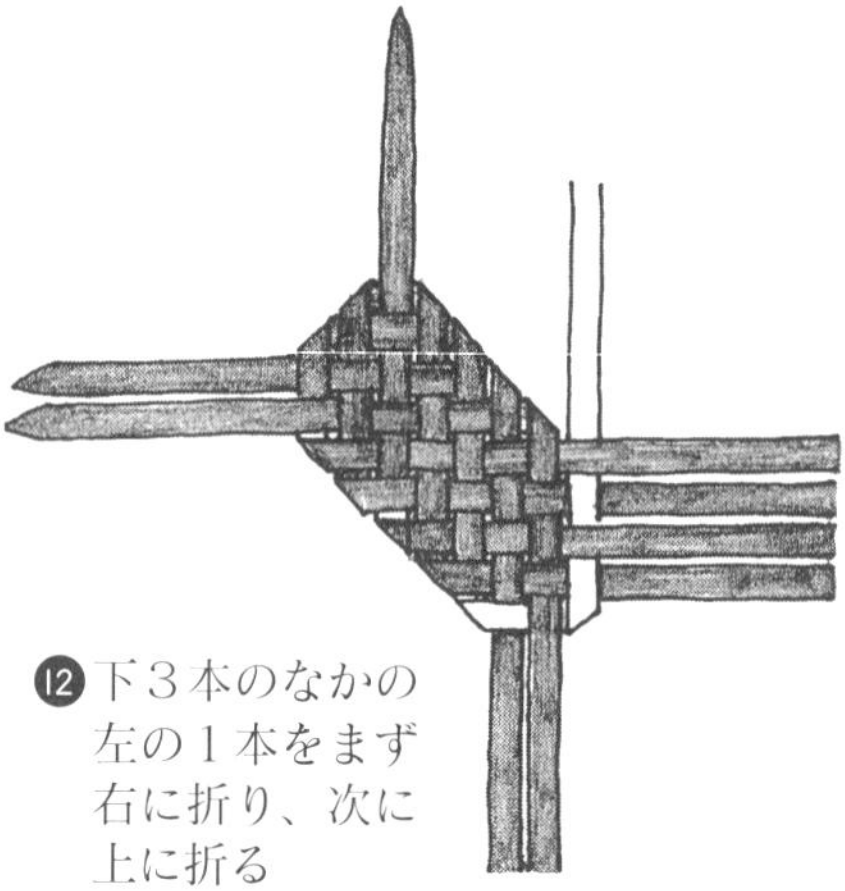

⓬下3本のなかの左の1本をまず右に折り、次に上に折る

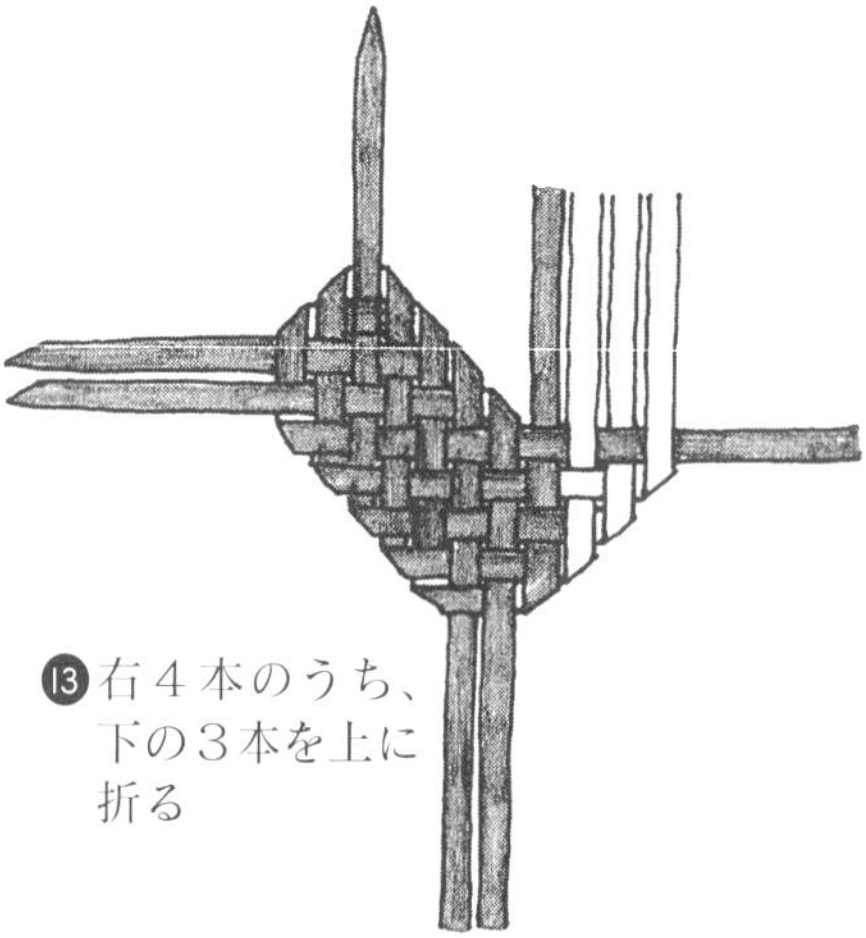

⓭右4本のうち、下の3本を上に折る

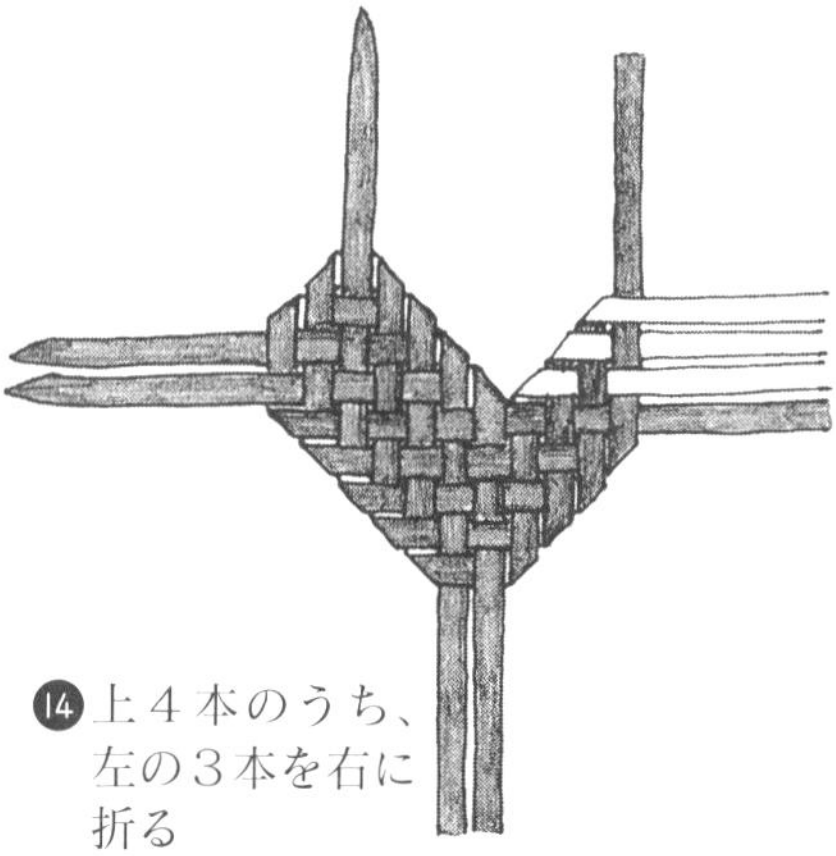

⓮上4本のうち、左の3本を右に折る

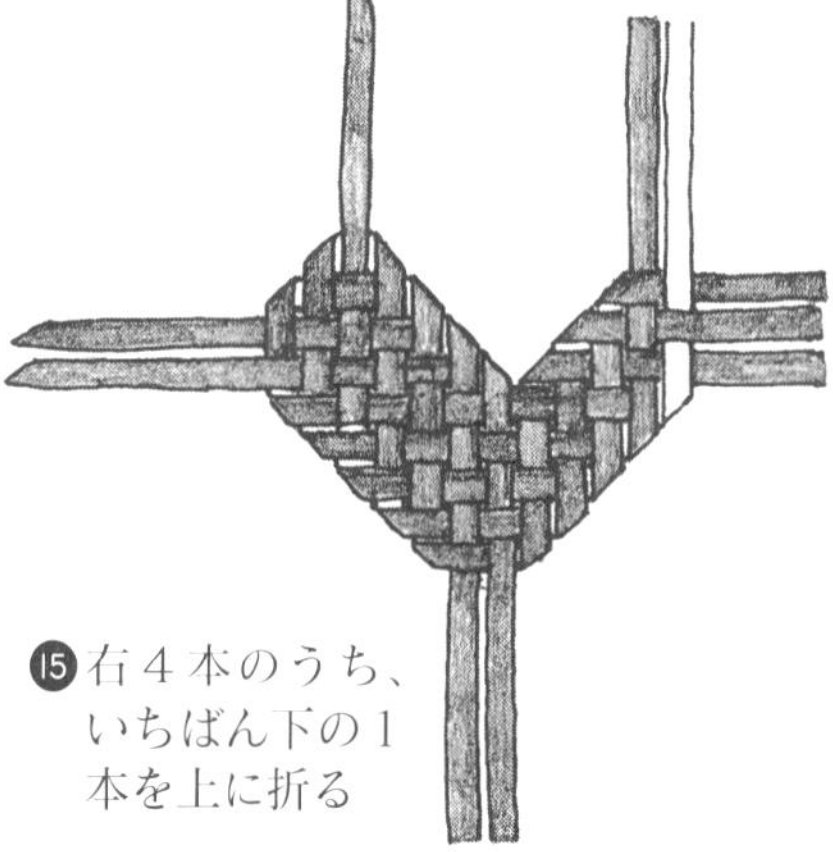

⓯右4本のうち、いちばん下の1本を上に折る

⑯

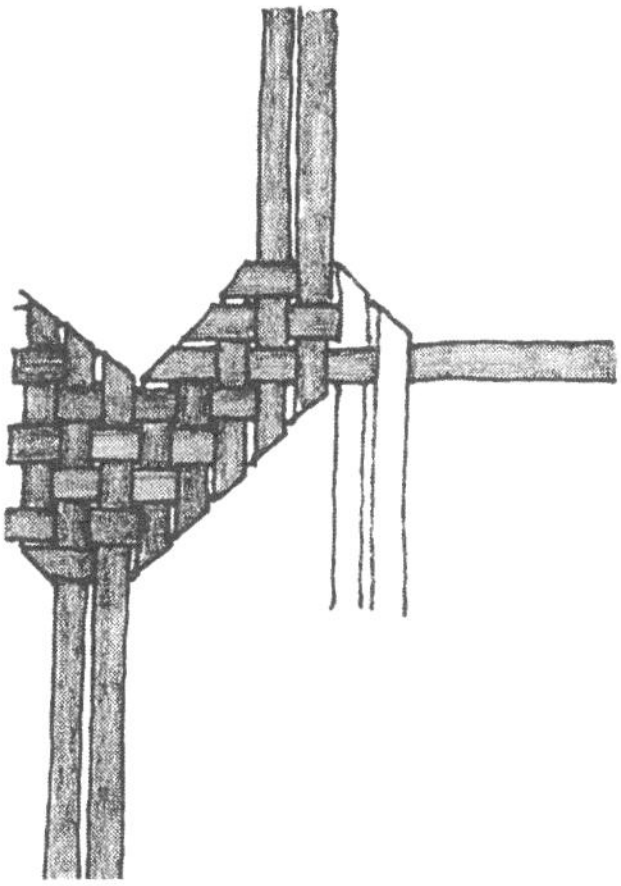

⑰

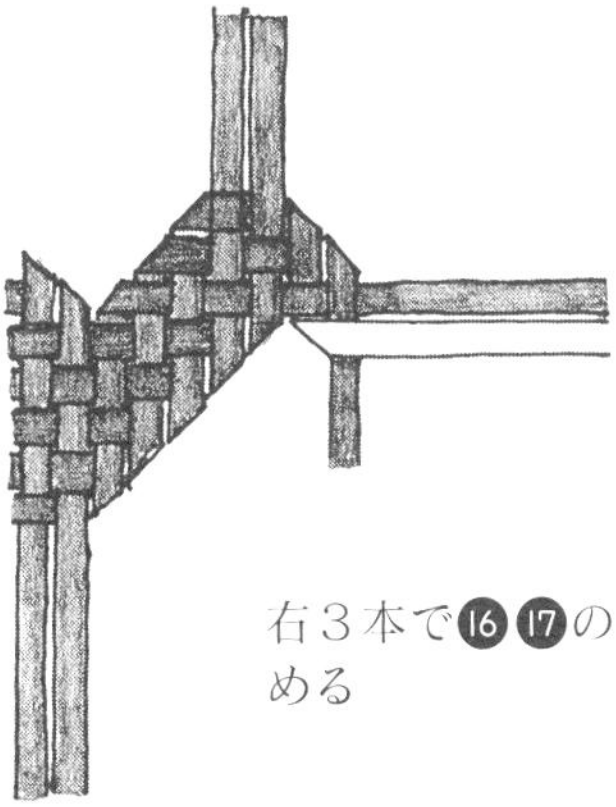

右3本で⑯⑰のようにおりすすめる

⑱

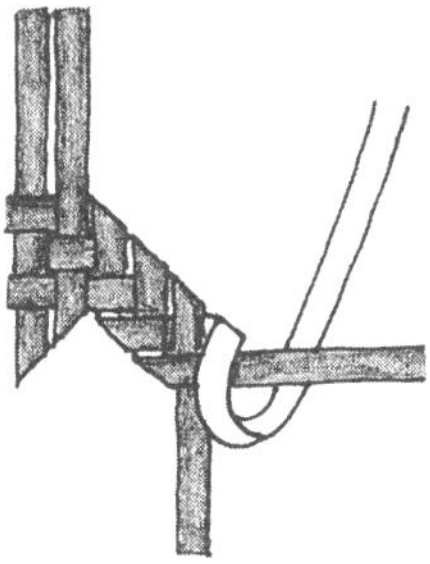

⑲

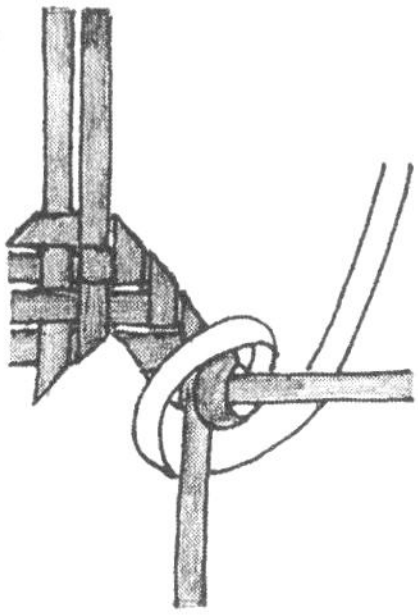

⑳

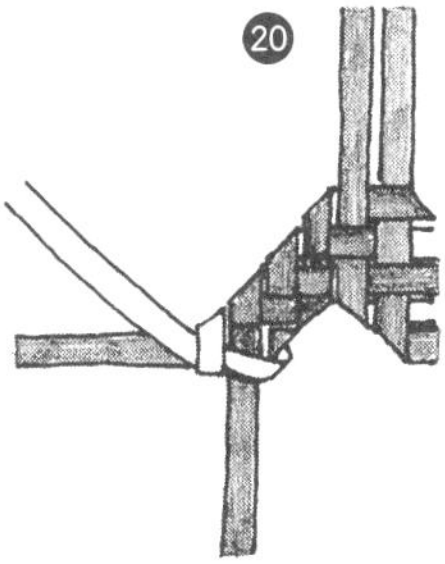

⑱〜⑳のように口の部分を折り、最後は輪にして裏で止める

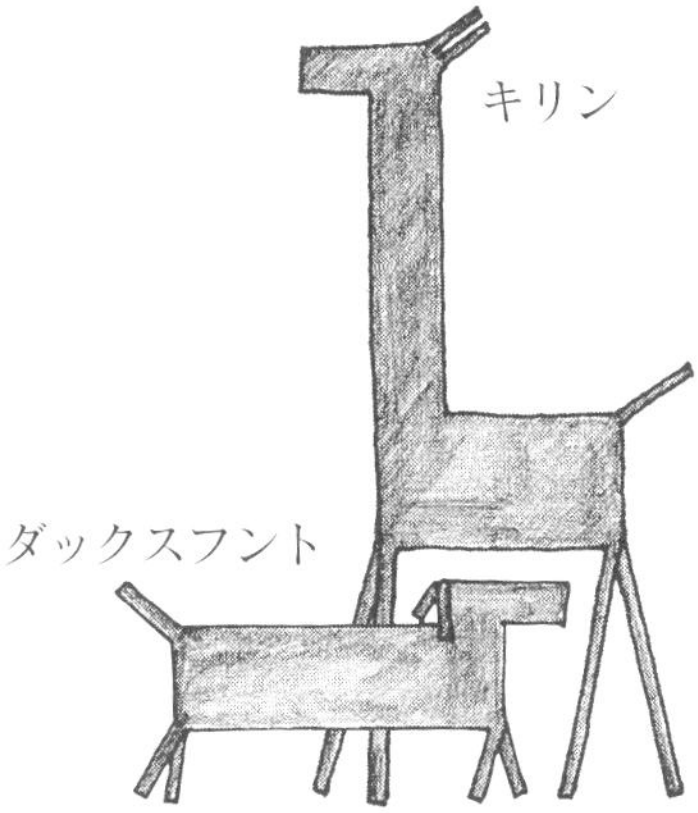

組み方を変えるといろんな動物ができる

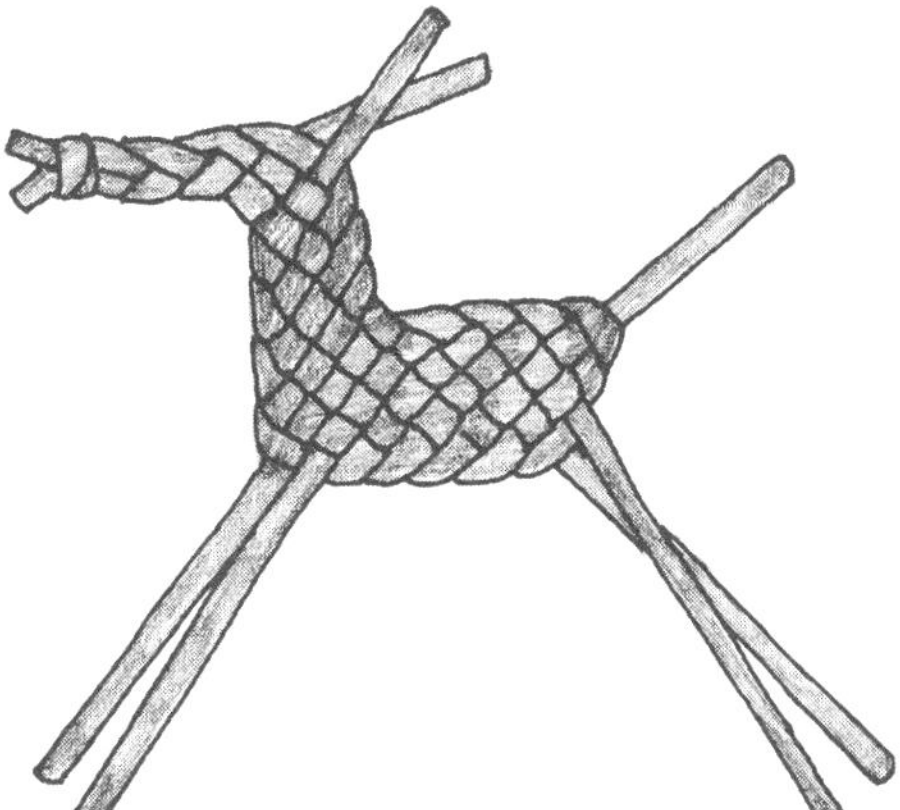

㉑脚、耳、口を適当な長さに切って、できあがり

火の鳥

奄美大島《あまみおおしま》で、ヤシの葉で作ったすてきな鳥を見つけました。優雅《ゆうが》に羽を広げ、長い尾をのばしたその姿はとても美しく、長くのばした尾にも風格が感じられます。鶴にも見えますが、中国の伝説の鳥、鳳凰《ほうおう》にも見え、また極楽鳥《ごくらくちょう》のようにも見えます。子どもたちに見せると手塚治虫のマンガに出てくる鳥に似ていると言って、「火の鳥」と呼んでくれました。はじめて見た時、これが本当に一枚の葉で作ったものかと驚いてしまいました。そして一枚のヤシの葉をうまく組み合わせて作られたこの鳥の美しい見事な造形に、私はすっかり魅了《みりょう》されてしまいました。でも、よく見るとそんなに難しい作りになっているわけではありません。

奄美大島だけでなく、あちこちに分布しているらしく、何年か後、ハワイの有名なアラモアナ・ショッピングセンターを歩いていた時にもこの鳥を見つけました。やはりヤシの葉で作ったものでした。日本ではヤシの葉は一般的ではありませんので、私はこれを納豆《なっとう》やお弁当などを包む時に使う、経木《きょうぎ》を使って作ってみました。するとヒノキの木の肌が美しいので、いっそう美しく輝いて見えます。子どもたちも喜んで作り、飾《かざ》っています。

材料

経木、ヤシの葉、シュロの葉など、いろいろな葉が利用できます。またラシャ紙や荷造り用のプラスチックのリボンなどを使っても美しいものができます。

作り方

長さ三〇センチ、幅二センチほどの経木のリボンを二本、またラシャ紙やシュロの葉も同じ大きさのリボンにして、これを二本使って作ります。

まず羽になる部分を五〜七センチほど残して、リボンを細く四等分にしたものを、図❸〜❾のように組み合わせていきます。

ちょっと組み合わせる順序がややこしく、めんどうですが、じっくりと考えながら組み合わせてください。また、胴体《どうたい》になる部分の間隔は、先のとがったものを使っててていねいにつめていくようにします（⑩）。

尾は図⓮のように、先端をしごいてカールさせます。

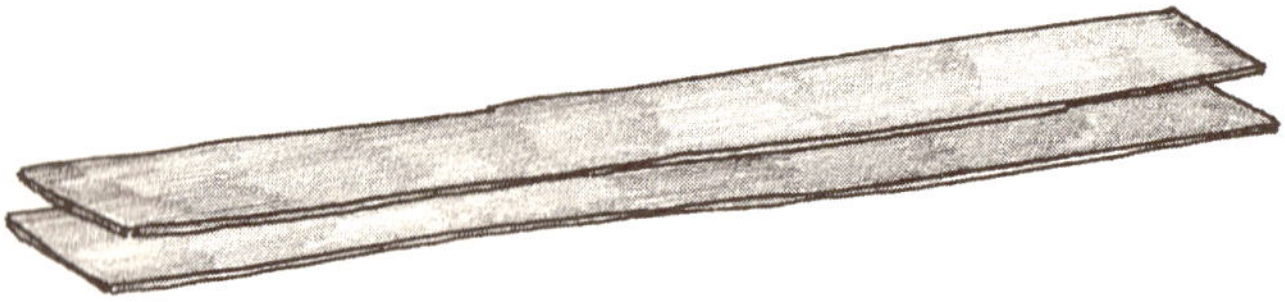

❶同じ大きさの経木〔きょうぎ〕やヤシの葉の板を２枚用意する

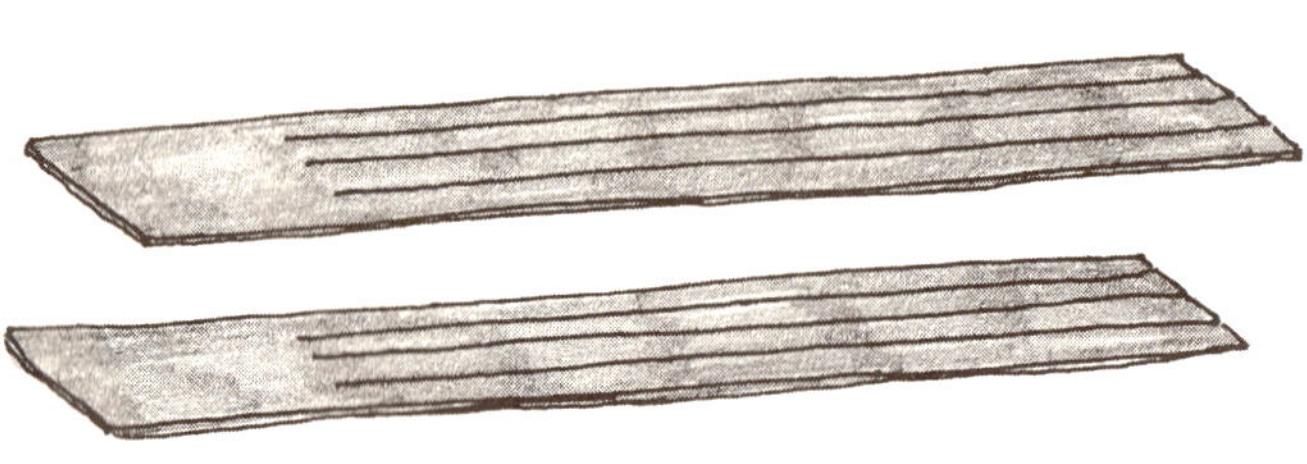

❷端〔はし〕を５～７cm残して４等分する

❸図のように折る

❹さらに４枚を図のように交互に組み合わせる

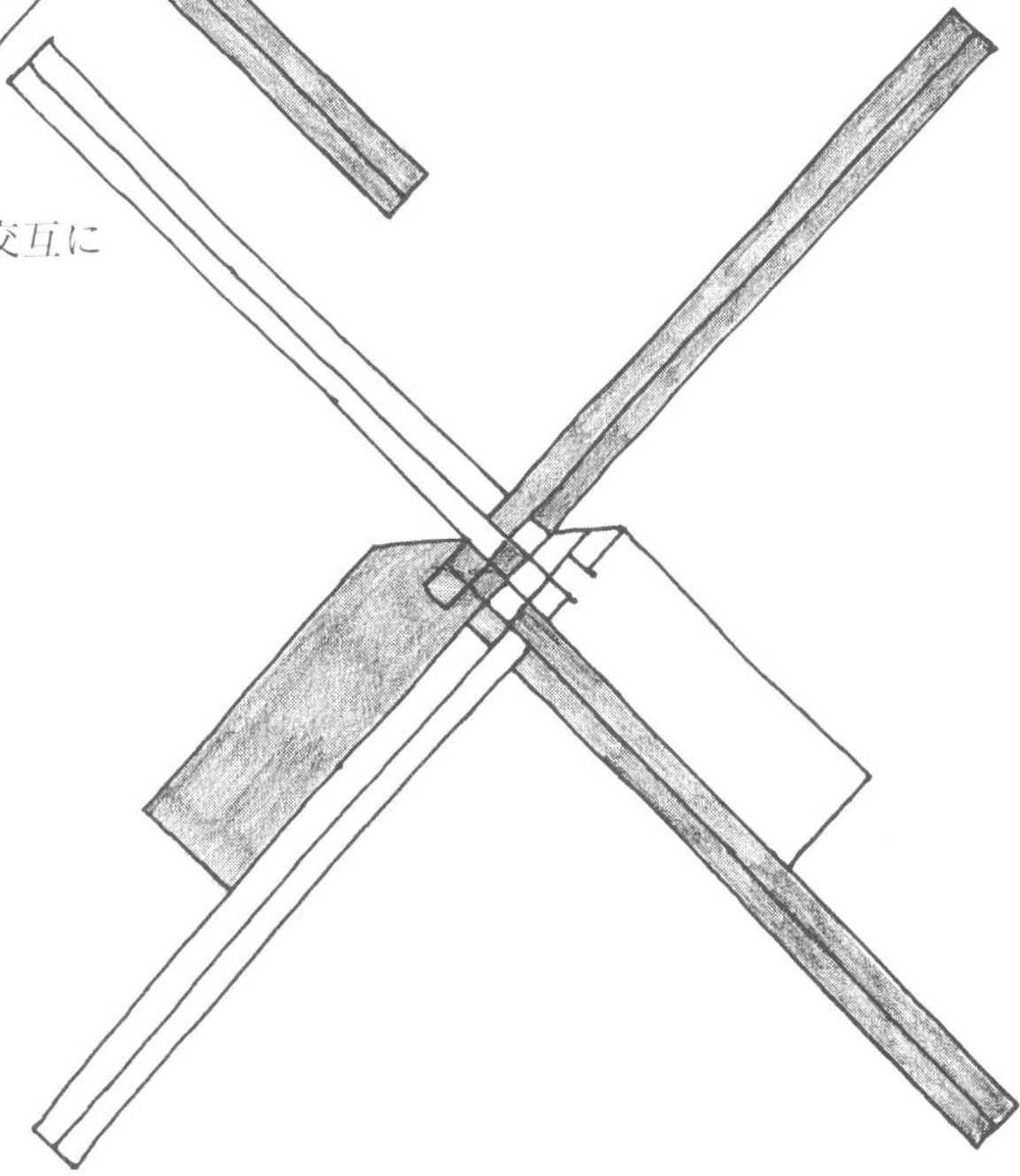

❺組み合わせを中心にしぼってくる

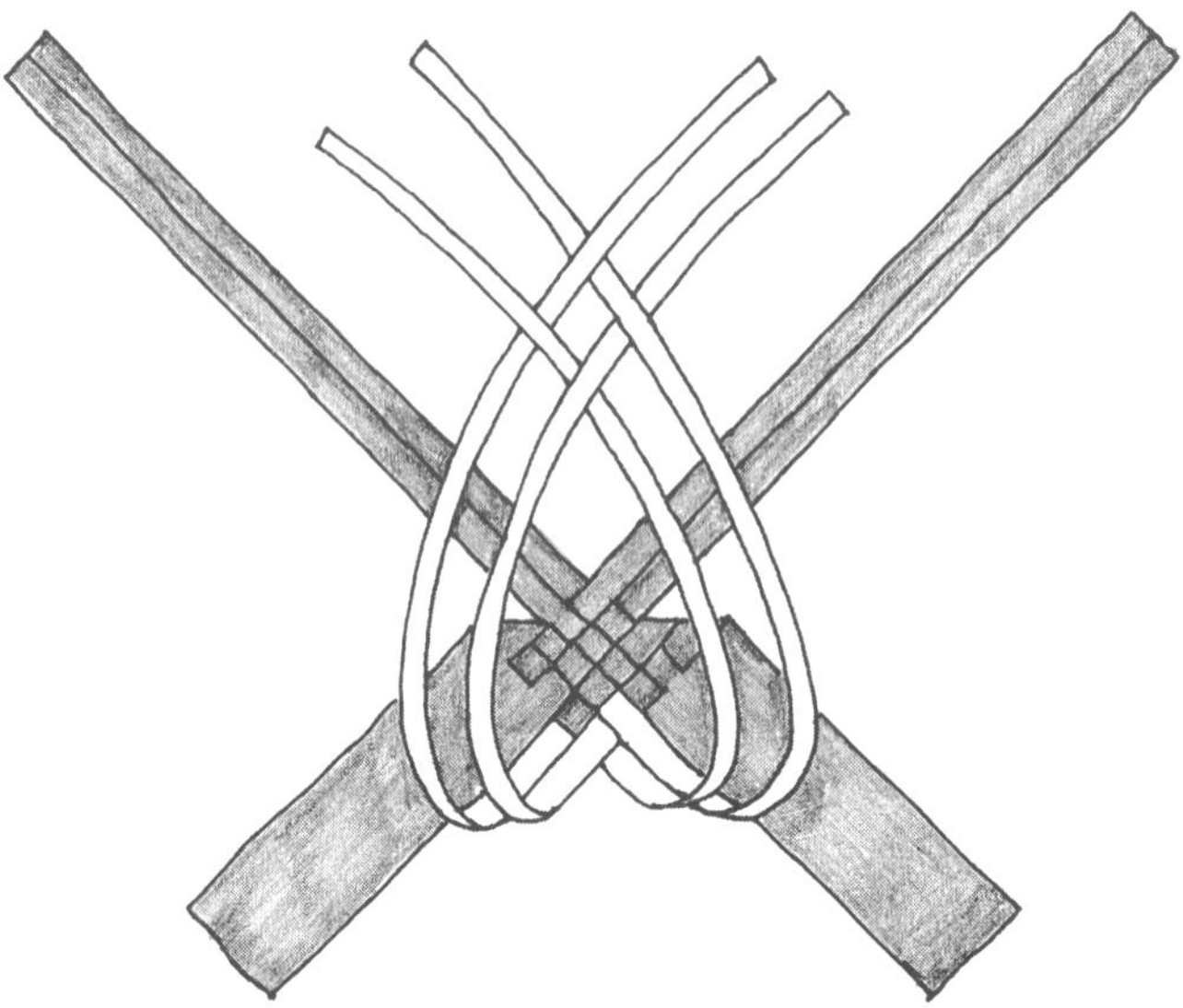

❻下の４本を図のように組み合わせる

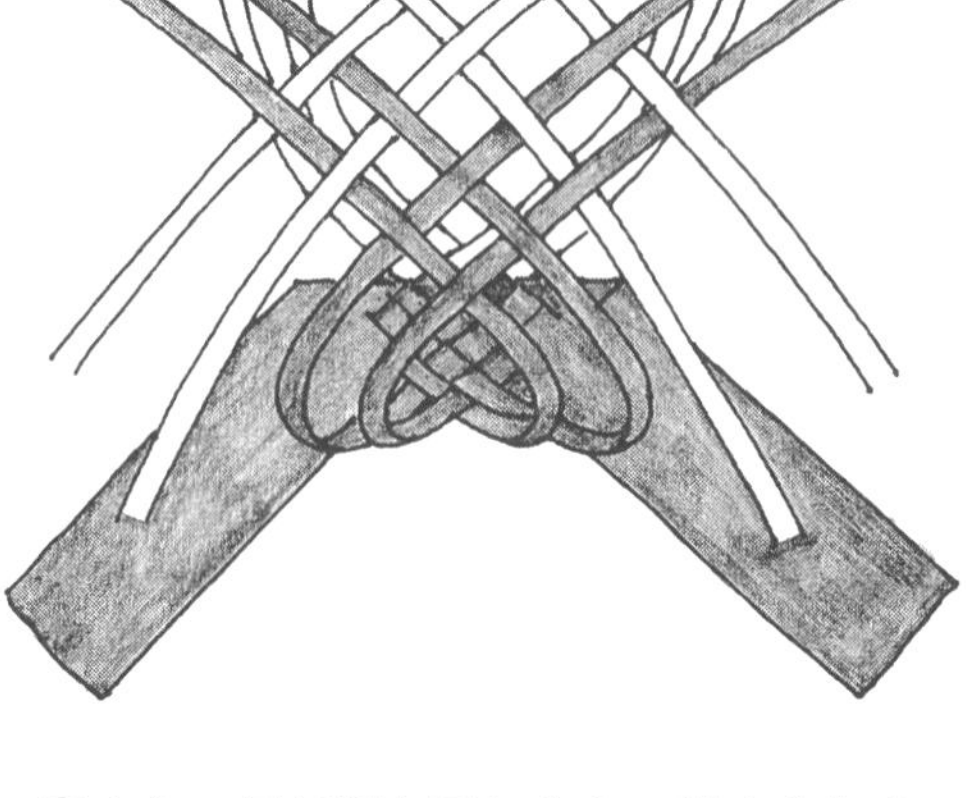

❼さらに反対側を同じように組み合わせる（ここはちょっとめんどうなのでていねいに）

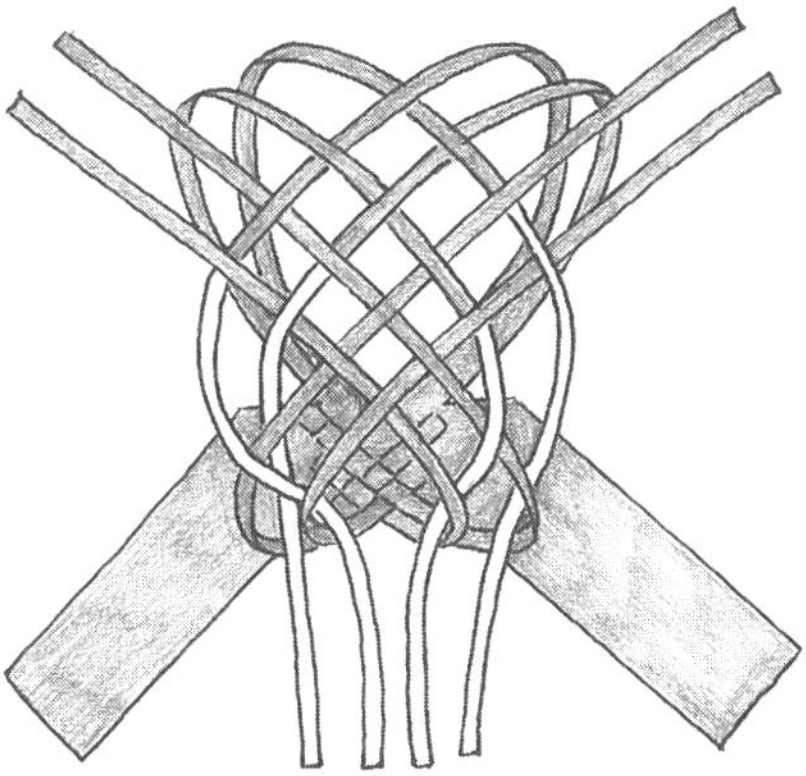

❾

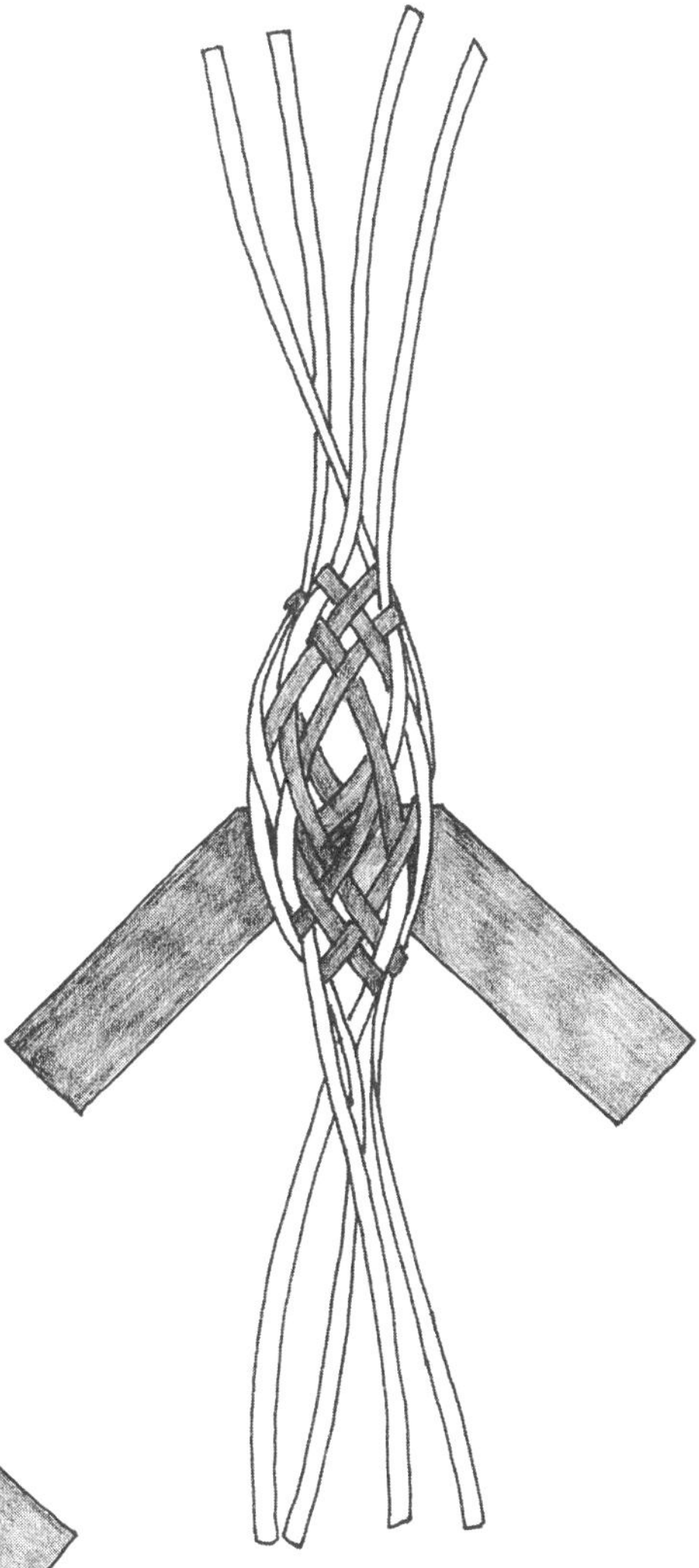

❽さらに両方の先端を❾のように中心のすき間に通してしぼる

❿リボンとリボンの間隔〔かんかく〕を少しずつしぼって、小さなかご状にしていく

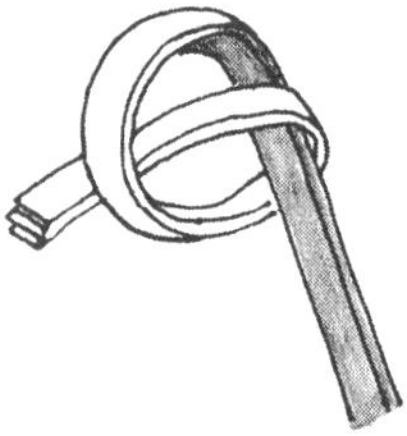

⑪リボンをそろえて、先端を結ぶ

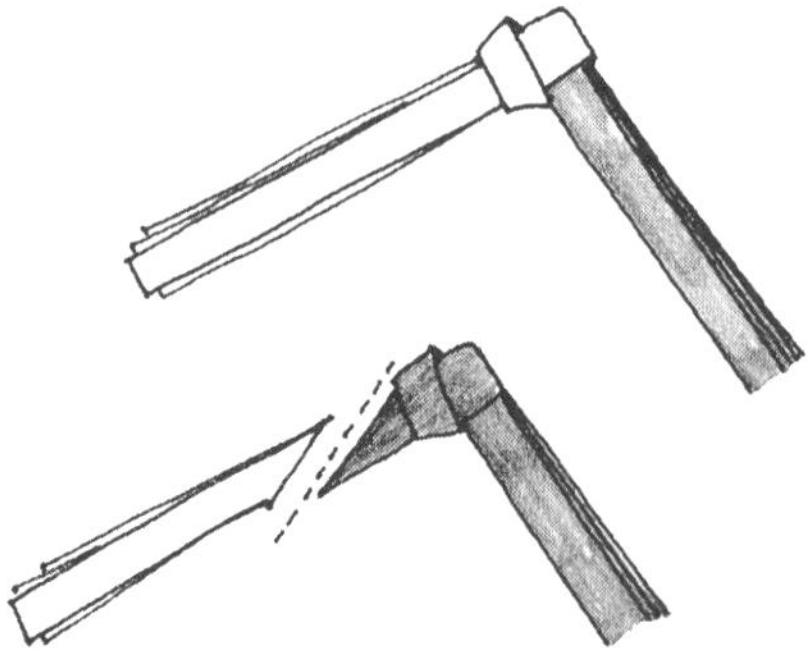

⑫切ってくちばしにする

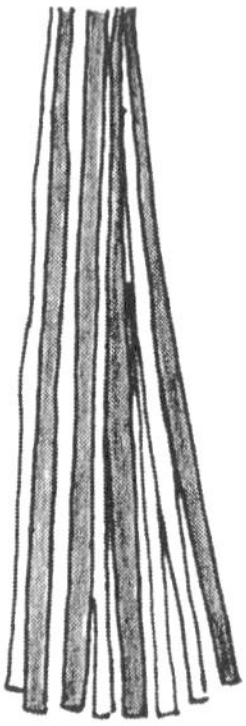

⑬尾になる部分をさらに２等分して細くする

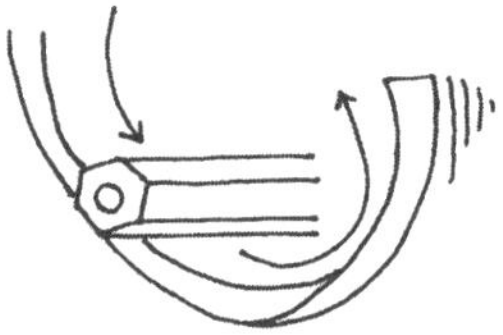

⑭先端をしごくとカールする

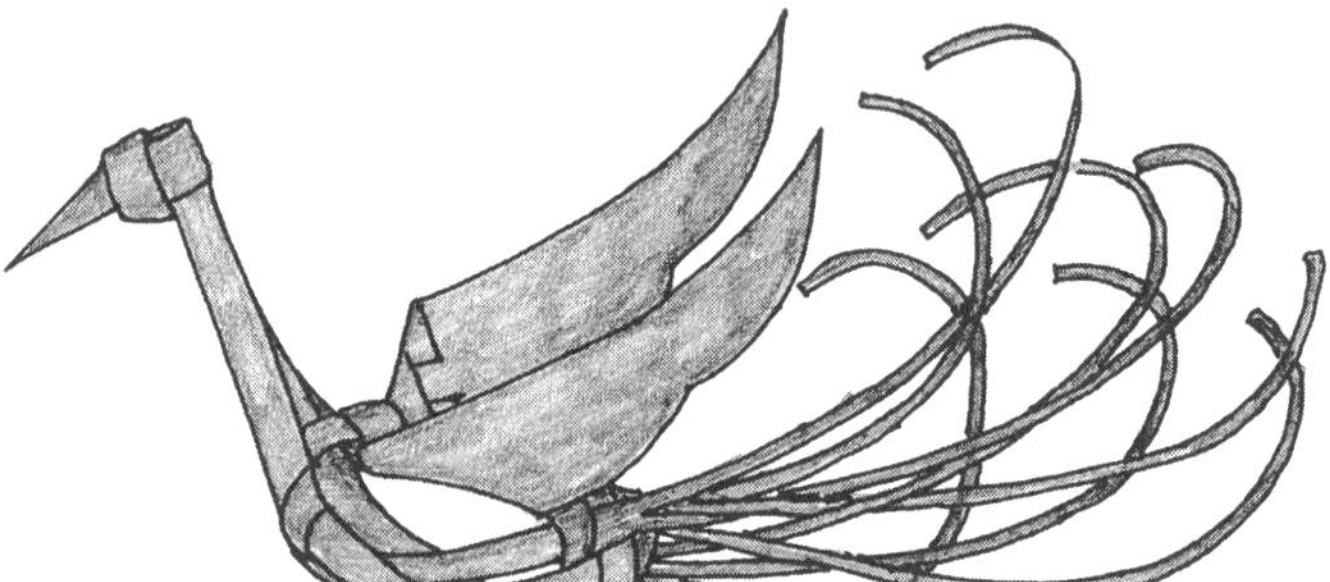

⑮できあがり

ネコジャラシの馬

ネコジャラシは、どんな子もその名前を知っています。どこにでも生えていて、しかもモジョモジョした毛が生えている、あの愉快《ゆかい》な、かわいらしい穂《ほ》。誰が手にしても、きっとなにかいたずらしたくなってきます。ネコジャラシで相手の首すじをくすぐっては「毛虫だぞ……」とおどかしたり、本当にネコをじゃらしてみたり、穂を毛虫に見立てて強くにぎったり放したりしながら「毛虫さんこんにちは」「毛虫さんおやすみなさい」などと、にぎった手のなかの穂を上下に動かして遊んだ人も多いでしょう。また友達や兄弟で、穂を茎《くき》でたたき合って競馬《けいば》を楽しんだ人もいることでしょう。

ネコジャラシの名前で親しまれていますが、この草の正式な名前はエノコログサ。子犬のしっぽに見立てた名前です。

夏の終わりから秋にかけてネコジャラシの穂が出てくると、私はいつも子どもたちにこの馬の作り方を教えてあげます。子どもたちはすぐに道端《みちばた》のネコジャラシの穂を摘《つ》んで作りはじめます。五本の穂でできるこのかわいらしい馬は、乾燥《かんそう》してもそのまま形が残っていますから、花瓶《かびん》などにさして飾《かざ》って、いつまでも眺《なが》めることができます。

材料

ネコジャラシの穂を五本使います。ネコジャラシのなかには穂の大きなもの、小さなもの、長いもの、短いものと、いろんな種類があります。はじめは穂の長いもののほうが巻きやすいので作りやすいでしょう。作り方を覚えたら頭、胴体《どうたい》、しっぽをそれぞれちがった大きさにして、ウサギ、キツネ、イヌなど、いろんな動物に見立てて作ってみましょう。

作り方

ネコジャラシの穂二本を、図❷のようにおたがいに反対向きに並べ、穂の内側になった茎の部分を二本一緒に穂の部分で外から内側に向かって巻いていきます（❸）。穂の先は、二本の茎の間にはさみこみます（❹）。これで胴体ができあがります（❼）。同じ要領《ようりょう》でもう一組。この時、一方の穂先を少し長くしてはさみこんで耳にし、これで頭を作ります（❽〜❿）。頭の部分を胴体の部分にさしこんで組み合わせ、最後の一本を胴体の反対側にさしこんでしっぽをつけます（⓫）。さしこんだ茎と両側にのびている茎を二本ずつ集めて束《たば》ね、足にします（⓭）。最後に頭の上にとび出ている茎を切り落としてできあがります。穂を巻く時に、きつくきちんと巻くことがきれいに仕上げるコツです。

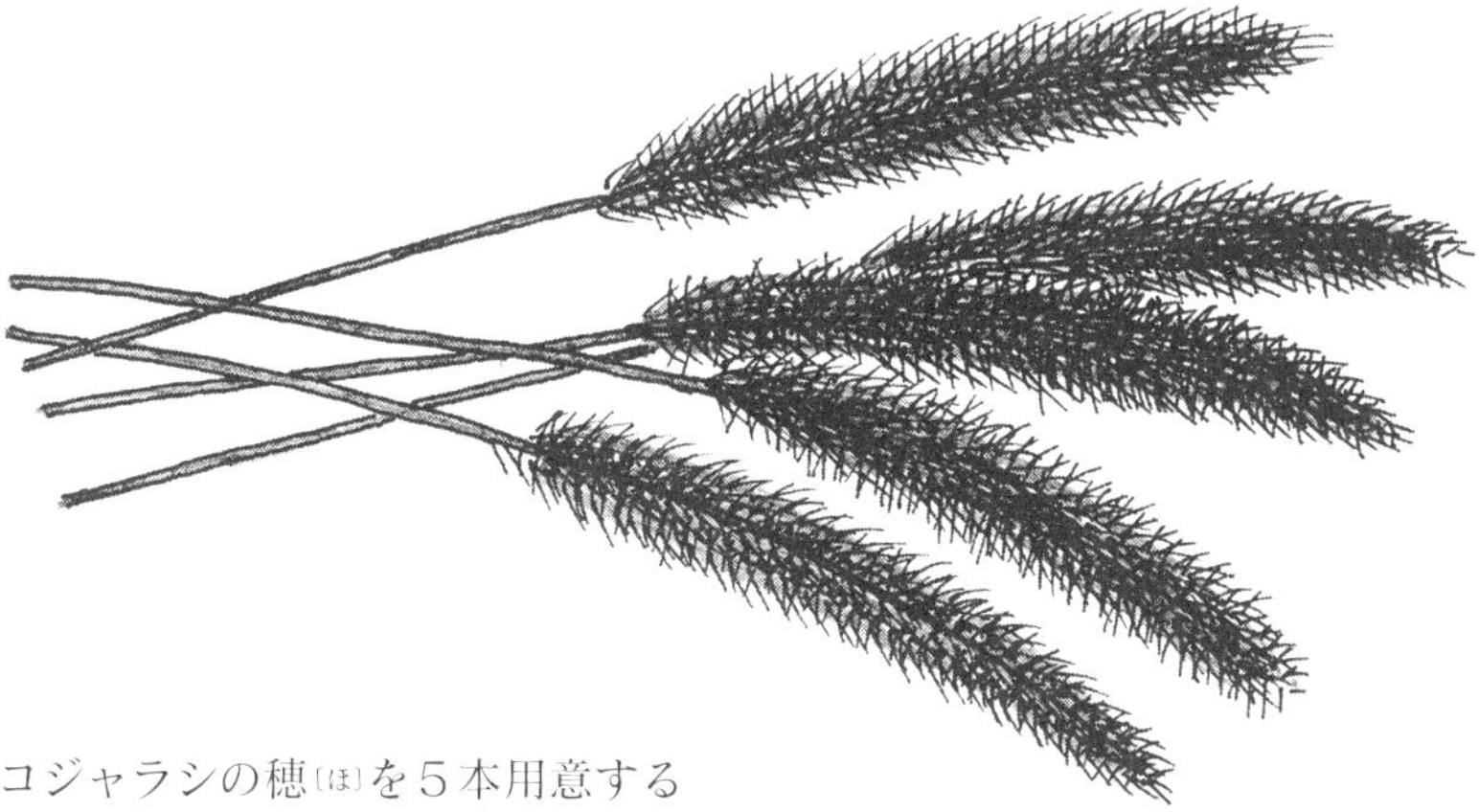

❶ネコジャラシの穂〔ほ〕を５本用意する

❷２本を図のように反対向きに重ねる

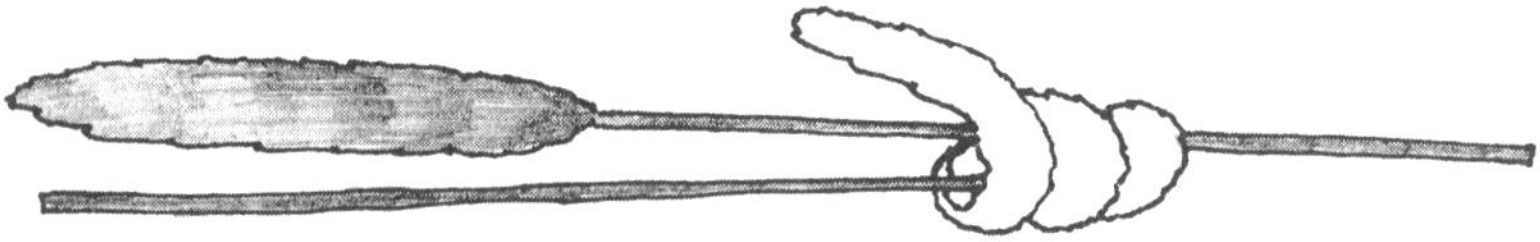

❸両方の穂を内側に向かって巻いていく（この時、きっちりとしめて巻くのがきれいに作るコツ）

❹巻き終わりは、２本の茎〔くき〕の間にはさむと止まる

❺反対側からも同じように巻く

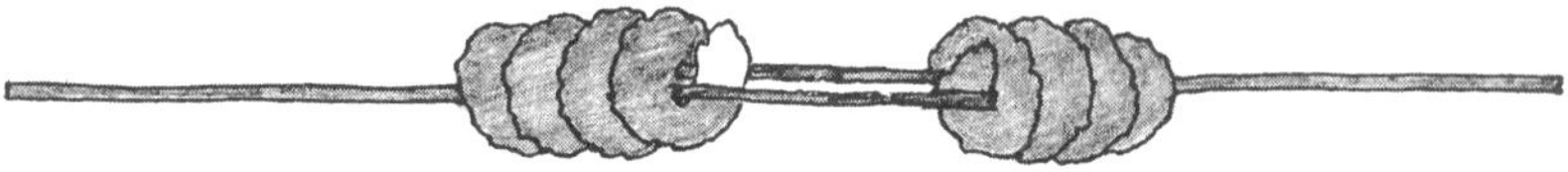

❻同じように最後は２本の茎の間にはさんで止める

❼両方から引っぱると、２つの穂が合わさって胴体〔どうたい〕ができる

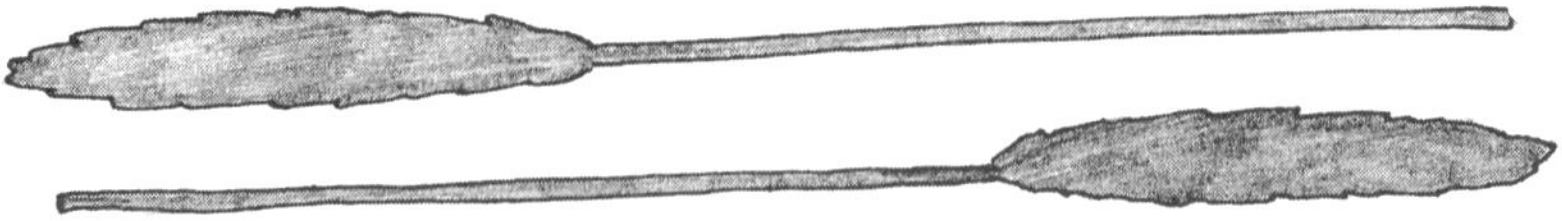

❽もう１組を同じように組み合わせる

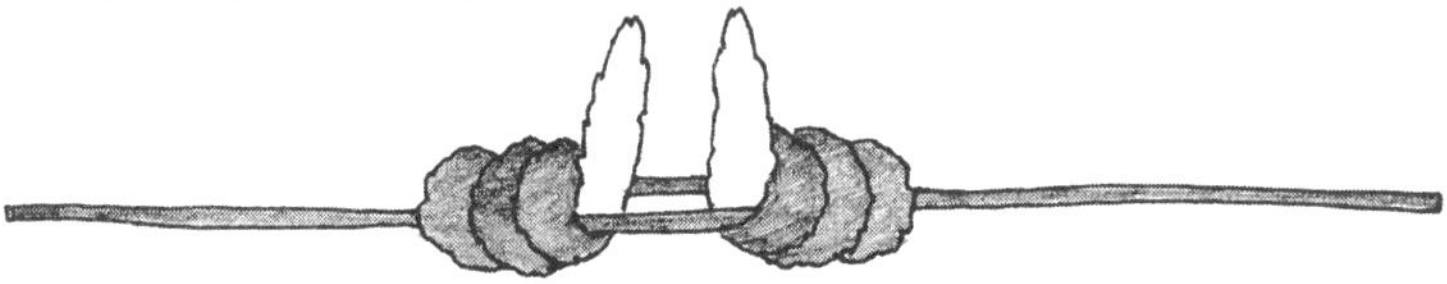

❾同様に巻く（こちらは端〔はし〕を多く残す）

❿これで頭ができる

⓫図のように組み合わせ、残った１本の穂をさしこんで尾にする

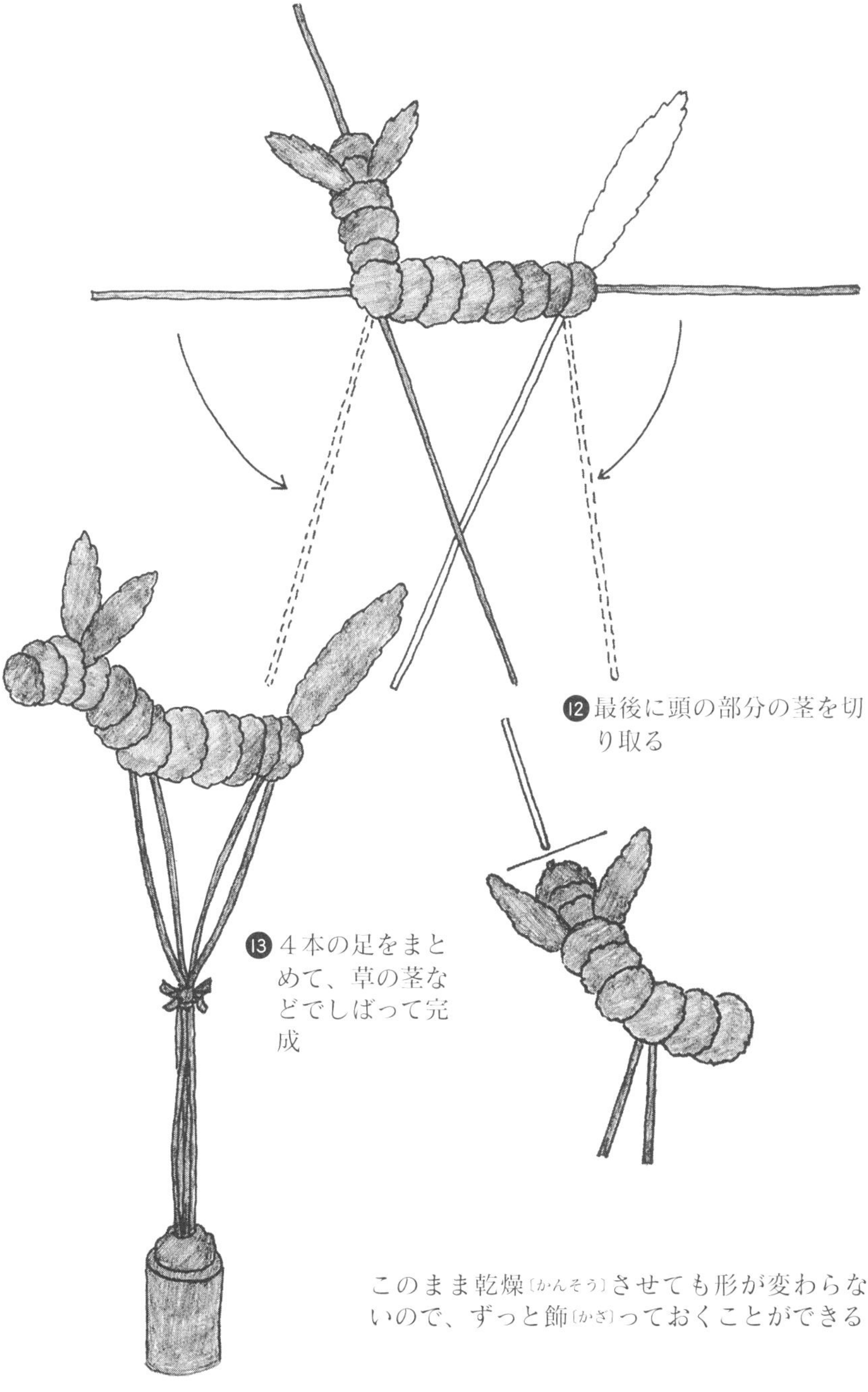

⓬最後に頭の部分の茎を切り取る

⓭４本の足をまとめて、草の茎などでしばって完成

このまま乾燥〔かんそう〕させても形が変わらないので、ずっと飾〔かざ〕っておくことができる

ススキの傘《かさ》

岩手県葛巻《くずまき》町の女鹿《めが》ミワさんから、おもしろいものを送っていただきました。岩手県で子どもたちが作る草玩具《くさがんぐ》の一つで、傘だというのです。葉鞘《ようしょう》のついた笹を節《ふし》を一つ残して切り、節も一緒に八つにさきます。その後、鞘をおさえておいて茎《くき》を押すとさいた部分が開いて、見事な傘ができあがるのです。葉鞘のかぶっている笹の性質をうまく利用したもので、私はこんな笹の性質のおもしろさに気づいた見事な観察力と応用力に、すっかり感心してしまいました。その傘をしばらく机の花瓶《かびん》に立てて眺《なが》めているうちに、ふと「同じものがススキでも作れるのではないか」と気がつきました。さっそく近所からススキの茎を取ってきてやってみると、予想した通り同じものができあがりました。

笹のある場所は限られていますが、ススキなら日本全国どこにでもあります。ですから、より大勢の子どもたちに紹介してあげられるでしょう。

ところで何本かこれを作って楽しんでいるうちに、子どもが傘を回している姿を思い出して、矢車のように組み合わせてみると、図❽のようなおもしろい飾《かざ》りもできあがりました。

材料

ネマガリダケ、ススキ、アシの茎など

作り方

ススキの茎を、図❶のように葉鞘のついたまま節の手前で切ります。その茎を、カッターナイフか小刀で、節も一緒に二つにさきます（❷❸）。さく長さは鞘の長さによりますが、傘のロクロに当たる部分を残した長さにします。さらにこれを十字に四つにさき、この四つを再び同じ幅に二つに分けて全体を八つにさきます（❹）。

この八つにさいた茎を一度下に折り曲げておきます（❺）。次に折り曲げた下から約二センチほどのところで、鞘だけを切って下の部分を取り去り茎だけを出しておきます（❻）。鞘の部分をおさえておいて、茎を上につき上げると、上の部分が開いて傘ができあがります（❼）。

これを二つ作り、図のように組み合わせます（❽）。二つを組み合わせる時の軸《じく》は、ススキの細い茎をななめに切って作ることができます。べつに新しい茎に穴をあけておき（キズをつけて割るようにする）、できた傘をさしこんで組み立てます。

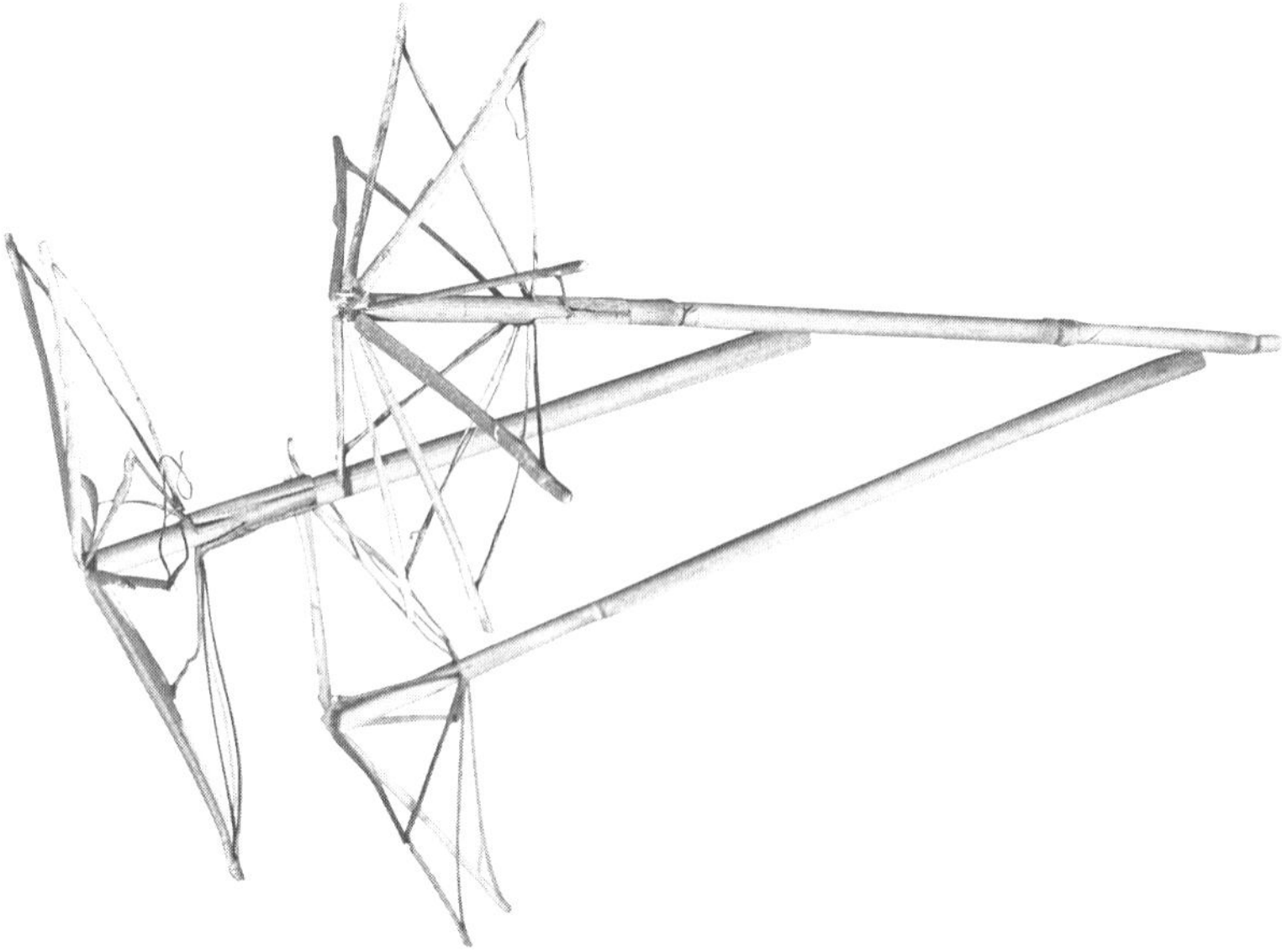

❶ススキの茎〔くき〕を、節〔ふし〕を１つつけて取る

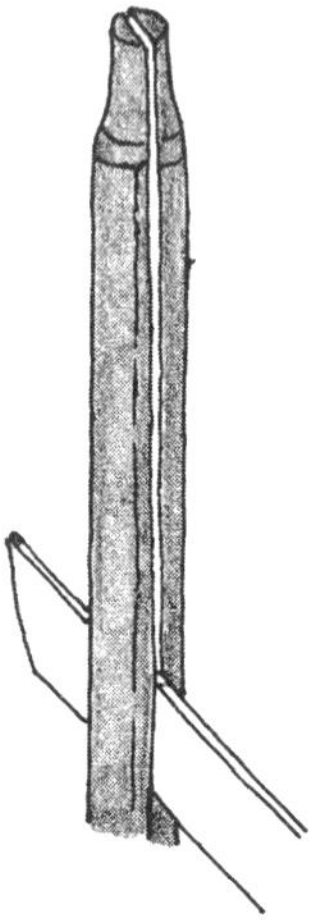

❸適当な長さ（７～８cm）にさく

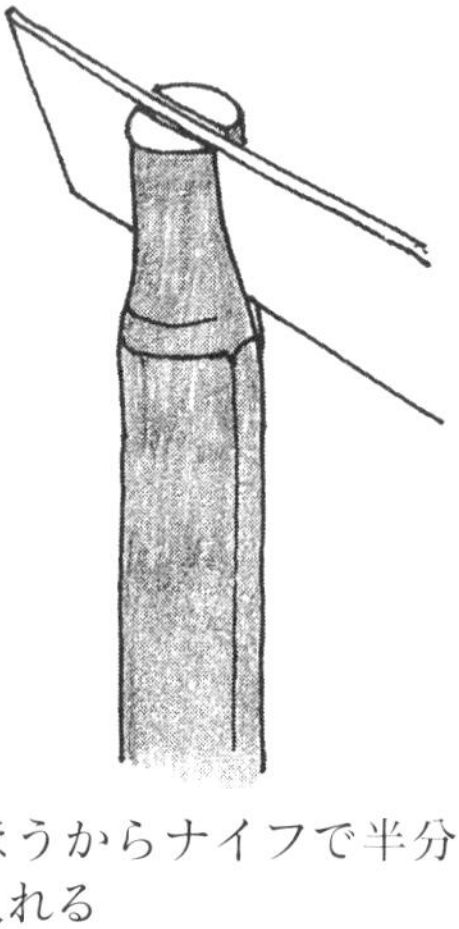

❷節のほうからナイフで半分に切れ目を入れる

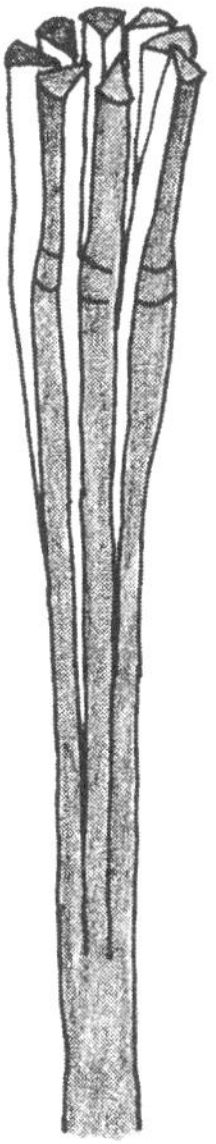

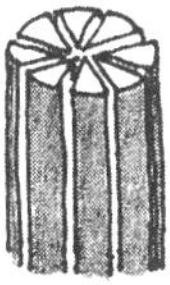

❹❷❸と同じようにしてさき、8等分する

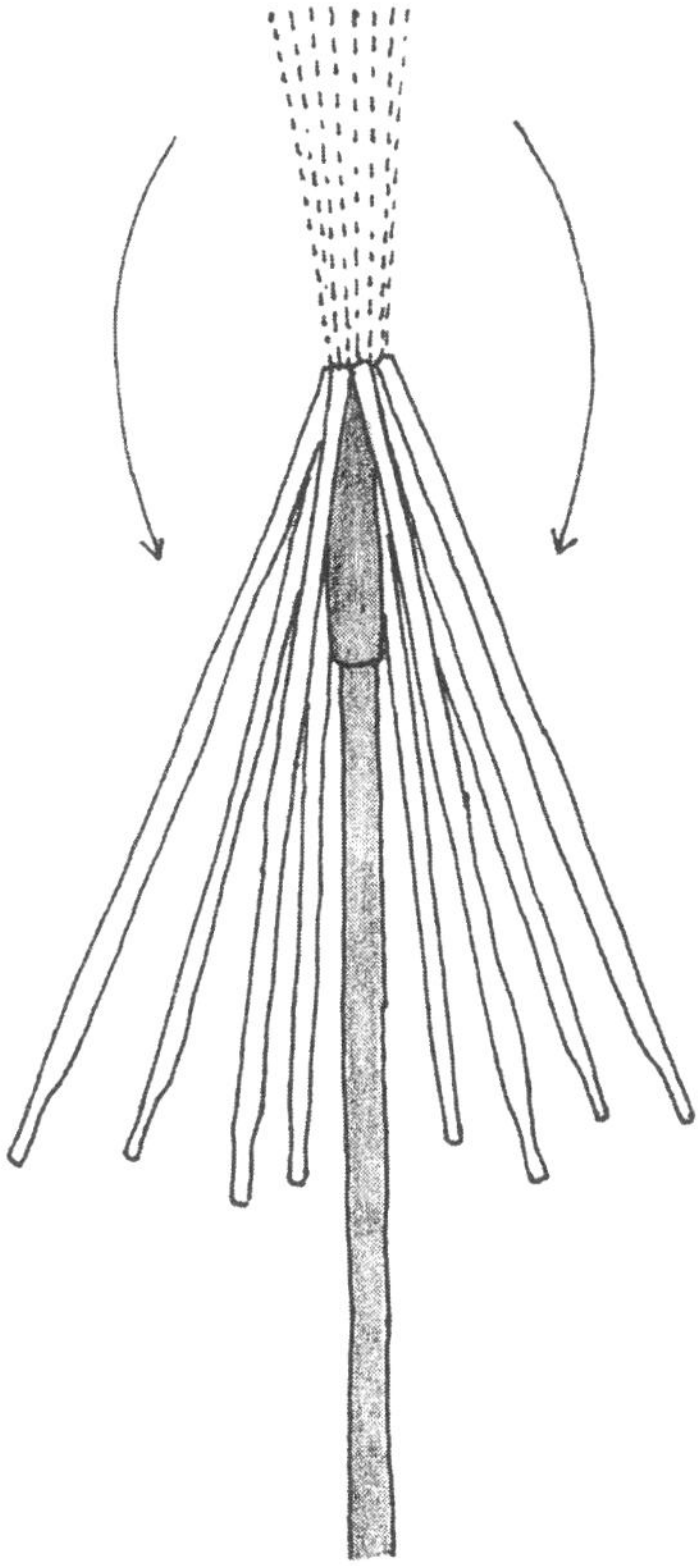

❺さいた部分を下に折っておく

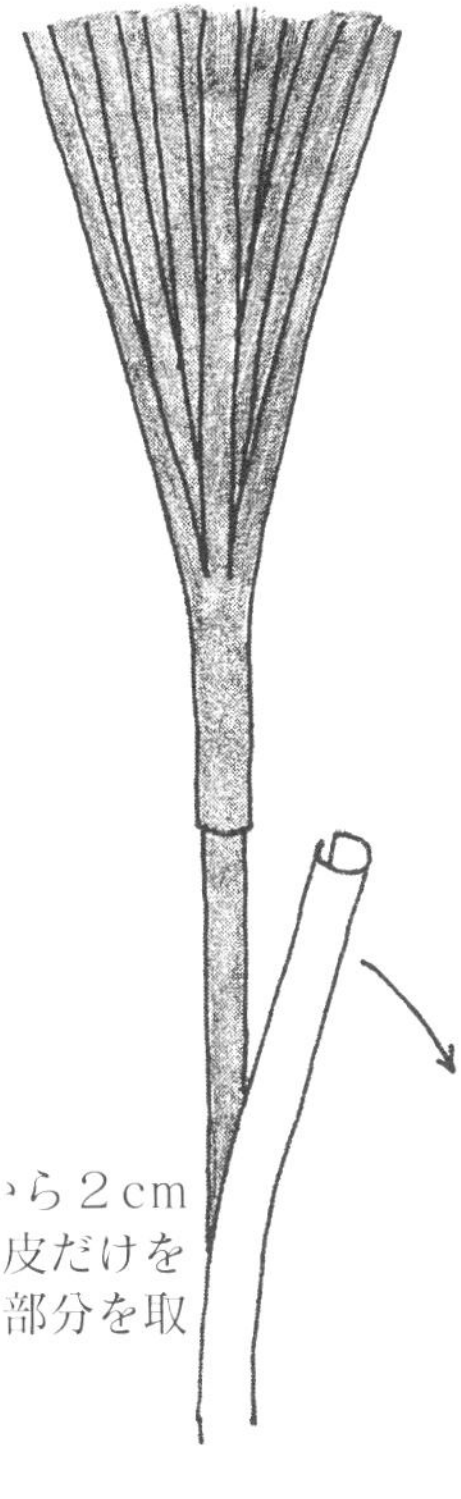

❻さいた部分から2cmぐらい下の表皮だけを切って、下の部分を取りのぞく

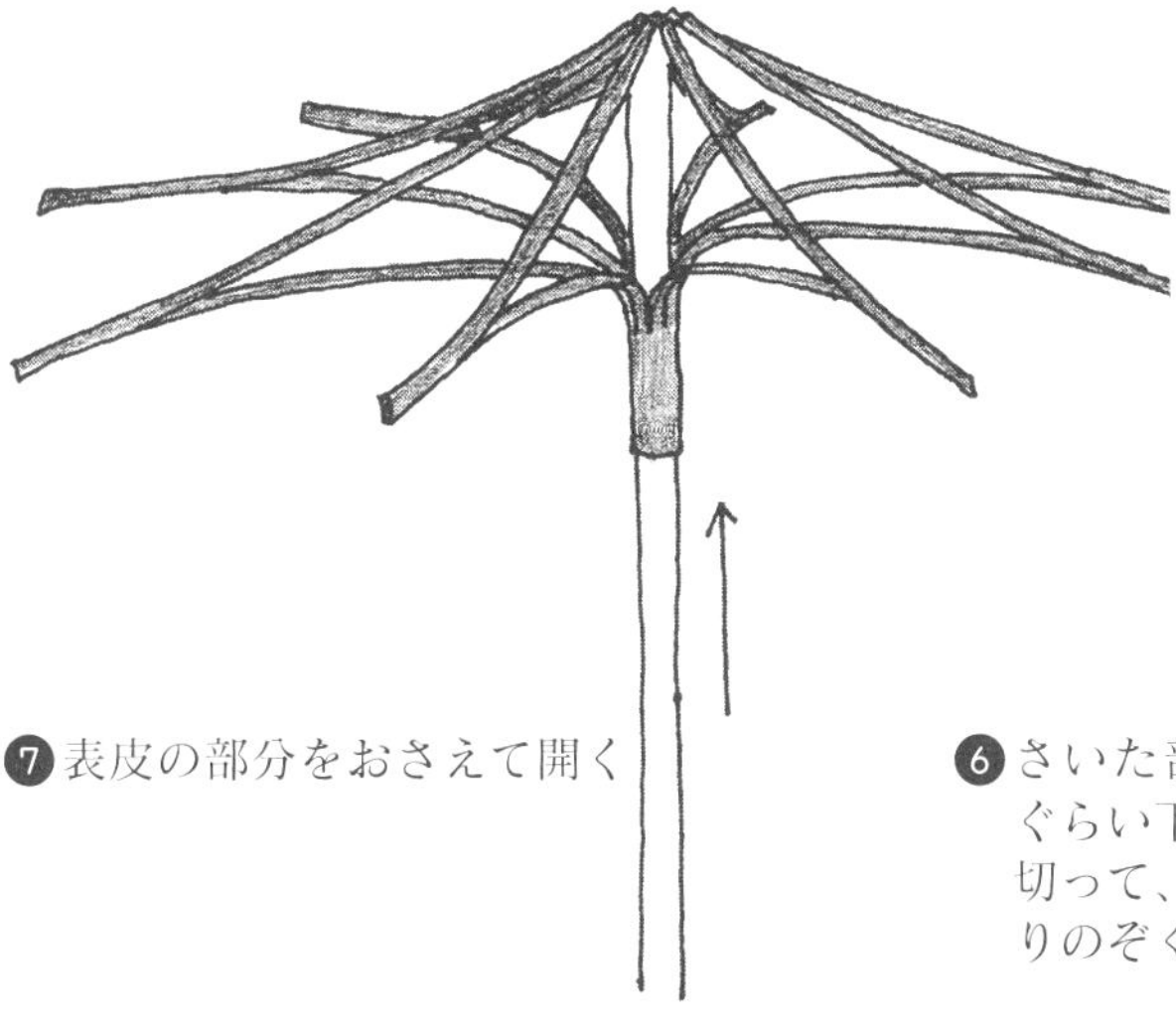

❼表皮の部分をおさえて開く

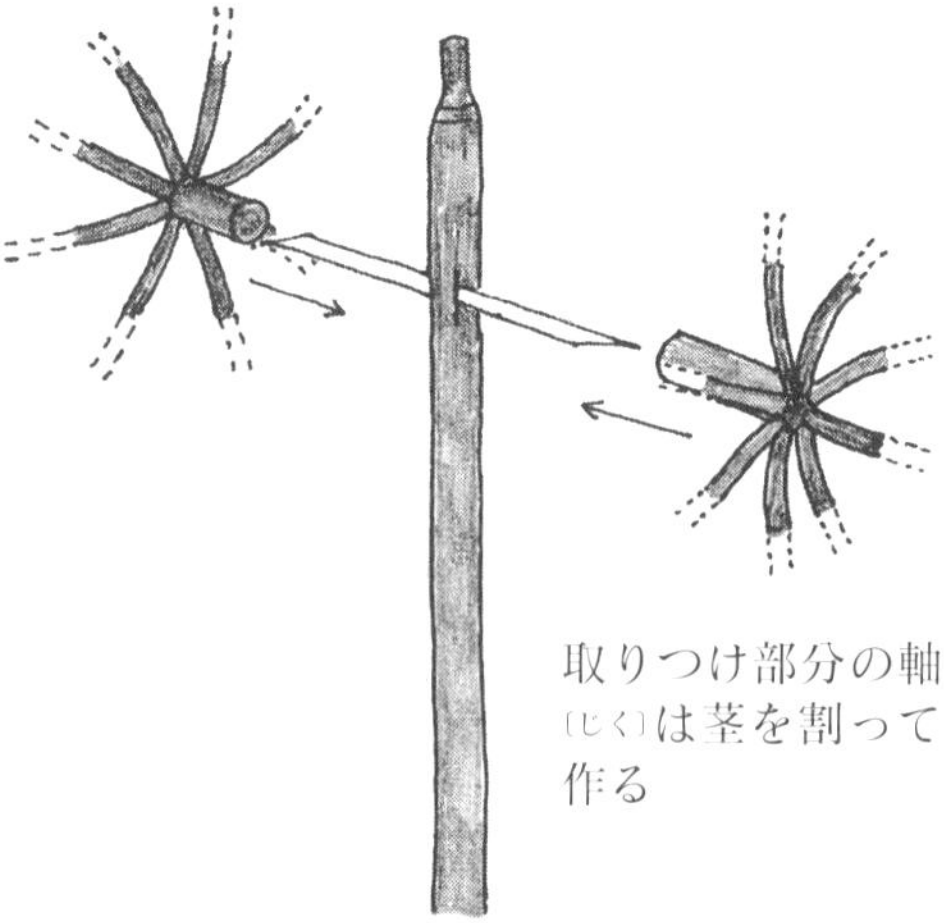

取りつけ部分の軸(じく)は茎を割って作る

❽いくつか作って、べつの茎に取りつけて組み合わせるとおもしろい

麦わらの手かご

　昔から伝わるかわいらしい麦わらの手かごです。麦わらを使ったかごはいろいろ伝わっていますが、そのなかの代表的なものの一つでしょう。麦を収穫する五、六月頃、麦わらをもらって子どもたちが編《あ》んでいたものでしょう。ちょうどこの頃に熟《う》れる、モミジイチゴやナワシロイチゴ、クワの実などを摘《つ》む時の入れ物に使ったのかもしれません。また底に厚紙を入れて、反対側を少し開け、ホタルを入れるかごとしても使われたようです。編みすすめるだけで、らせん形によじれていき、その具合がなんともおもしろい造形になっていますから、そのまま下げて飾《かざ》っておいても、とても美しくかわいらしいものです。

　材料はオオムギですが、最近はオオムギを栽培している農家も減って、このような手かごを作る子どもも見当たりませんが、子どもたちに作ってやると、目をまん丸くして「きれーい！」と喜んでくれます。私自身もオオムギの茎《くき》はこの頃ほとんど手に入らないので、最近は近所の鶴見川《つるみ》の川べりに生えているカラスムギの麦わらを取ってきて使っています。ちょうどカラスムギの穂がみのる五月半ばの日曜日、私は一年分の麦わらをまとめて取ります。この麦わら取りも、とても楽しい私の野遊びの一つです。

材料

いちばんよいのはオオムギの茎ですが、カラスムギの茎も使います。コムギは折れやすくて不向きです。いずれも穂のついているいちばん上の一節《ふし》だけを使います。材料を採集するには、穂のすぐ下から一節目の上で切り、そのまましばらく乾かしておきます。乾燥《かんそう》するにつれて、葉鞘《ようしょう》から自然に茎が抜けるようになります。

作り方

長さ一二〜一五センチぐらいの太めの麦わらを二本用意し、一方のまんなかをさいてもう一方を十字にさしこみ、芯にします（❸）。これに一本ずつ（一カ所だけ二本）をさし（❹）、図❺のように二本を入れたところから麦わらを折り曲げながら編んでいきます。折り曲げる時に、芯の外側に寄せると外に広がった長いかごになり、内側に寄せるほど、せばまって短いかごになります。だんだん四角のすき間がせまくなって、完全にふさがるようになったら、最後の一本は前に折っておさえてあるものの下にもぐりこませてしめ（⓯）、完成させます。

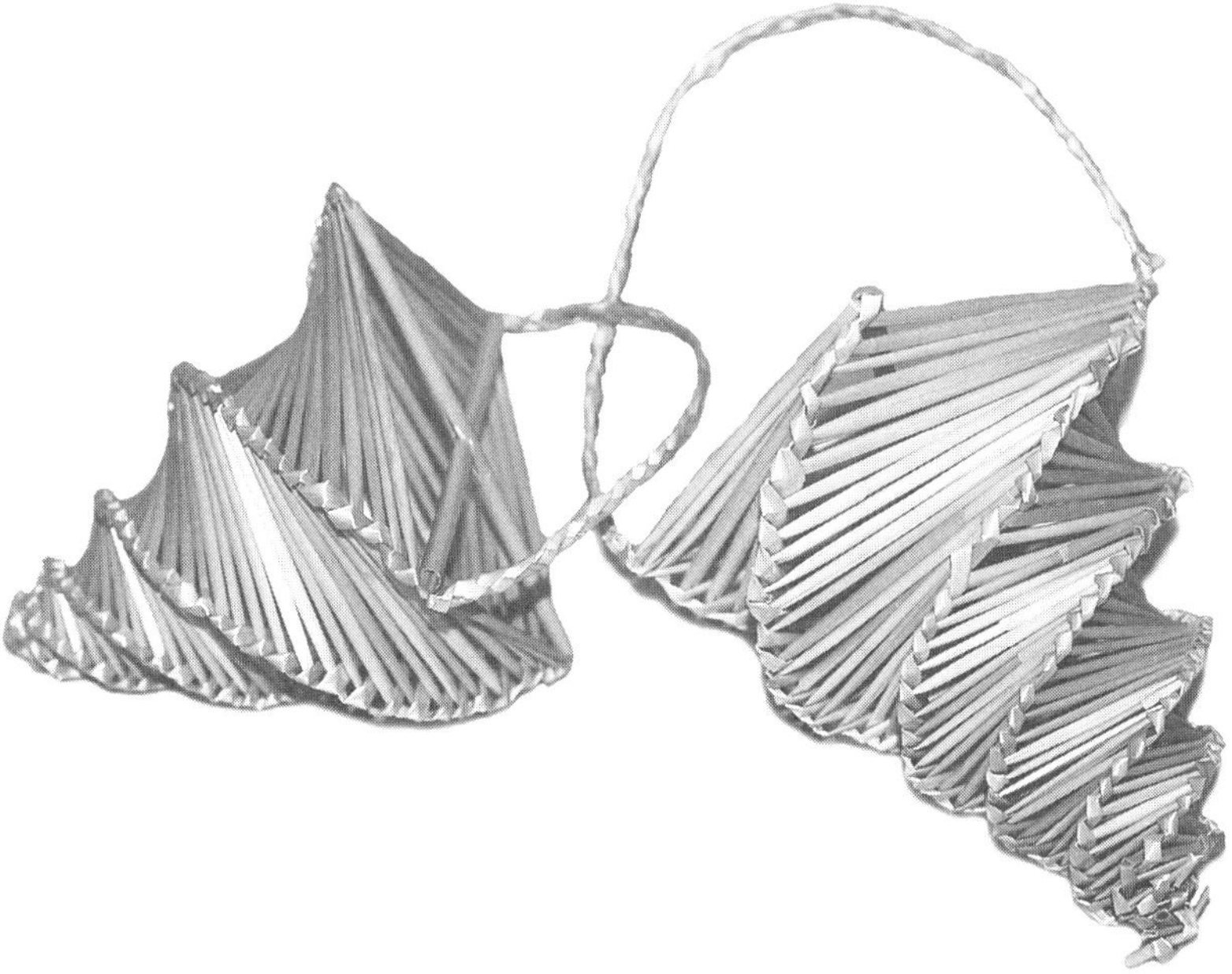

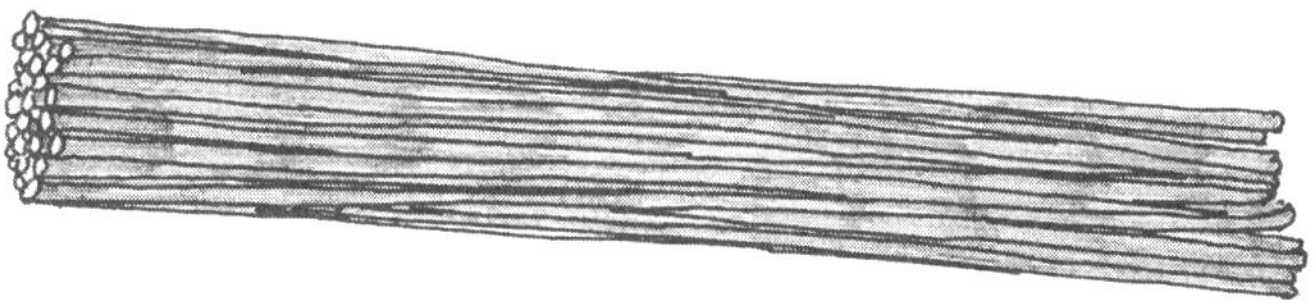

❶麦わらをたくさん(40〜50本)用意する

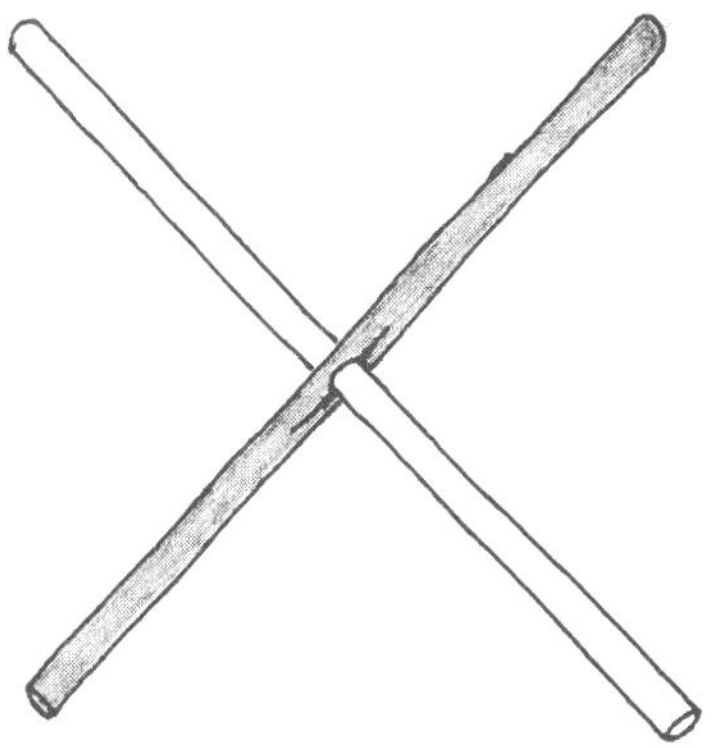

❸１本のまんなかに切れ目を入れて、
もう１本を通し十字にする

❷太めのものを選んで12〜15cmぐらいの長さに切ったものを２本作る

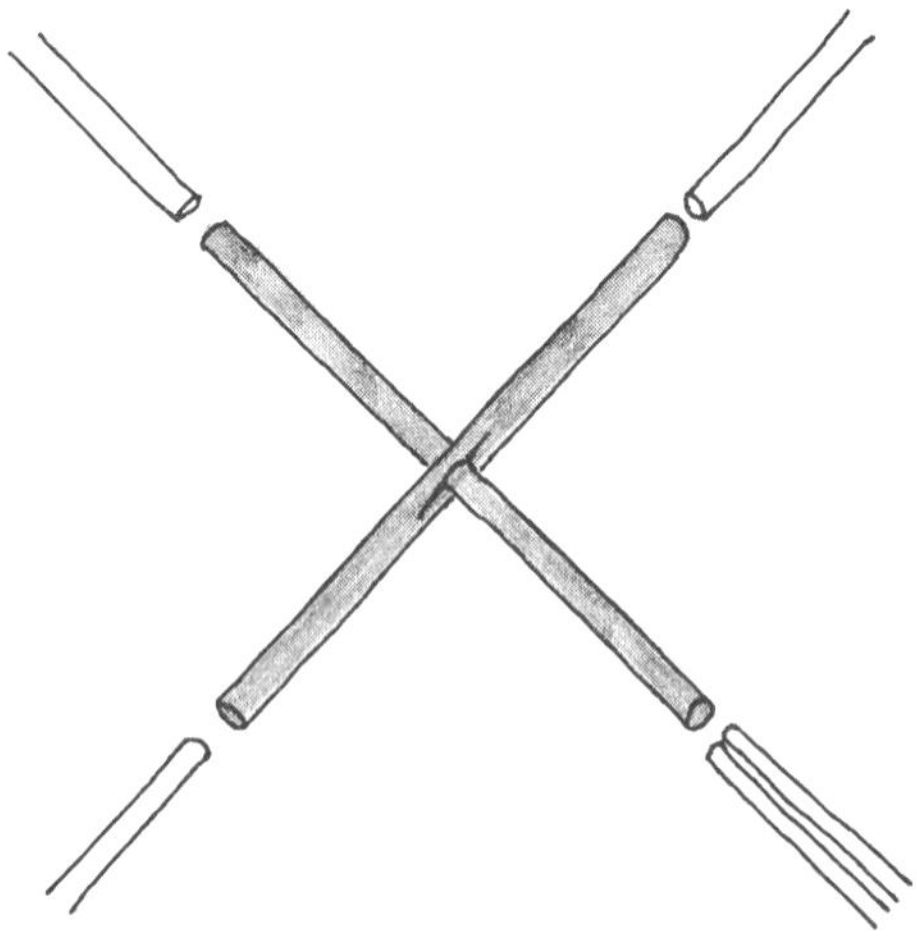

❹十字に組んだそれぞれに、新しい麦わらを１本ずつさしこむ。１カ所だけ２本さしこむ

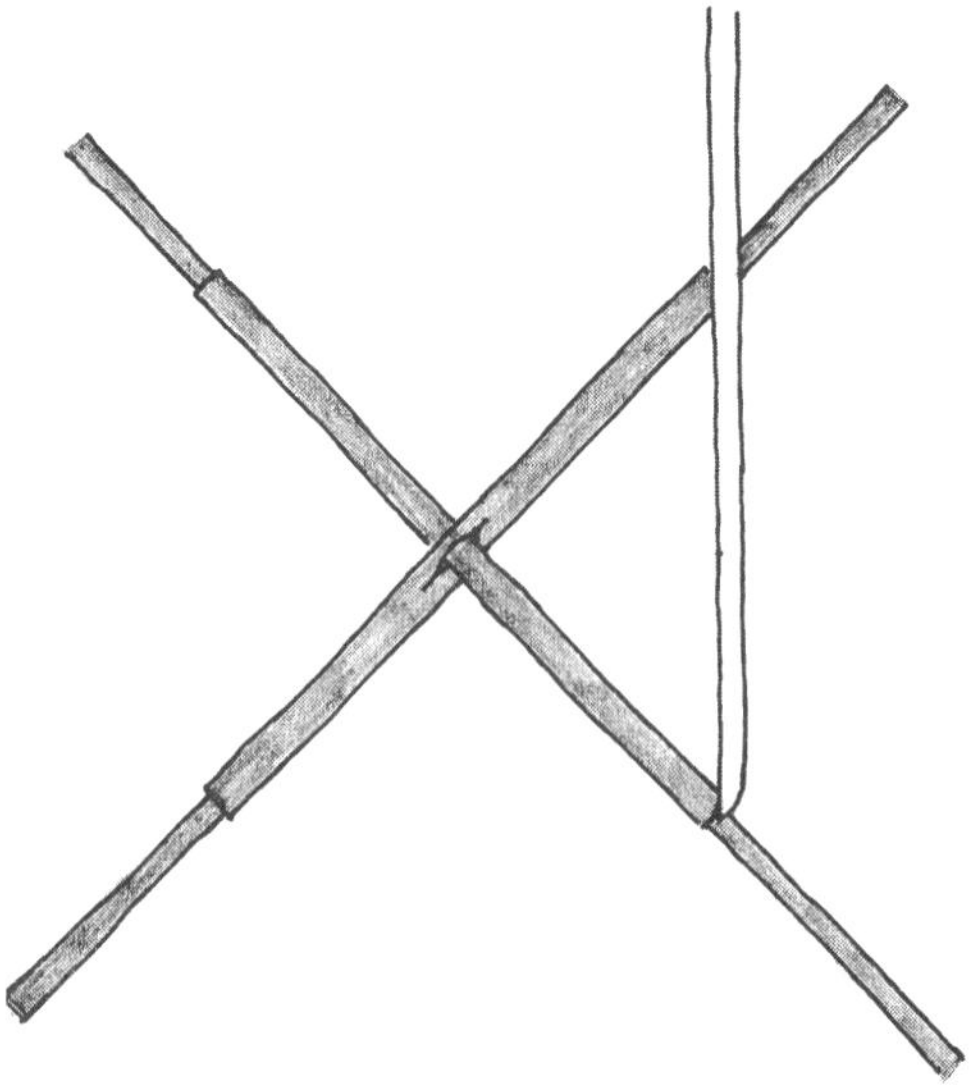

❺２本さしこんだなかの１本を、図のように折り曲げる

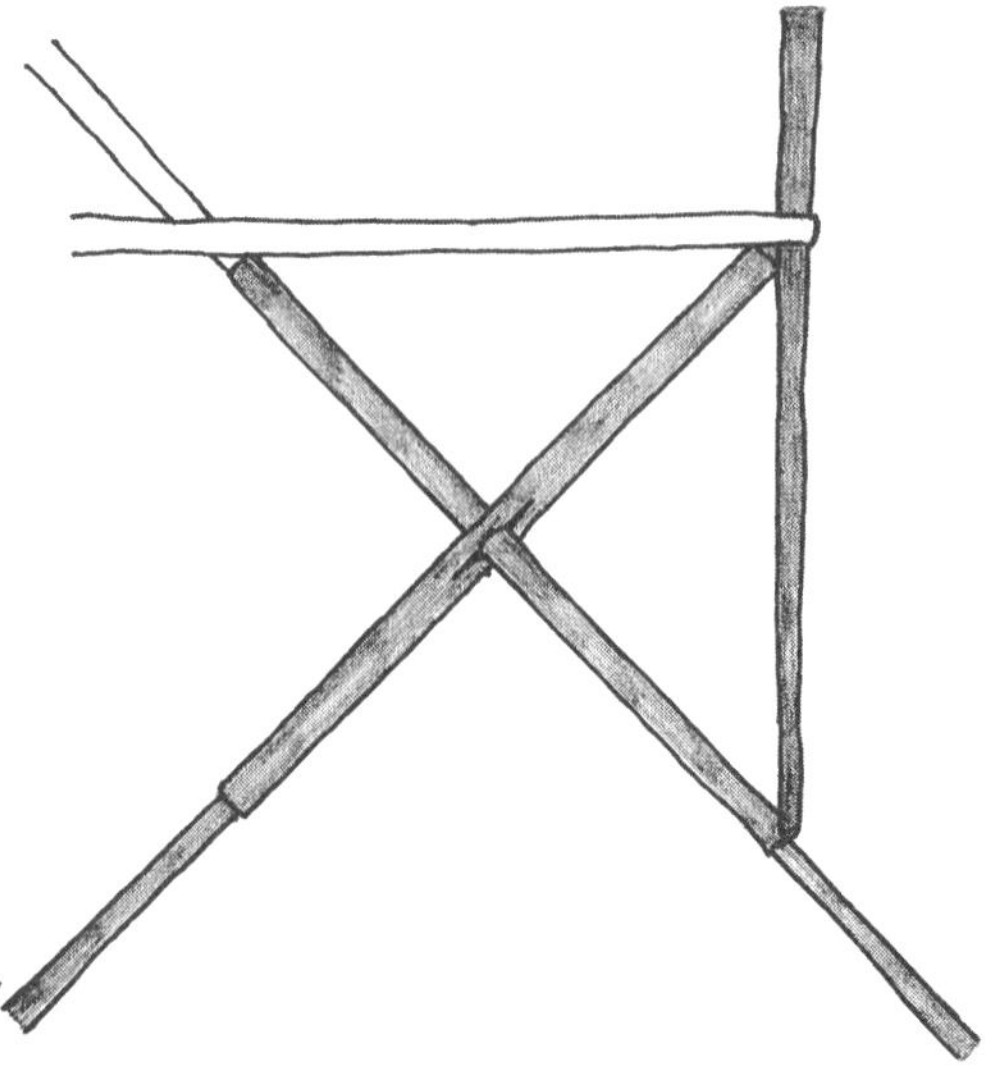

❻さらに次の１本を図のように折り曲げる

❼次々に折っていって１周する。この時にきちんと真四角になるように形を整える

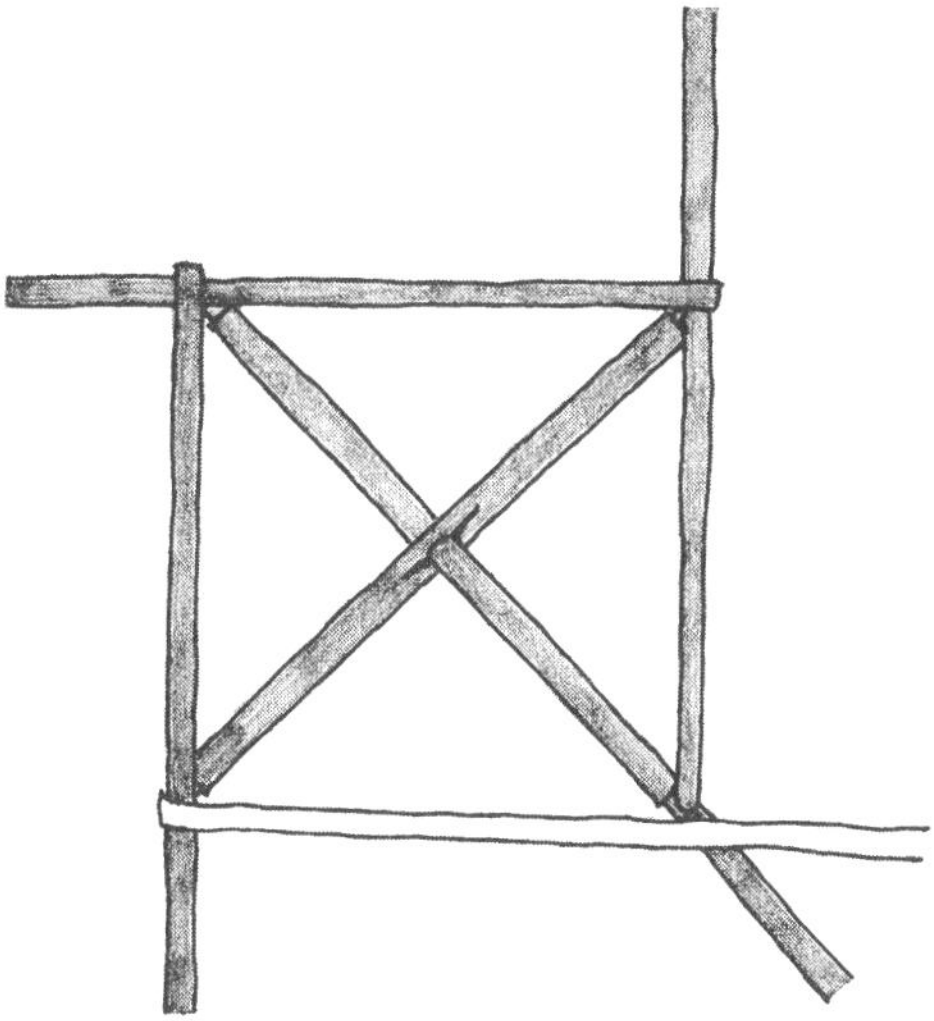

❽

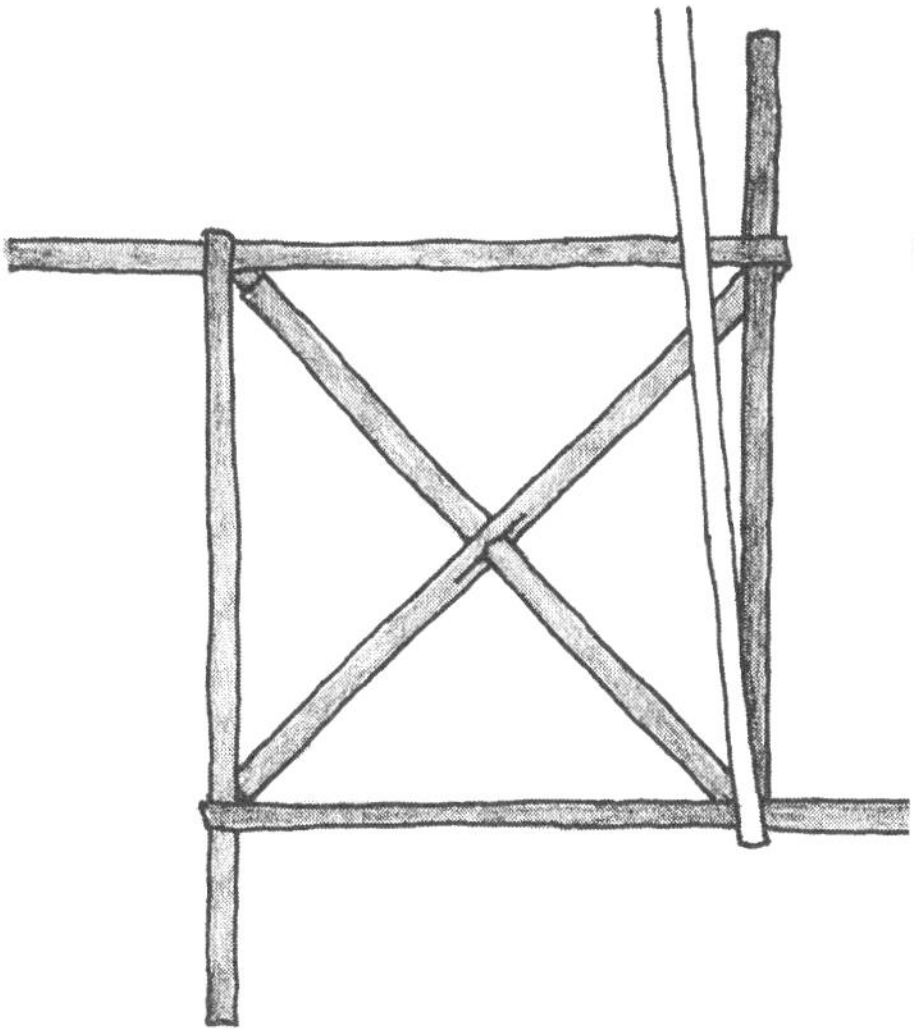

❾２周目の折りに入る。この時に折り曲げたものが、はじめの四角の内側に入るようにする

同じ作業を❿⓫とくりかえしていく。麦わらが短くなったらつぎ足す

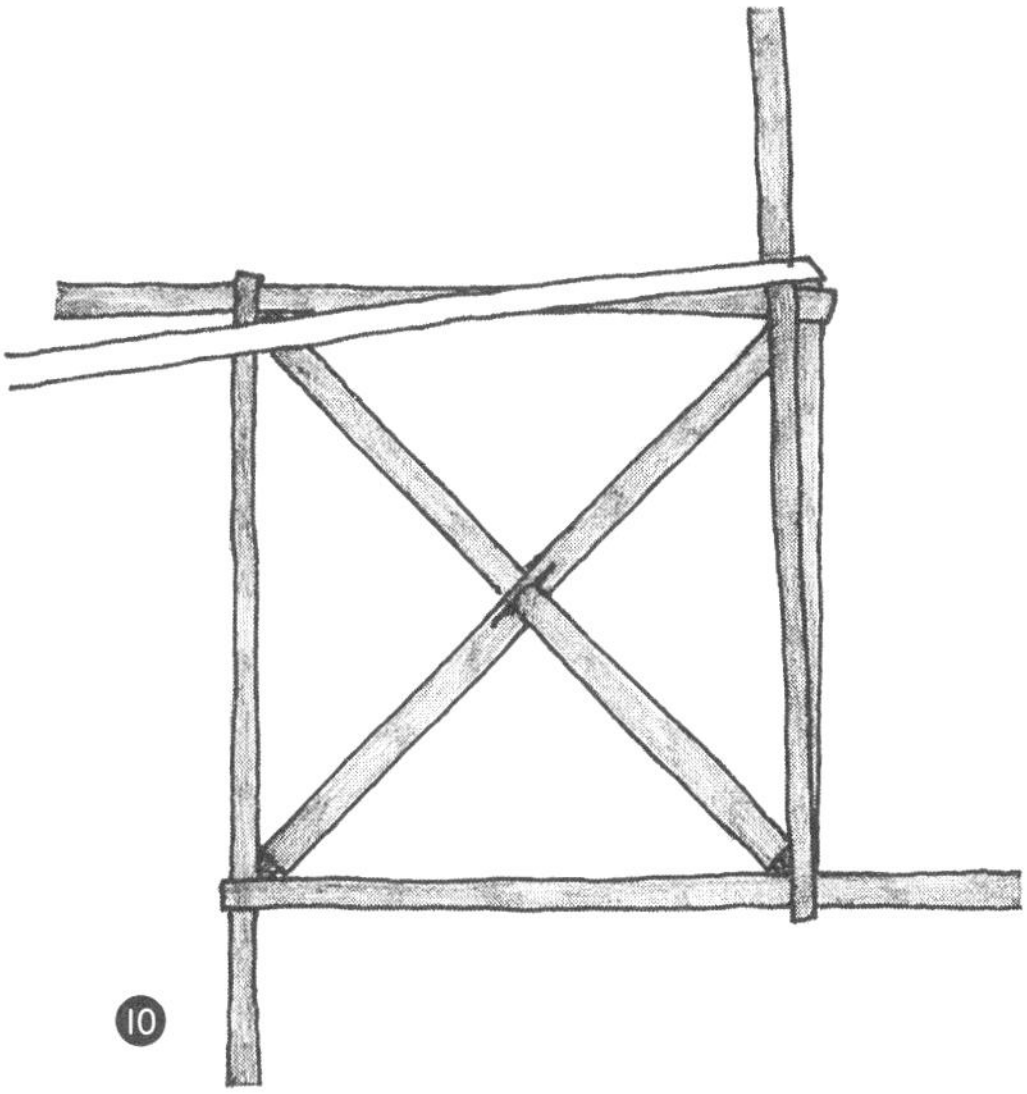

❿

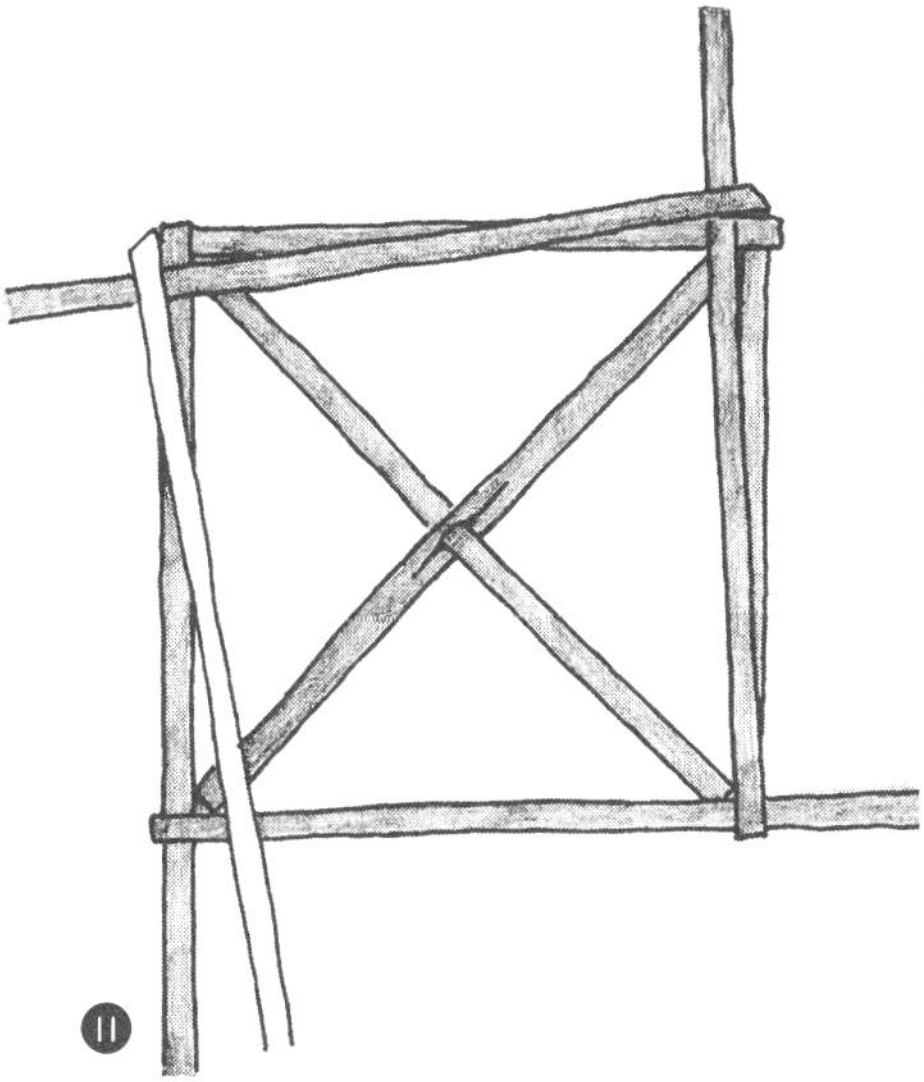

⓫

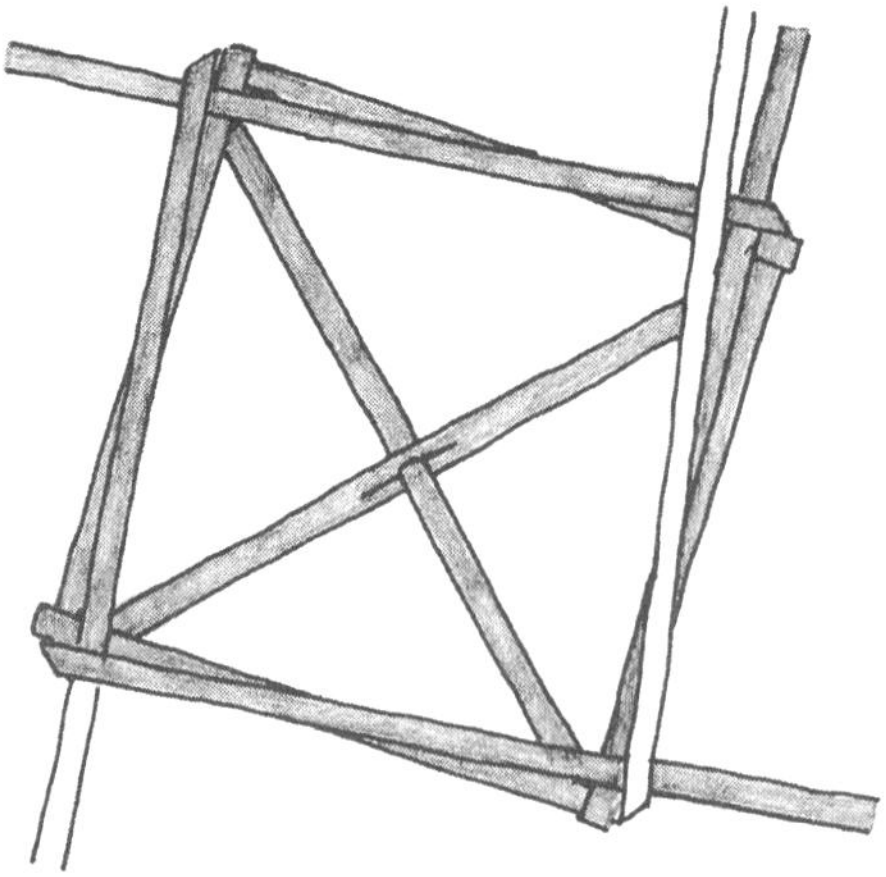

⑬

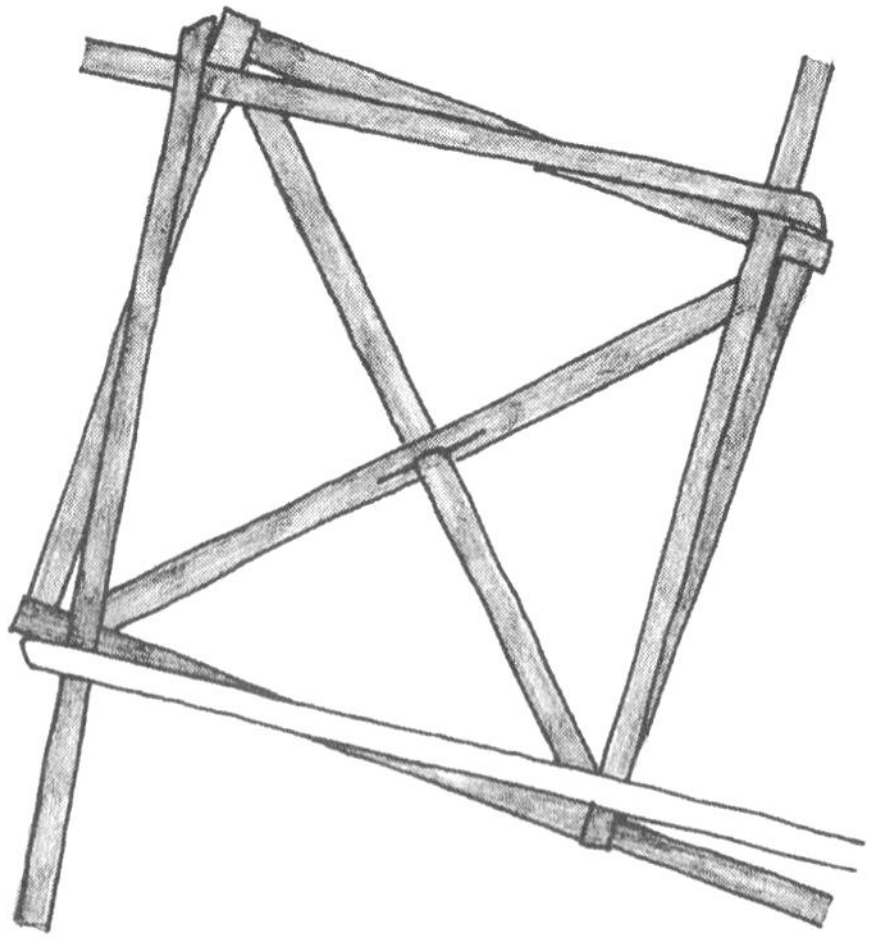

⑫

さらにくりかえして編〔あ〕んでいく（編みすすむうちに自然にねじれてくる）

⑮

a

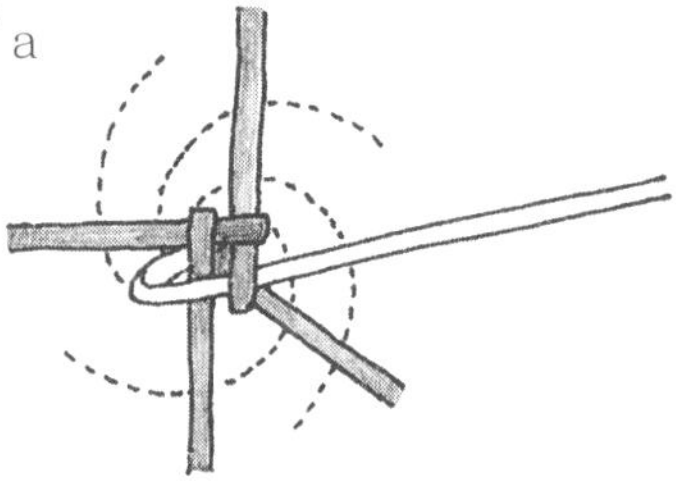

b

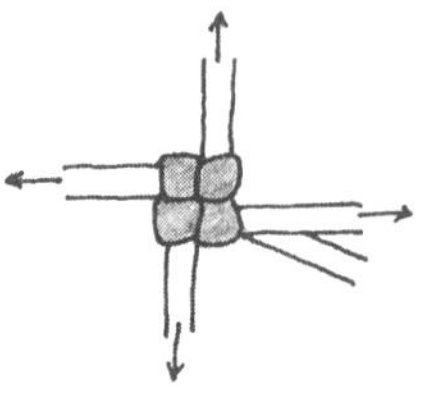

c

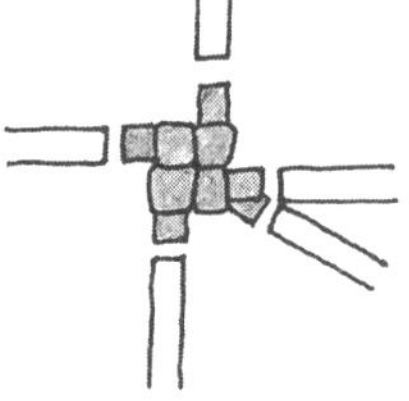

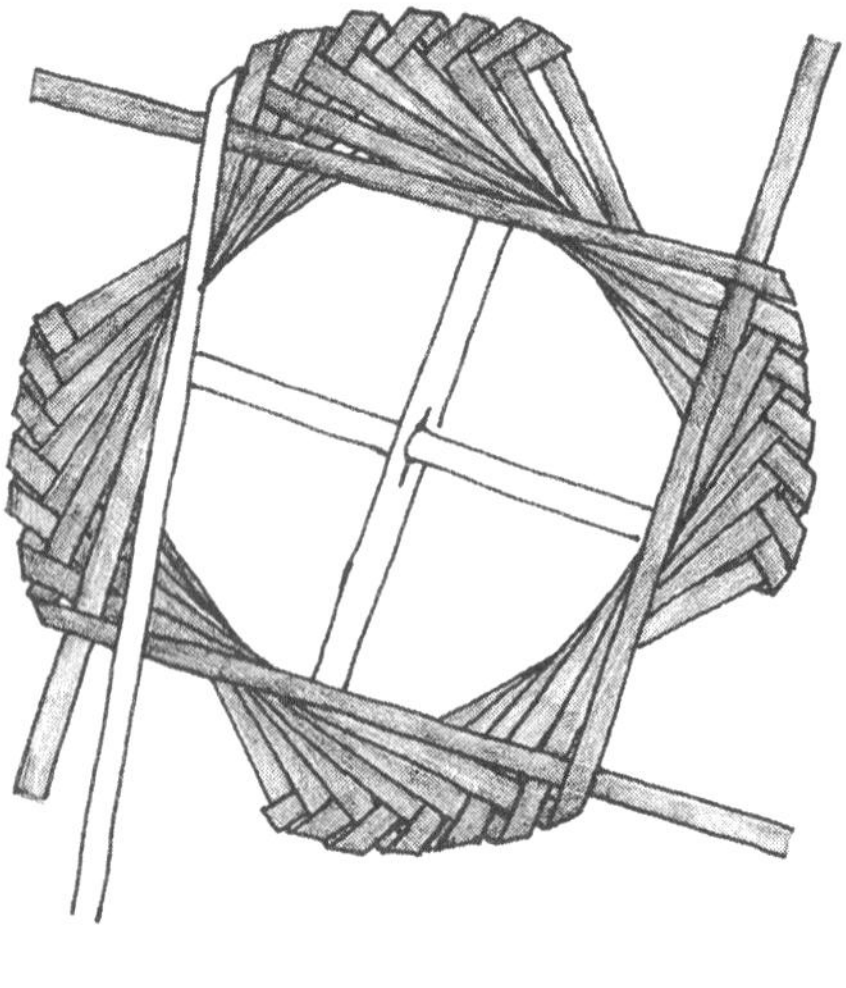

⑭だんだん四角の大きさがせまくなっていく。四角がせまくなってとじたら、⑮のように下をくぐらせて、四方からひっぱってしめ、あまったところを切る

⑰持ち手の作り方

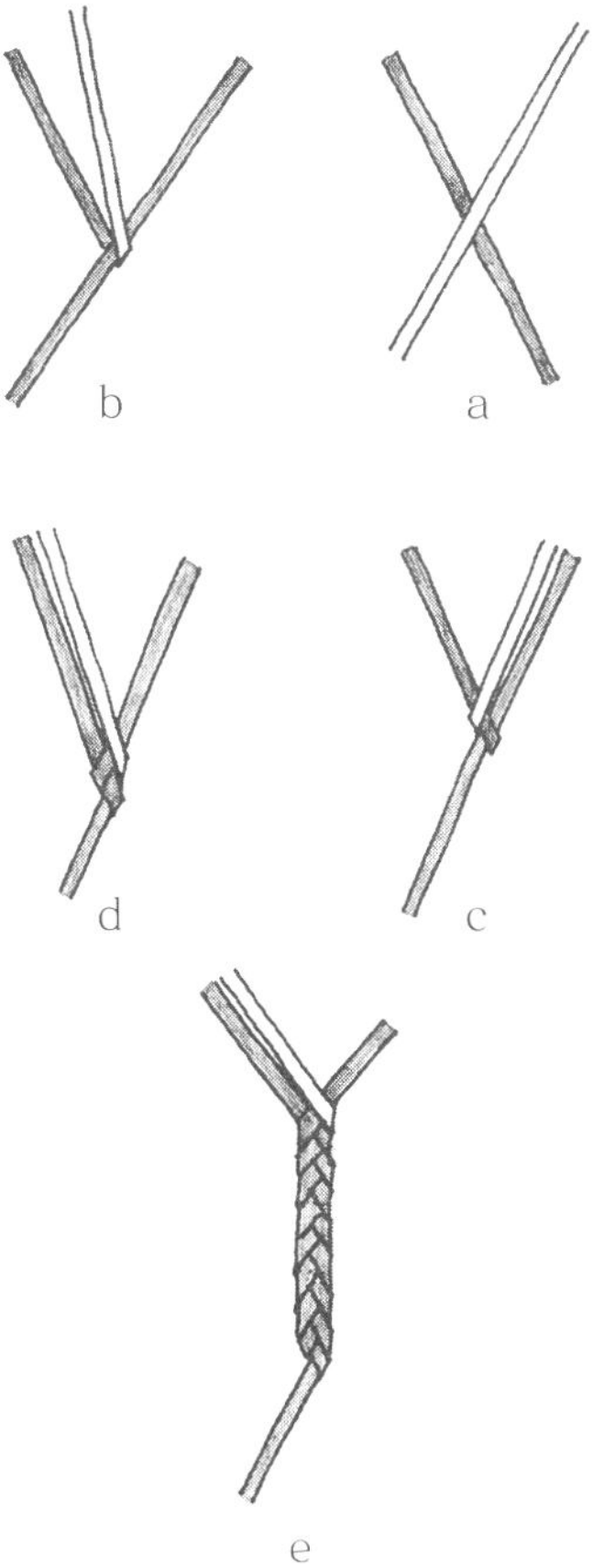

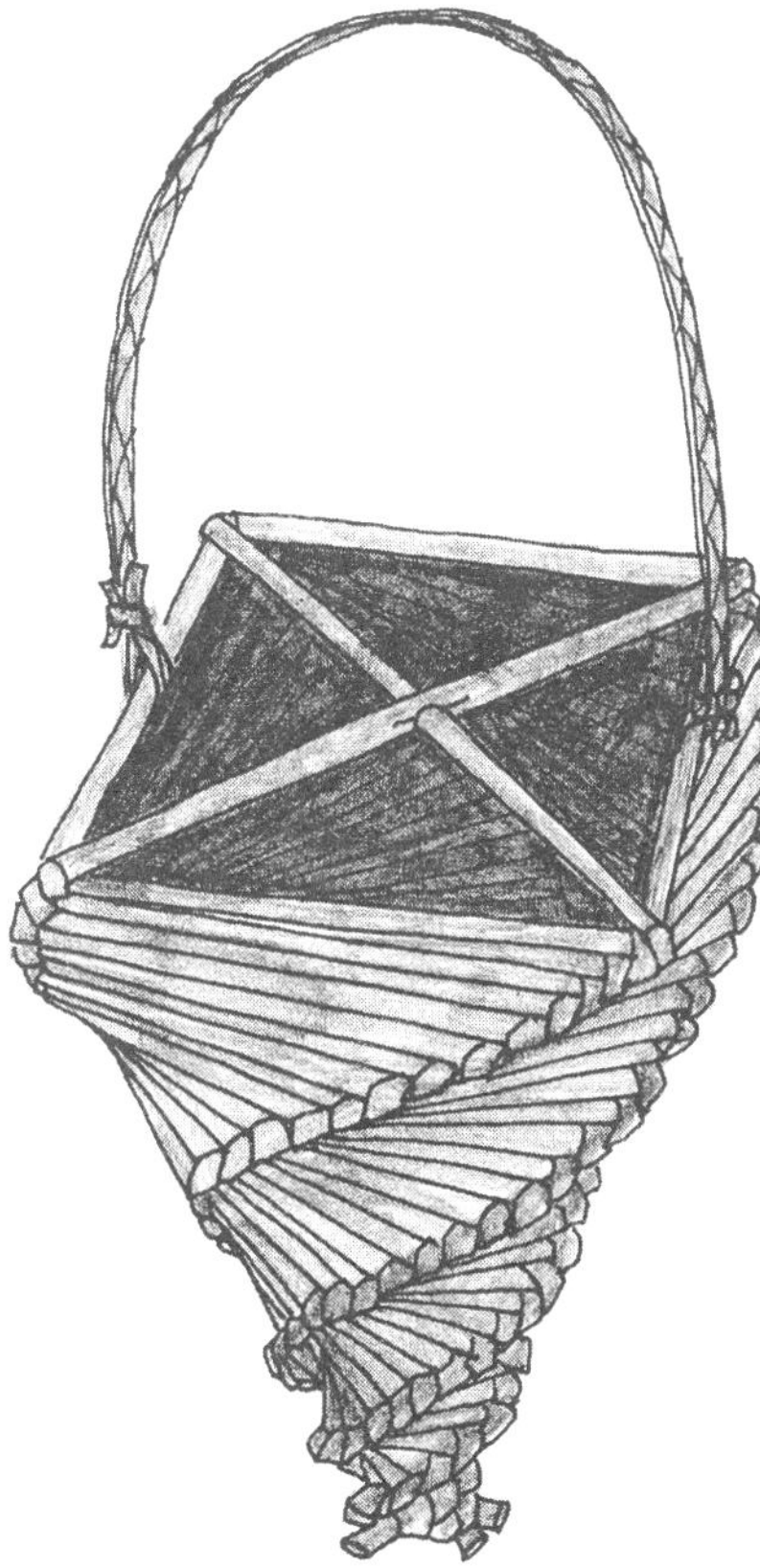

⑯持ち手をつけてできあがり

持ち手は⑰のように、少し細めの麦わらを２本使って作る。短い時は途中でつぎ足して長くしていく

麦わらのホタルかご

神奈川県にある丹沢《たんざわ》山地の北側を、道志《どうし》川という川が流れています。この川にそったところにある山梨県の道志村という村に、四角いおもしろい麦わらのホタルかごがあるという情報を得て、さっそく訪ねてみました。ところがそこで見られたものは、全国どこにでも伝わっている一般的なもので、決してめずらしいものではありませんでした。役場や教育委員会など、あちこちに聞いてみても、誰も知っている人はいません。とうとうこの時はあきらめて帰ってきました。

ところがもう一度訪れて、根気よくあちこち聞いてまわっているうちに、道志村の古い観光案内に載っていたホタルかごの写真が見つかりました。そこでこのかごの作られた場所を調べてもらうと、上神地《かみかんじ》というところだと言います。

私は写真を持って上神地に向かいました。そして「こんな麦わらのかごを作る人はいませんか」と、あちこち聞いてまわったのです。すると偶然にも「この写真のかごは私が作った」という年輩の女性に出会うことができました。私は大喜びでその女性に道志村にやってきたわけを話し、作り方を教えてもらいました。こうして私は新しい麦わらのホタルかごに出会うことができたのでした。

材料

オオムギの麦わら、カラスムギの麦わらなど。

作り方

二本の麦わらを、十字に組み合わせたものを骨にします。これにもう一本を加えて、図❸のようにまず骨の一本に巻きつけます。その後同じように、次の一本に巻く、というように次々に巻きながら次第に外側に大きくしていきます。このようにして底ができあがります。この時に、骨を少しずつたわませていくと、外側にできる曲線が美しくなります。

十字にした麦わらの端《はし》まで巻き終わったら、次に図⓯〜⓳のように四角の角に巻きつけながらだんだん内側につぼめていき、上半分を作っていきます。口が適当な大きさになったら、そこで糸、あるいはしなやかな麦わらを使って結び、止めます（⓴）。

かごの手は、53ページの「麦わらの手かご」と同じで、二本の麦わらで三つ折りにして作り、かごのふちに結びつけるようにします。麦わらが短い時は、つないで長くします。

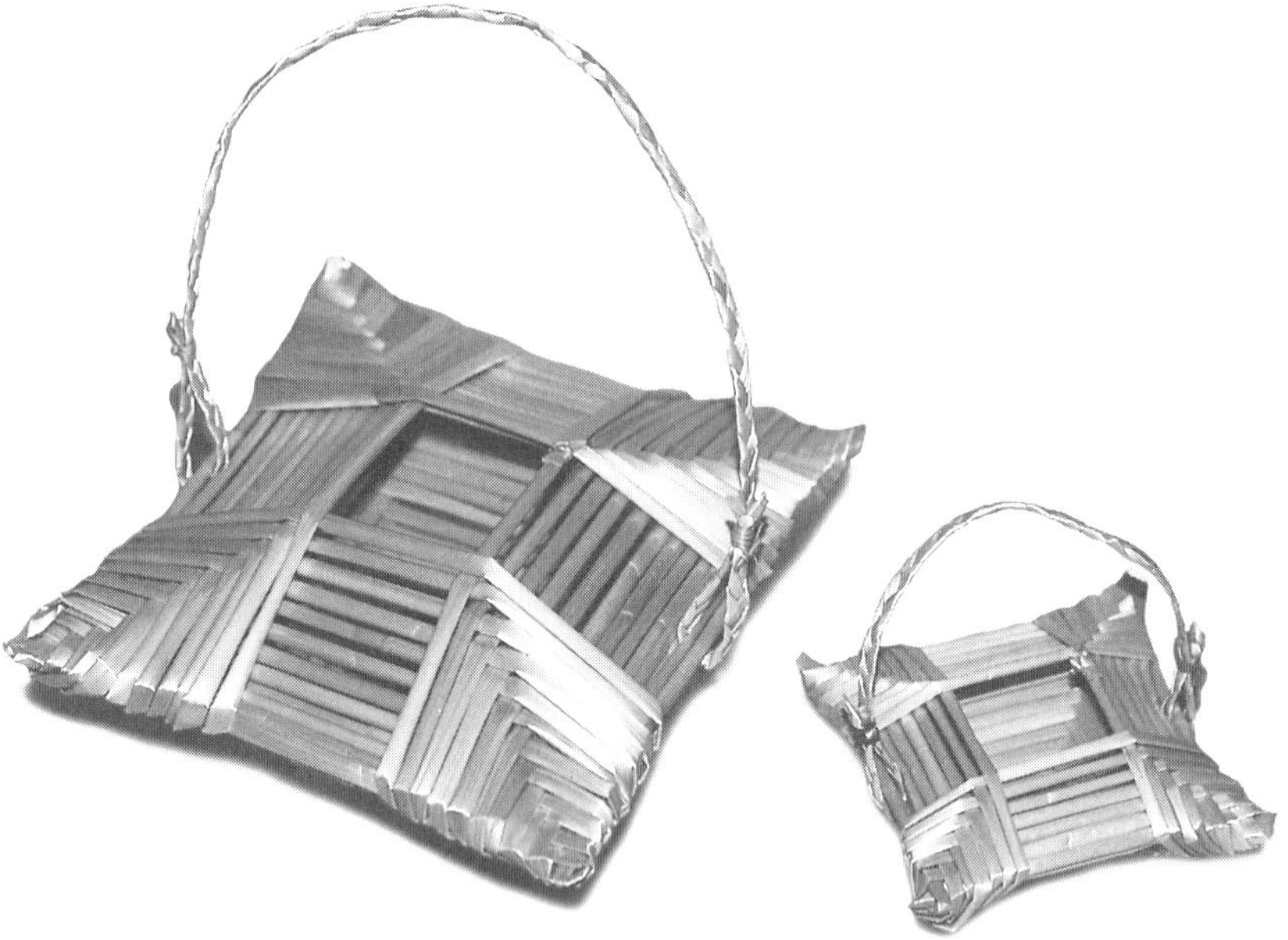

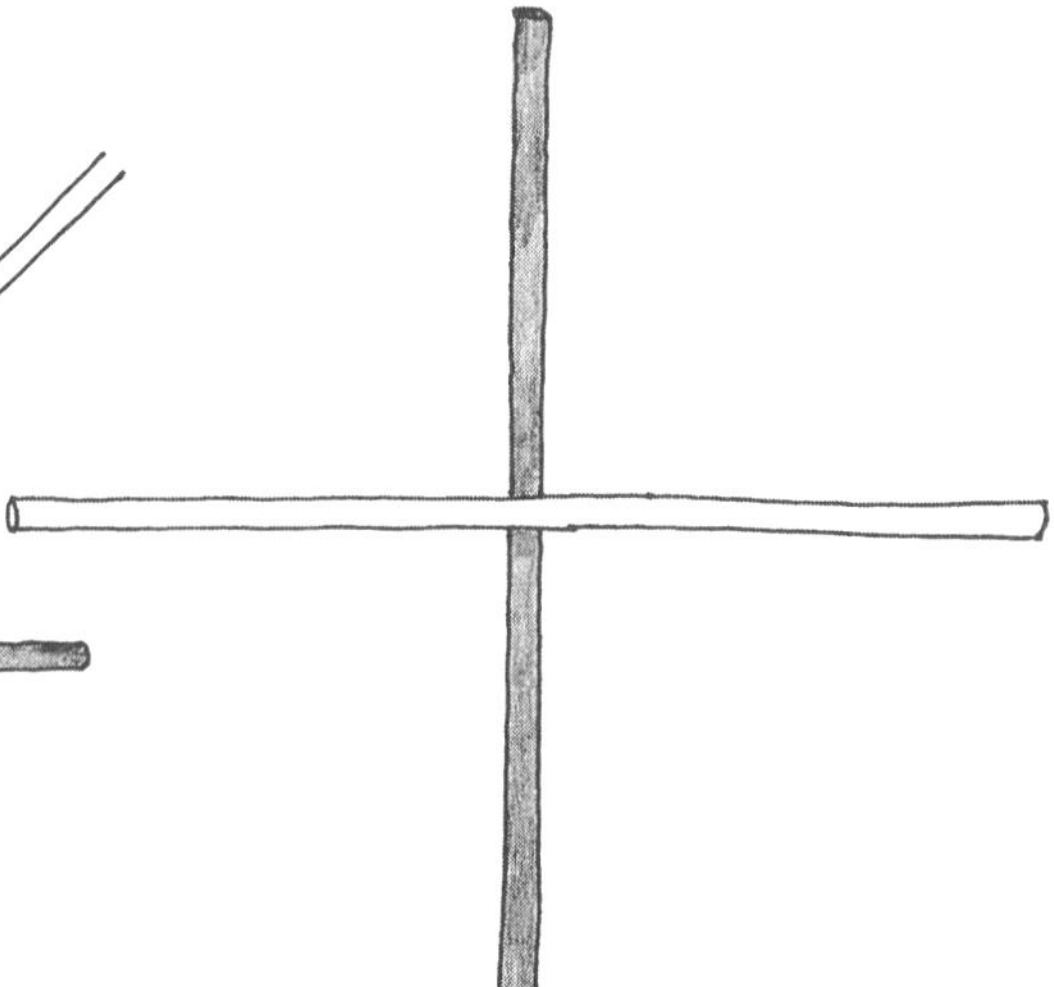

❶15cmほどの麦わら２本を十字に組み合わせる

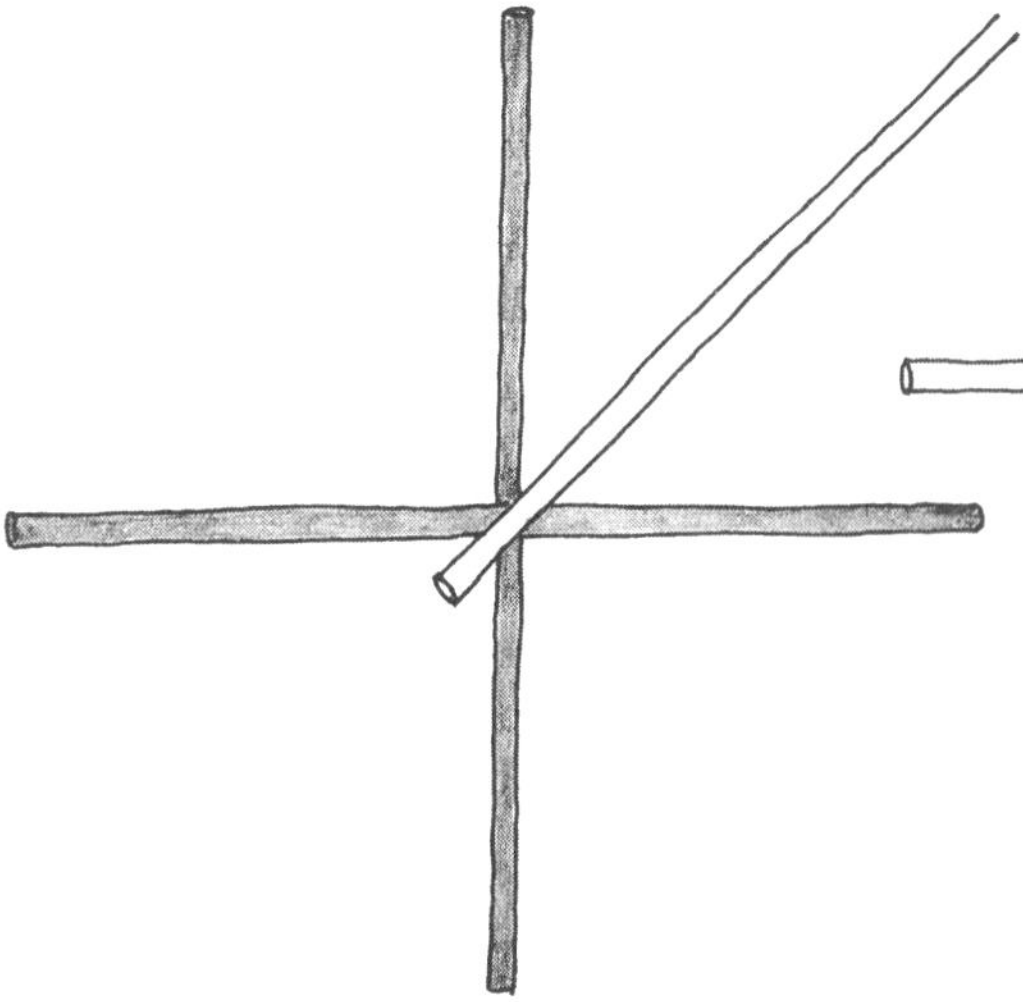

❷べつの１本をななめに当てて

❸図のように1本に巻きつける

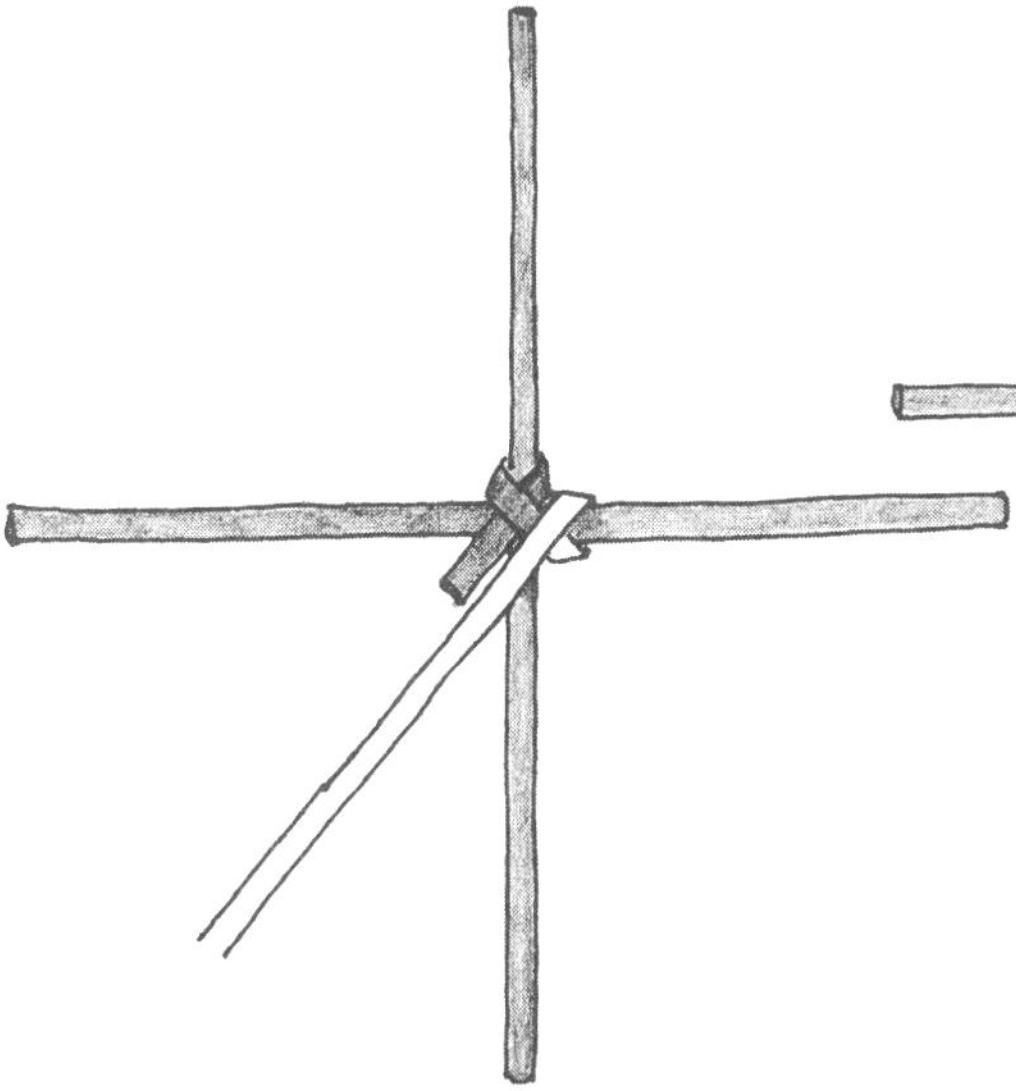

❹さらに隣の軸〔じく〕に巻つける

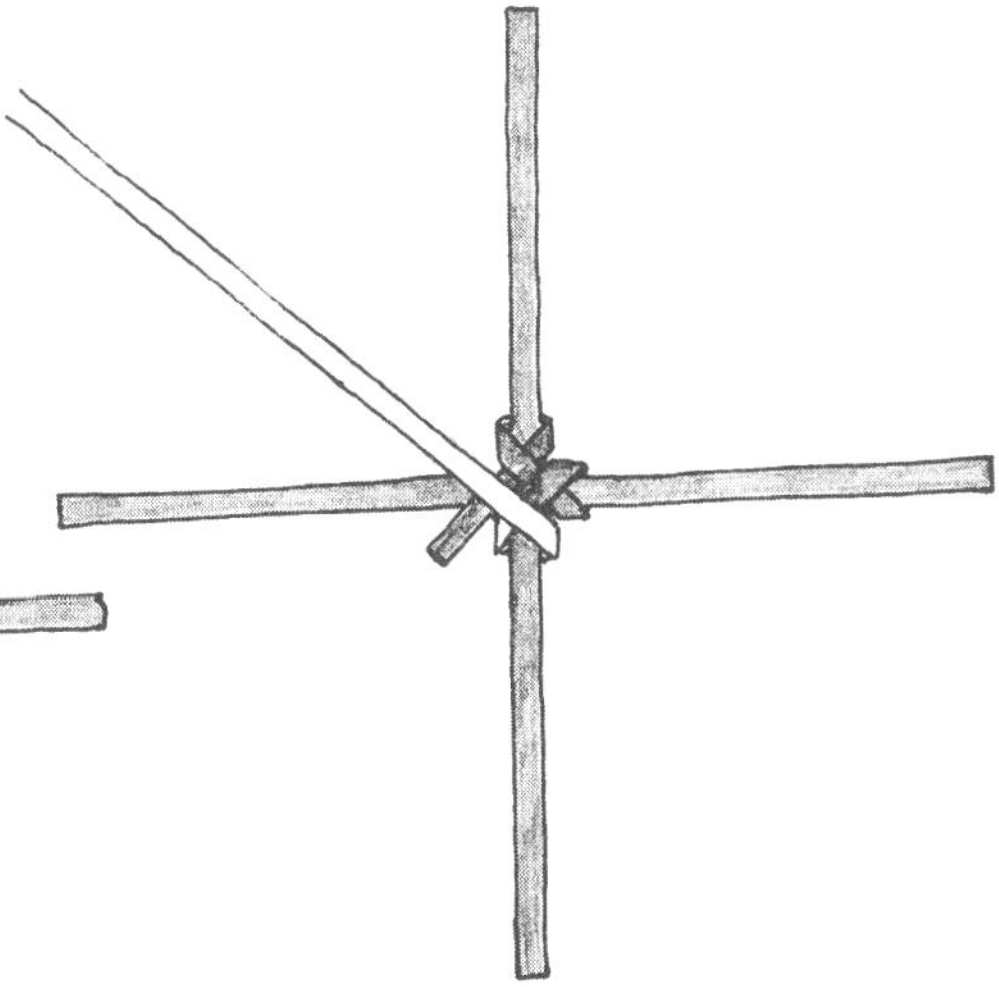

❺同様に次々に巻きつけながら1周する

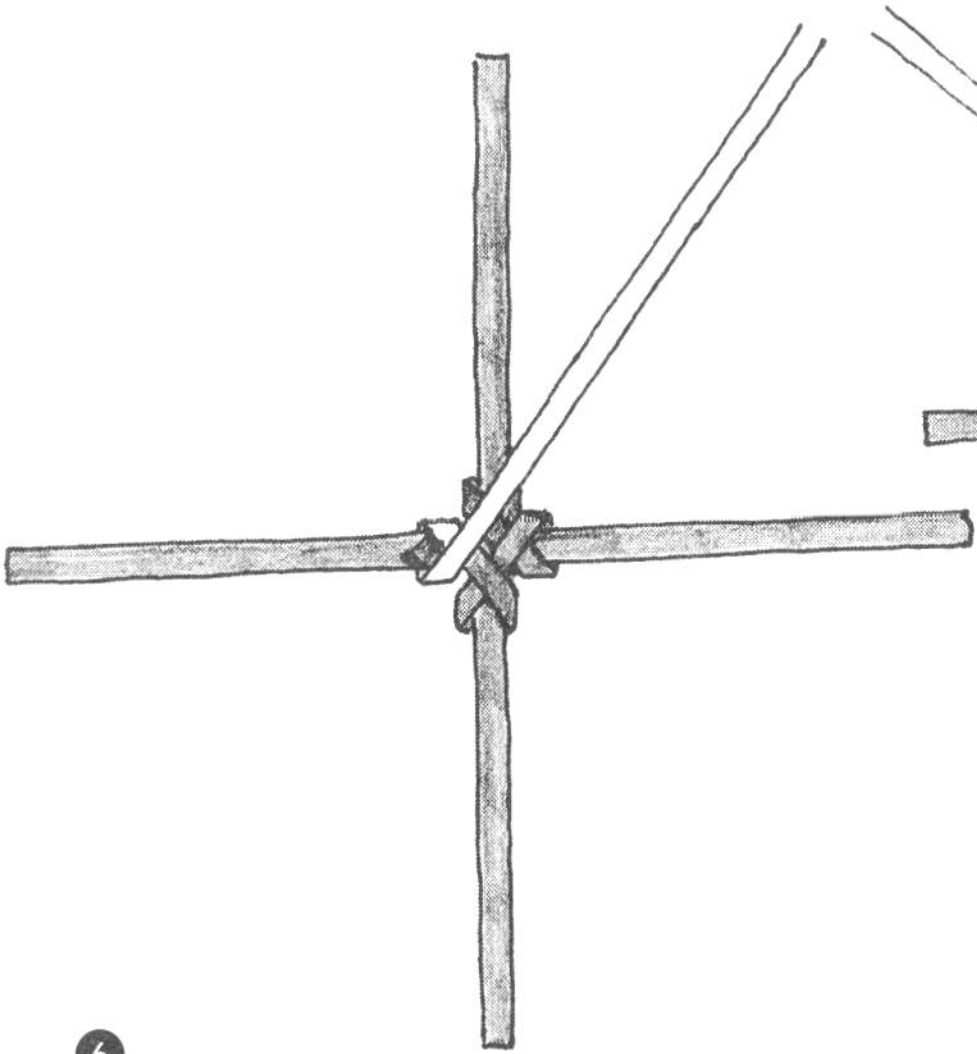

❻

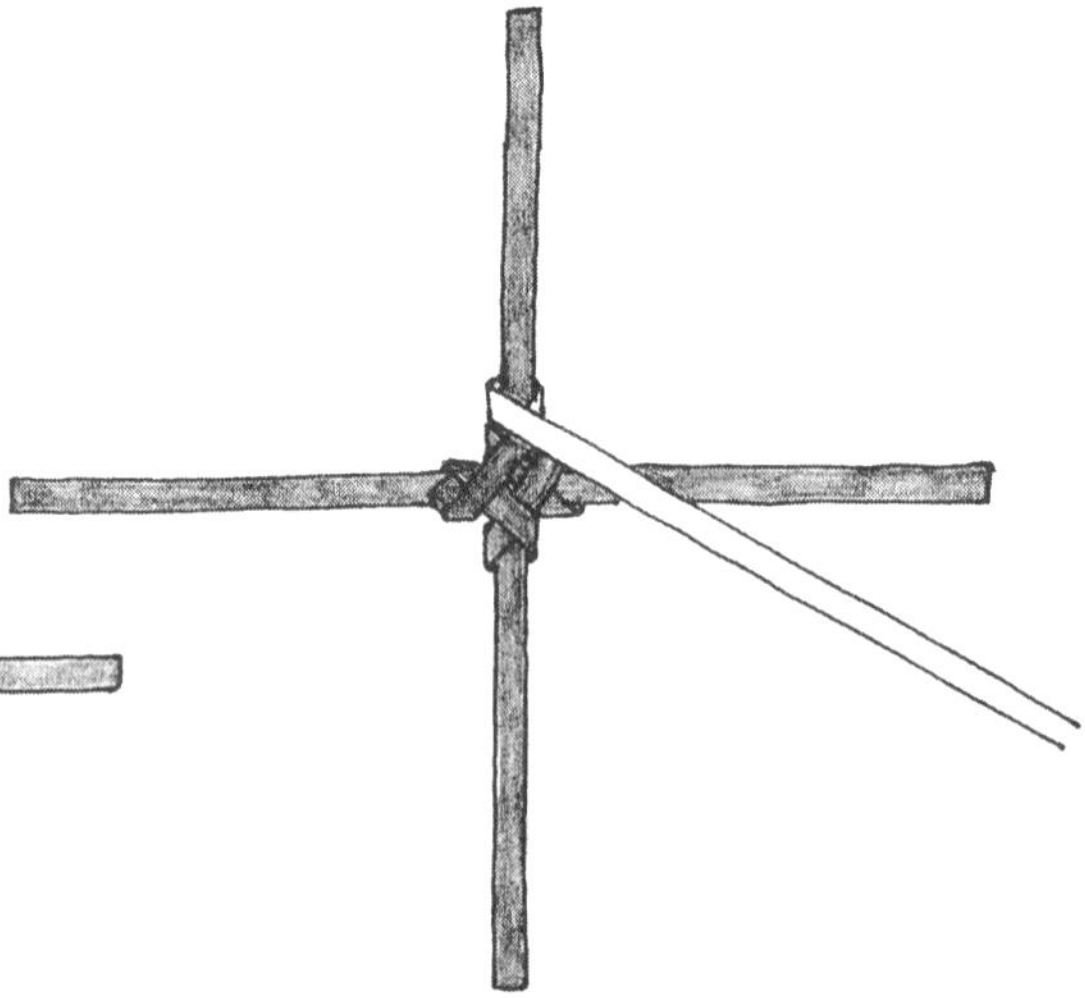

❼２段目は外側に少しずらして、同じように巻きつける

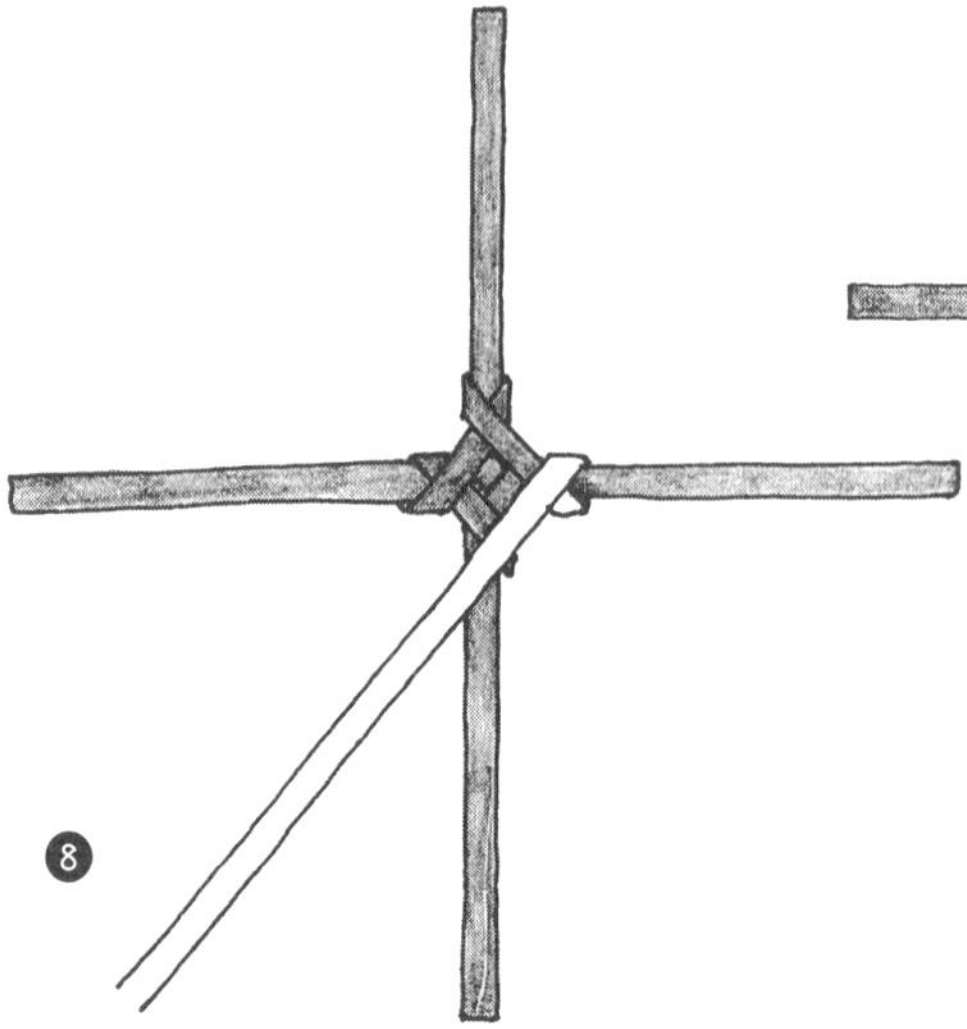

❽

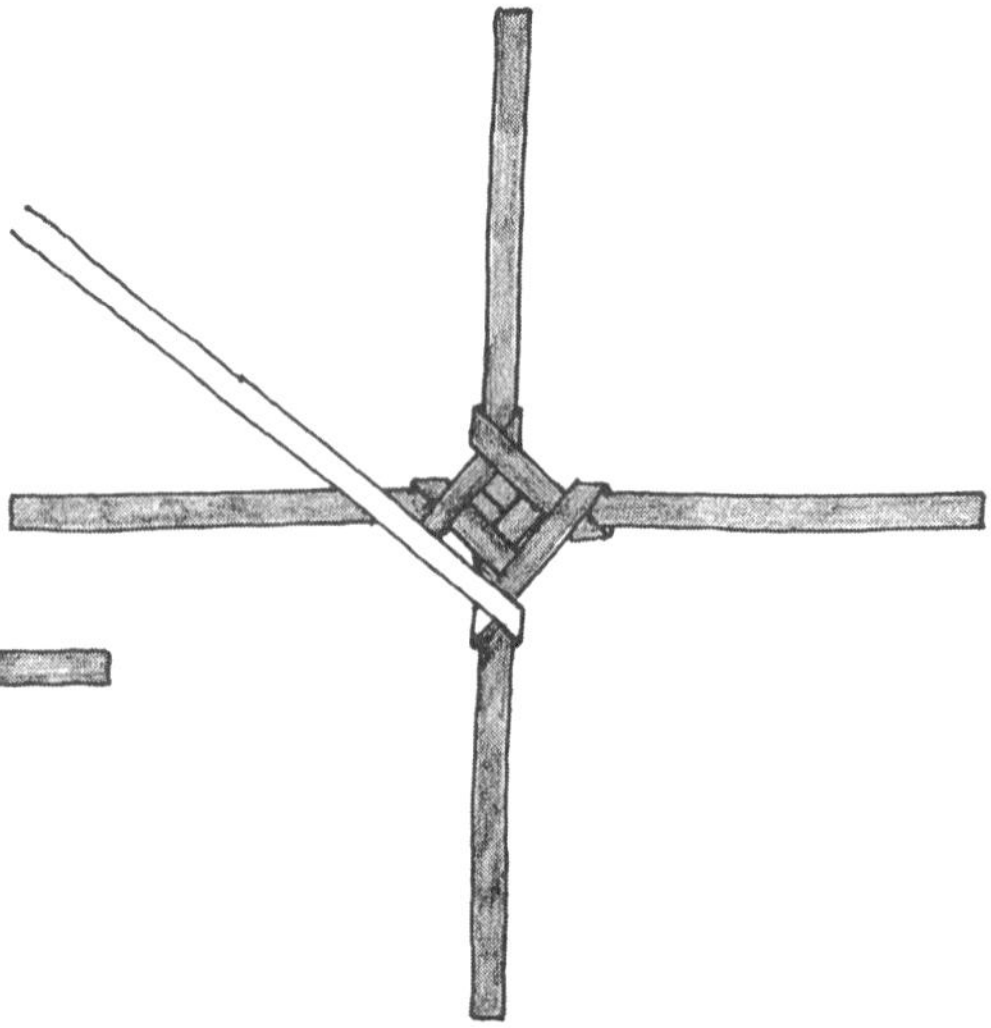

❾

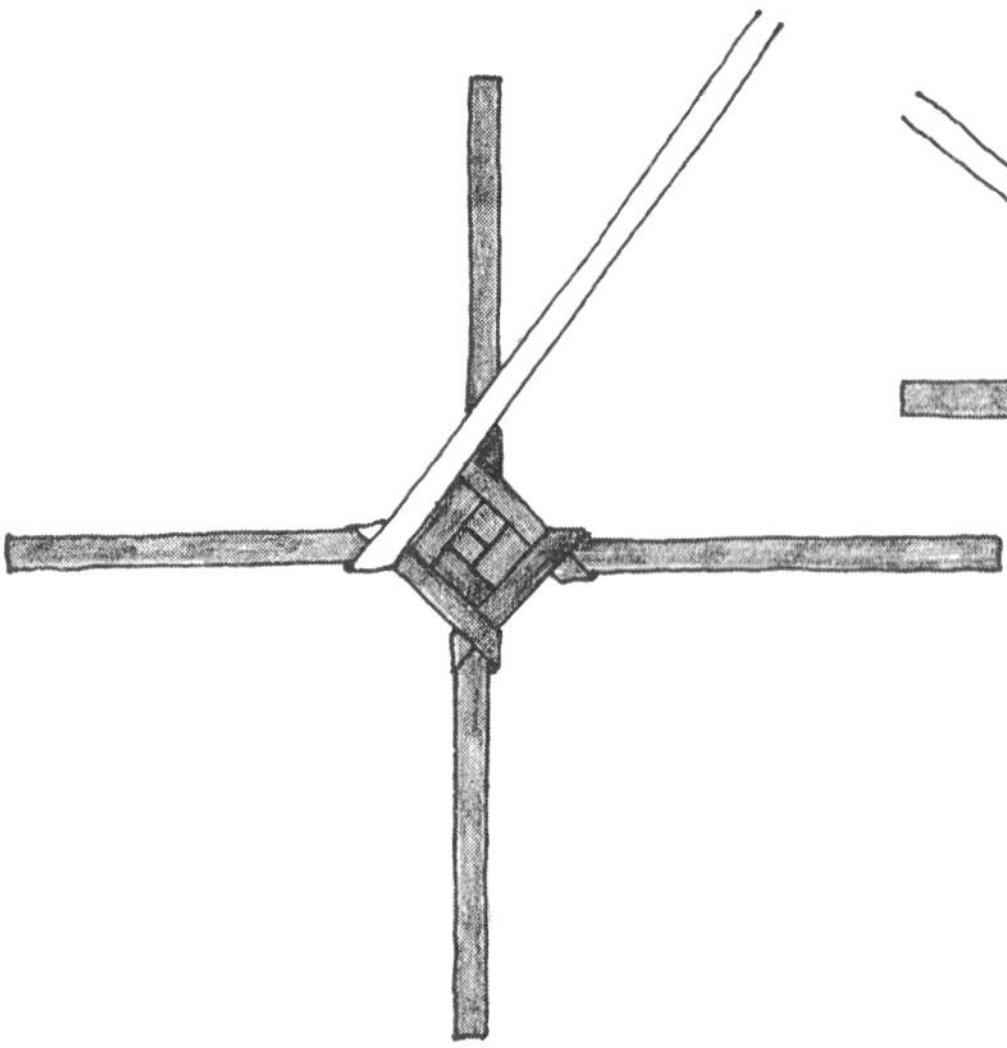

❿

❽～⓫のように、ずらしながらどんどん巻きつけていく

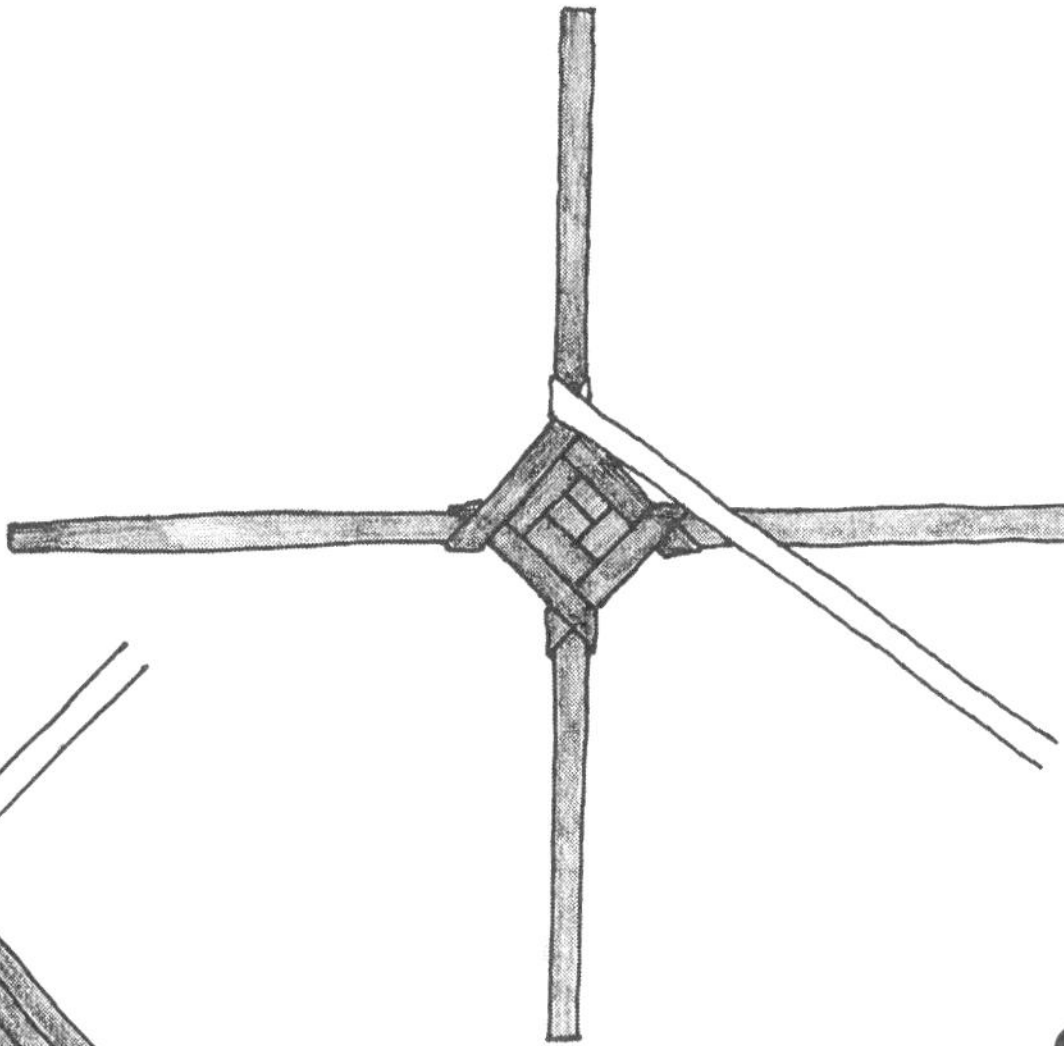

⓫

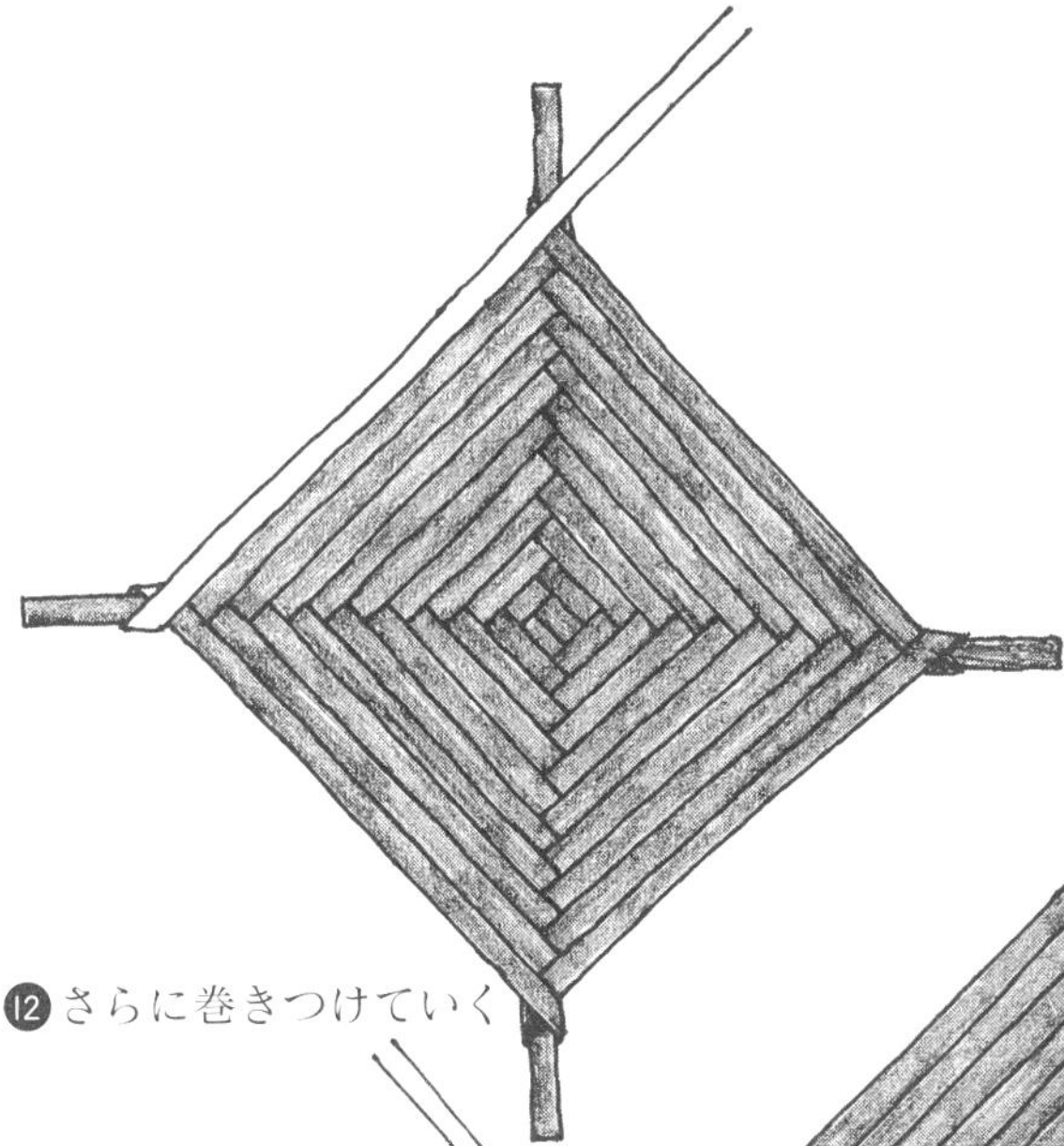

⓬さらに巻きつけていく

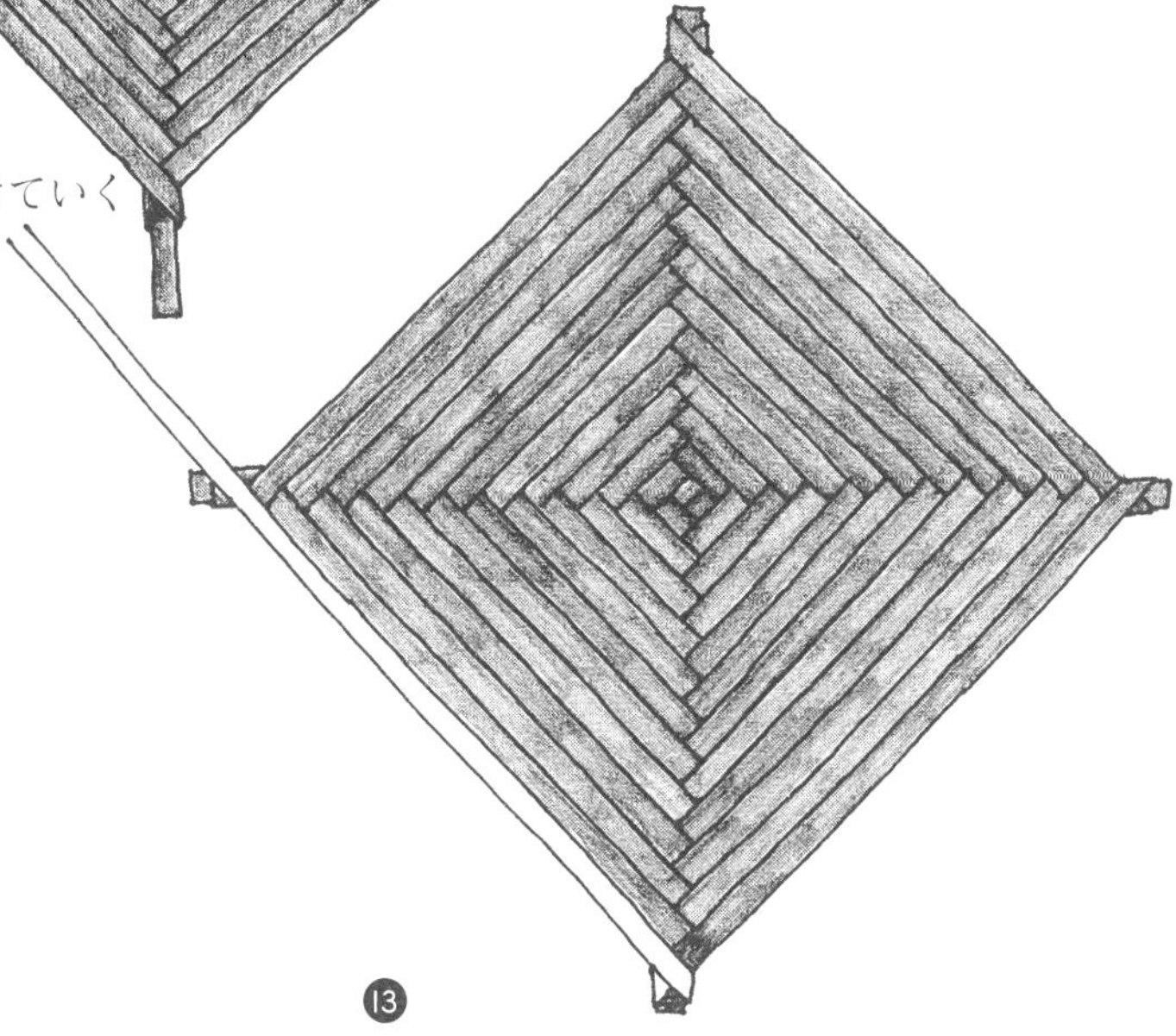

⓭

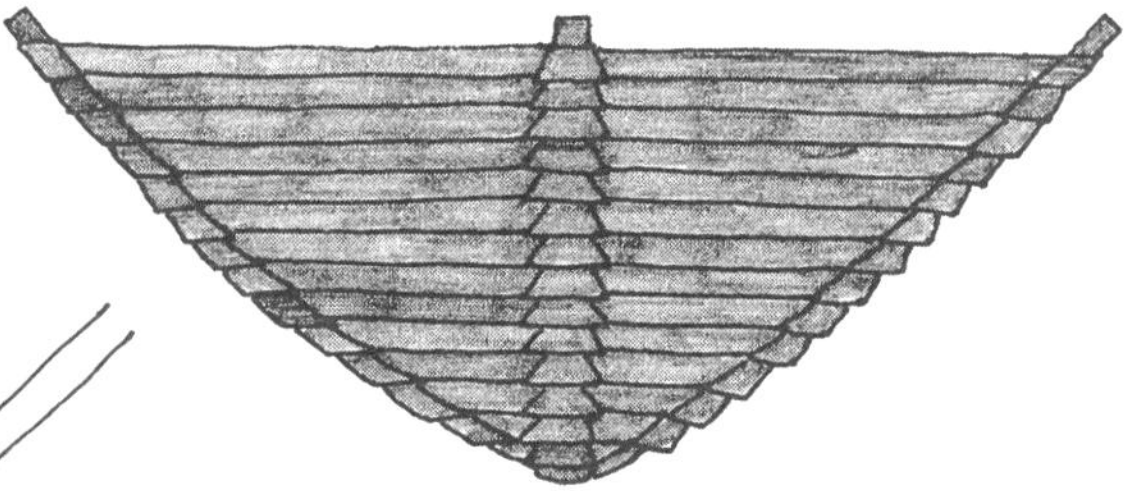

⑭麦わらの厚さで、図のような形になっていく（横から見た図）

⑮
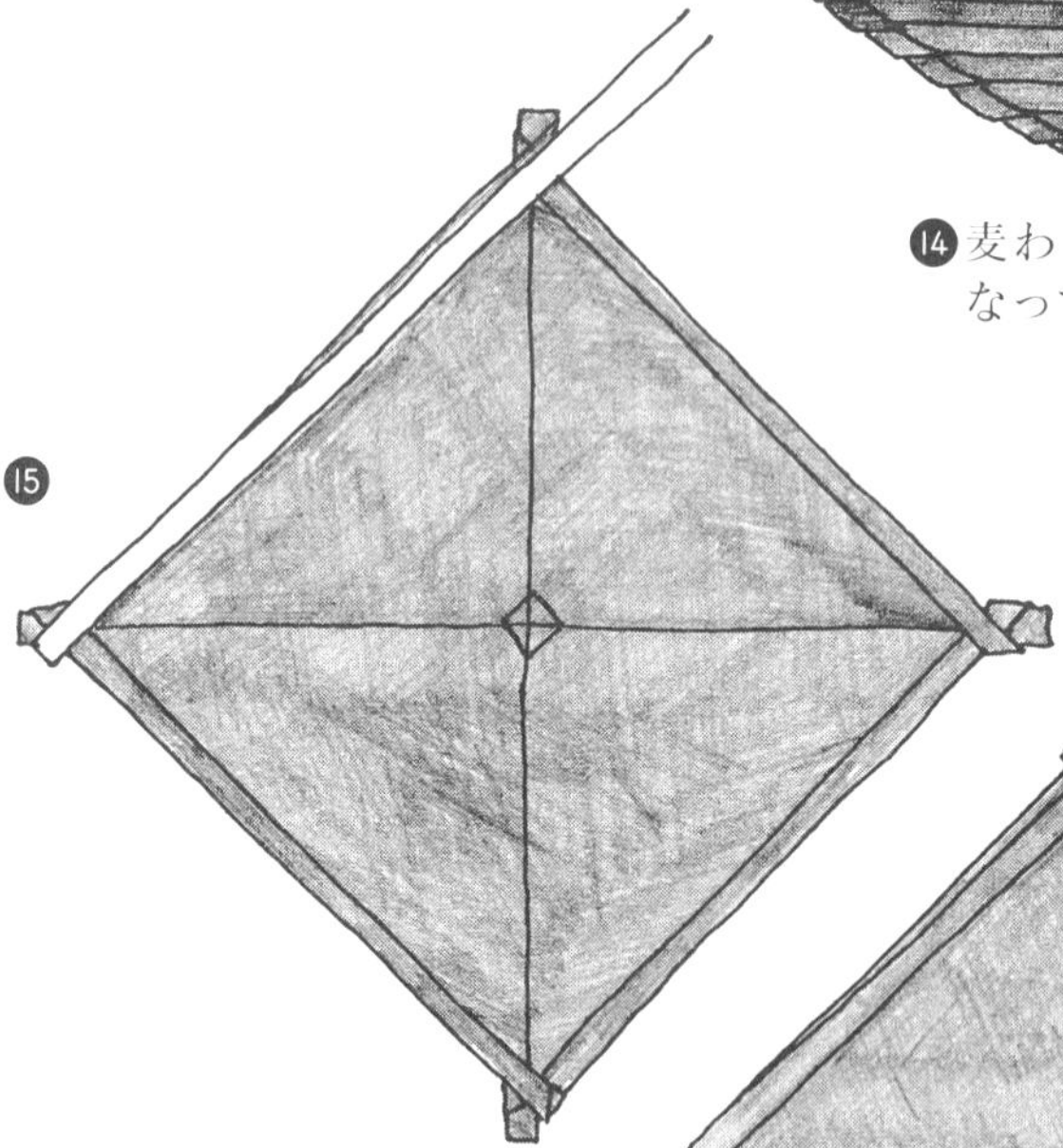

先端まで行ったら、⑮⑯のように、角に巻きつけるようにして、裏側の上を通るように巻いていく

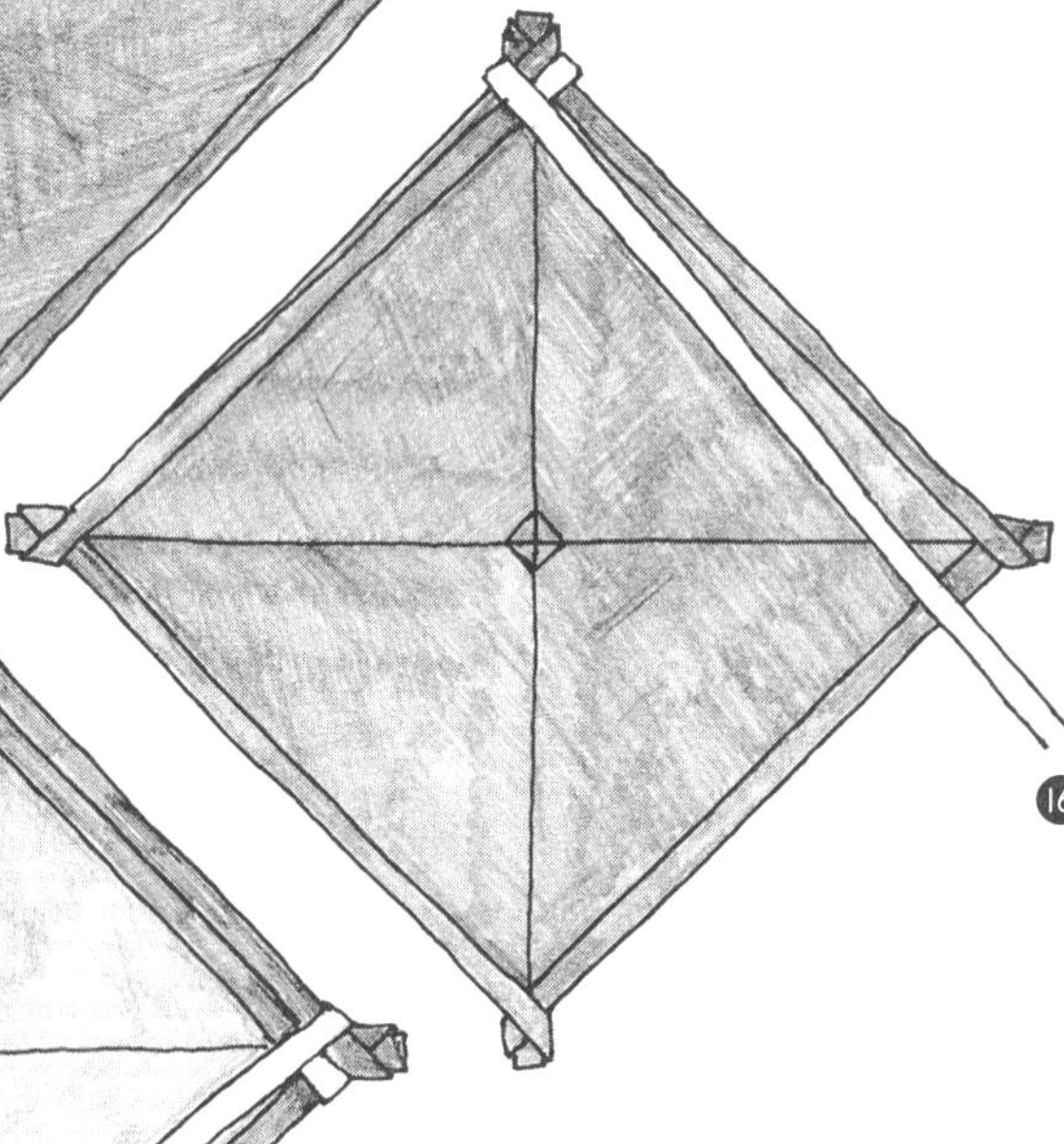
⑯

⑰
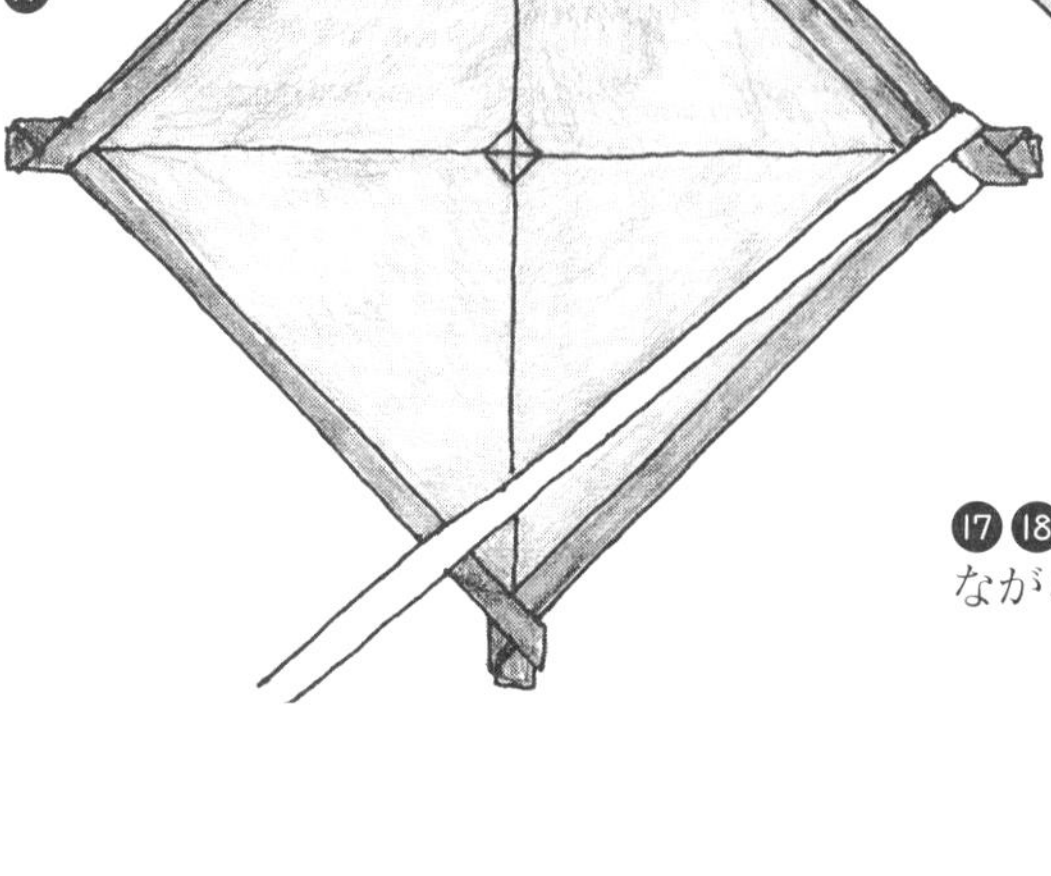

⑰⑱のように麦わら１本分ずつずらしながら巻いていくと⑲のようになる

適当に巻いたら、端〔はし〕を、⑳のようにべつの麦わらで結んで止める

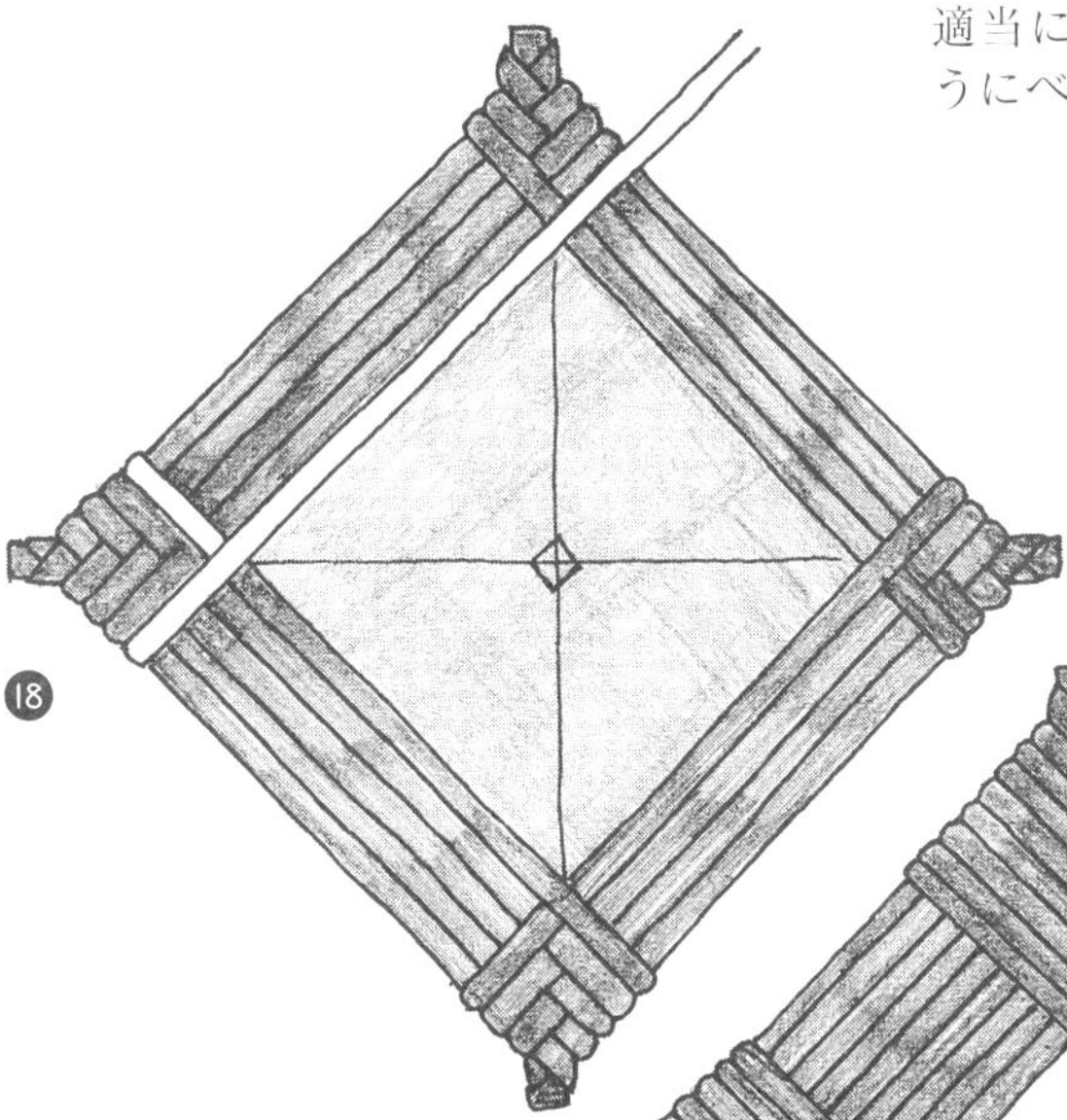

⑱

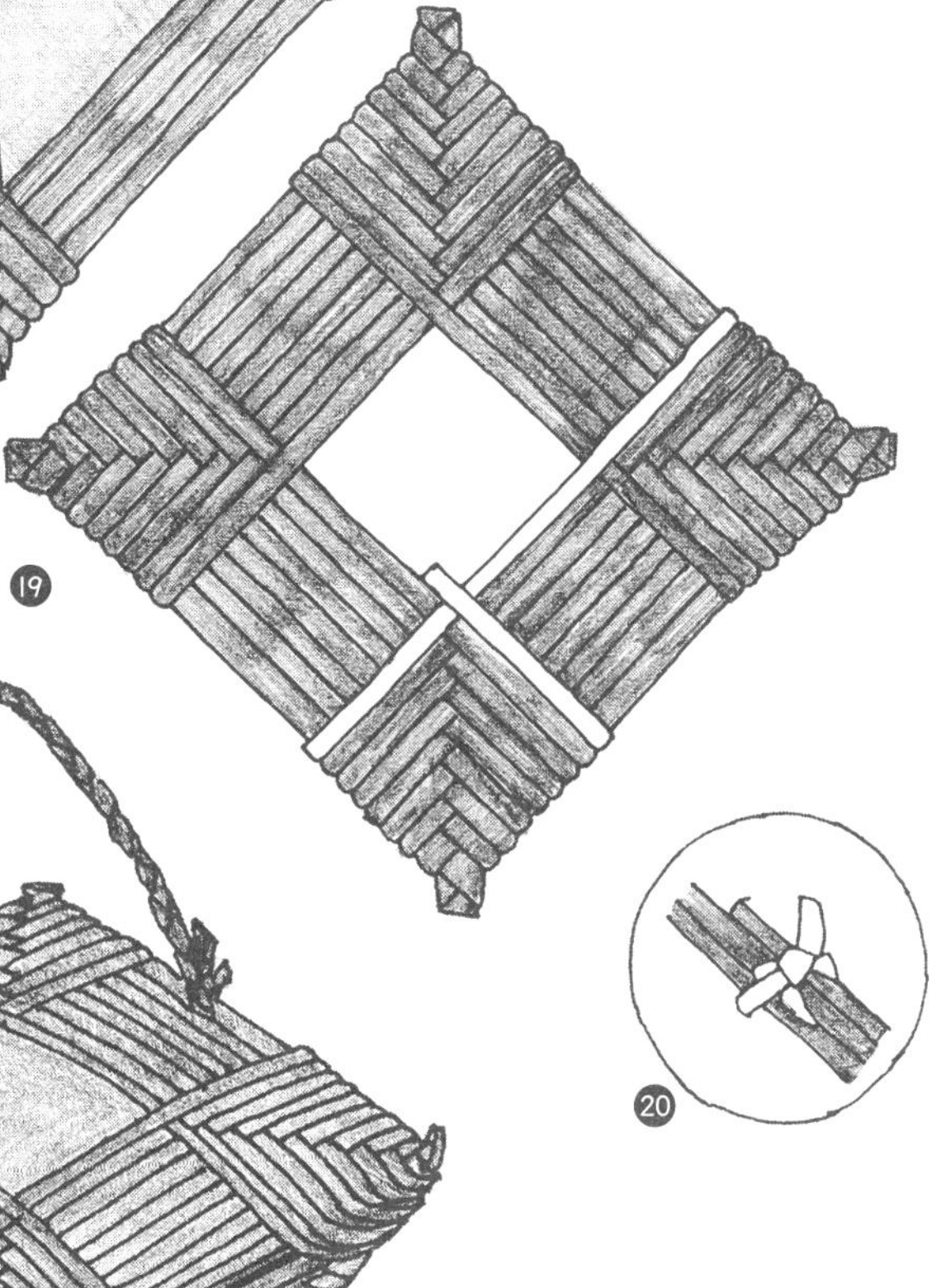

⑲

⑳

㉑最後に手をつけてできあがり（手の作り方は53ページの麦わらの手かご参照）

麦わらのガラガラ

数年前、修善寺《しゅぜんじ》で麦わら細工のお店を開いておられる辻さんの工房を訪ねた時のことです。辻さんから、その年の秋に東京都大田区の郷土博物館で、麦わら細工の展示会が行われることを教わりました。そこでさっそく見に行ってみると、麦わらを使った工芸品が所せましと並んでいました。それらを見ているうちに、おもしろい草玩具《くさがんぐ》を見つけました。四国地方に伝わっているという、麦わらで作ったガラガラです。これを見て驚きました。なんと何年か前に、丹沢《たんざわ》山地の北側にある道志《どうし》村で見つけたホタルかご（54ページ）と、作り方がほとんど同じではありませんか。ただ、全部とじて、なかに小石などを入れ、振るとカラカラと音が出るようにしてあるのです。「この編《あ》み方にはこんな使い方もあったんだ」と、その着想のおもしろさに感心してしまいました。

麦わらを十字に組んだ木の軸《じく》にそって四角に編んで重ねていくと、表と裏の間にすき間ができます。そのわずかな空間に小さな石や小豆《あずき》などを入れると音が出る、ということに気づいたのは、いったい誰だったのでしょう。「なるほどなあ……」私は改めてその知恵と工夫に感動させられたのでした。

材料

麦わら二〇〜三〇本。軸にする適当な木の枝、竹などの軸を二本。糸、たこ糸など。

作り方

まず適当な太さのまっすぐな木の枝、あるいは竹の箸《はし》などを十字に組み合わせて、糸などでしばっておきます（❶）。この時にガラガラの大きさを考えて長さを決めます。

次に麦わらを、図❷〜❹のように軸を巻きこむようにしながら巻き重ね、外側に向かって四角を大きくしていきます。巻きはじめは、端《はし》をおさえこむように巻きこんでしまえば、ほどけてくることはありません。麦わらが足りなくなったら、つぎ足していきます。

適当に大きくなったところで、今度は図❺のように内側に向かって巻きこんでいきます。こちらのほうが表面になります。すき間が全部ふさがる少し前に、なかに小石や小豆などを入れてさらに巻きこみ（❻）、そのまま続けて巻きこんで、すき間をふさいでいきます（❼）。

最後は麦わらの先端を、重ねた麦わらの間にさしこんで結び、完成させます（❽）。軸がまだとび出ている時は端を切りつめるようにします。

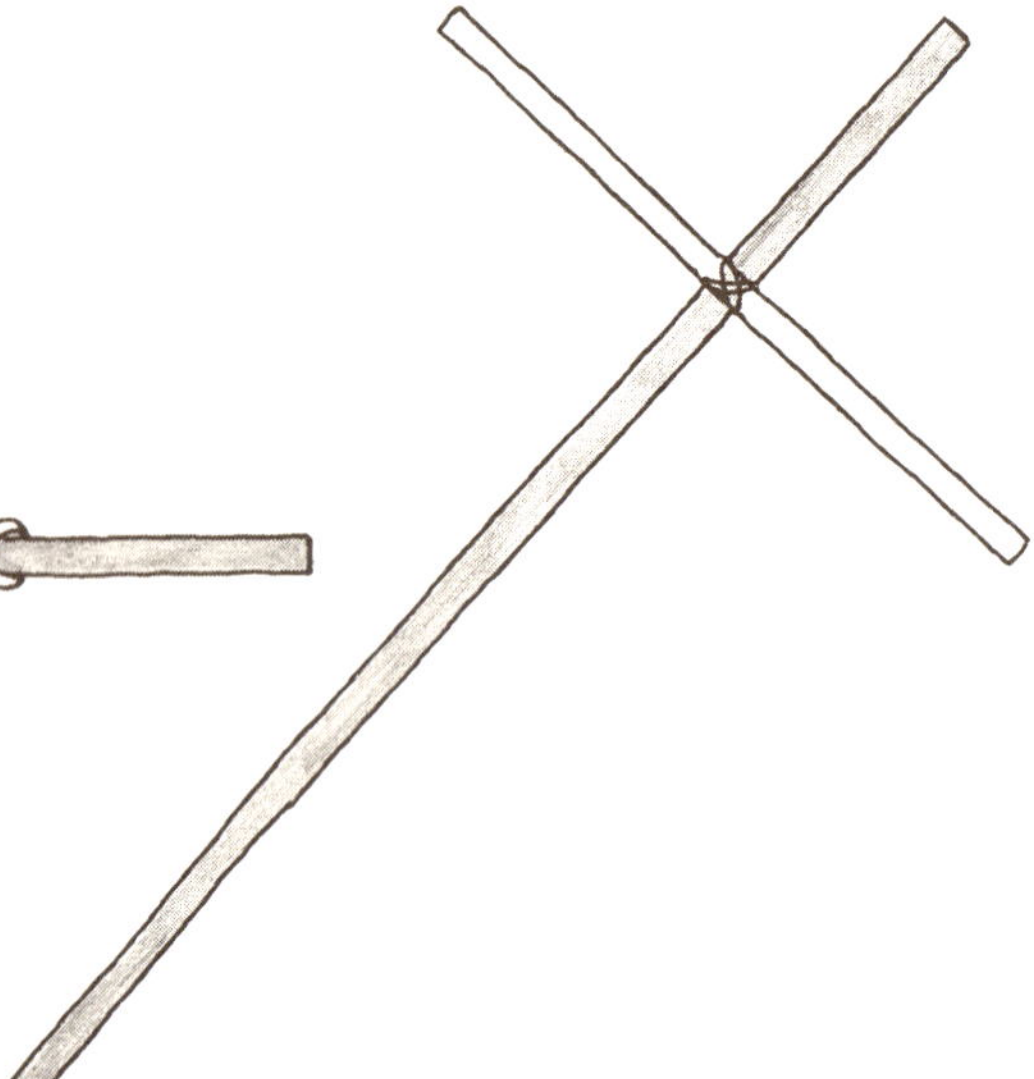

❶２本の棒を、図のように十字に組み合わせて糸などでしばっておく

❷麦わらを図のように巻きつけていく

❸少しずつ外側にずらしながら、外に向かって巻いていく

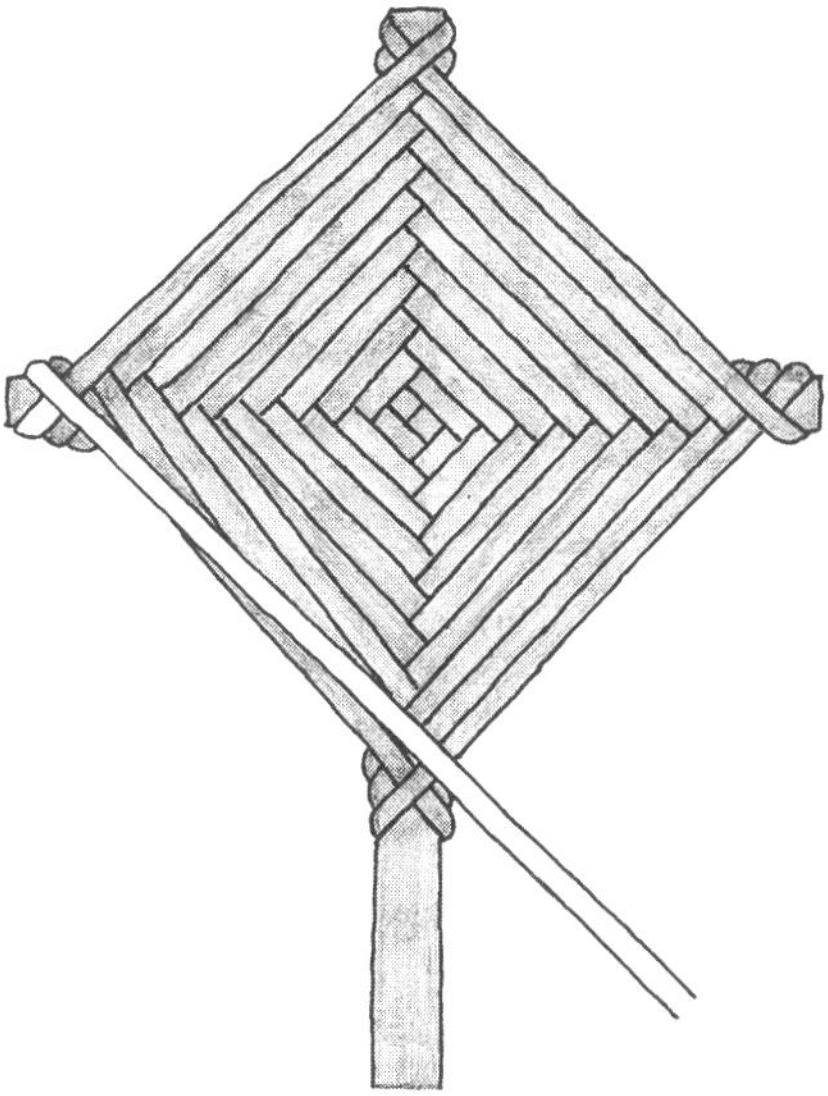

❹適当な大きさまで巻く

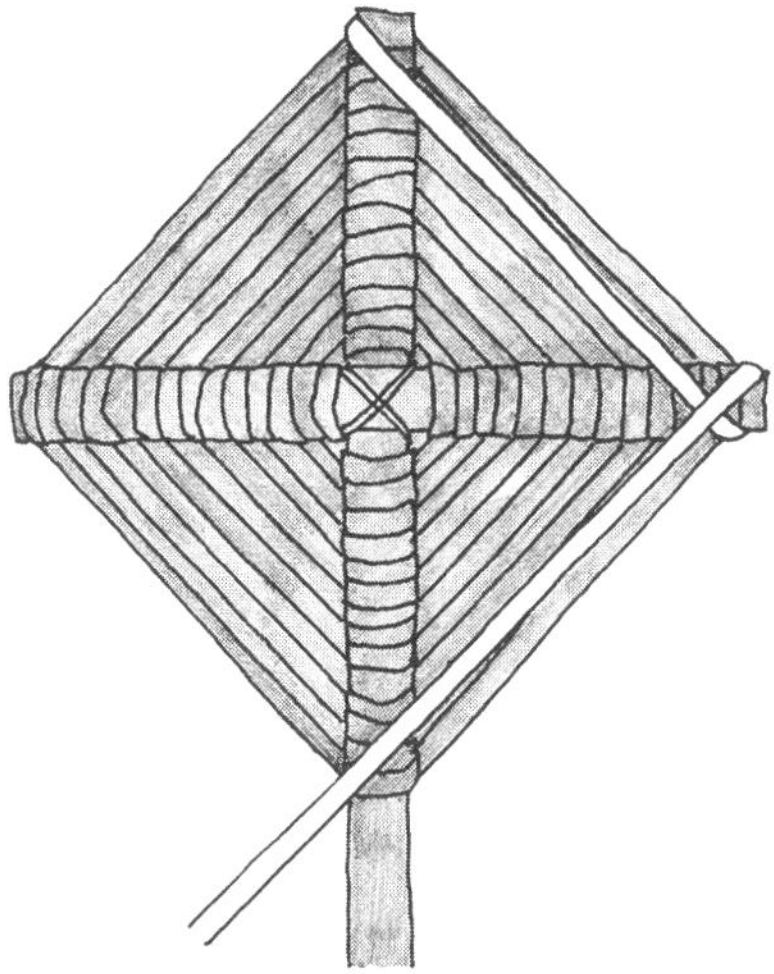

❺端〔はし〕まで巻いたら、角に巻くようにしながら内側に向かって巻いていく

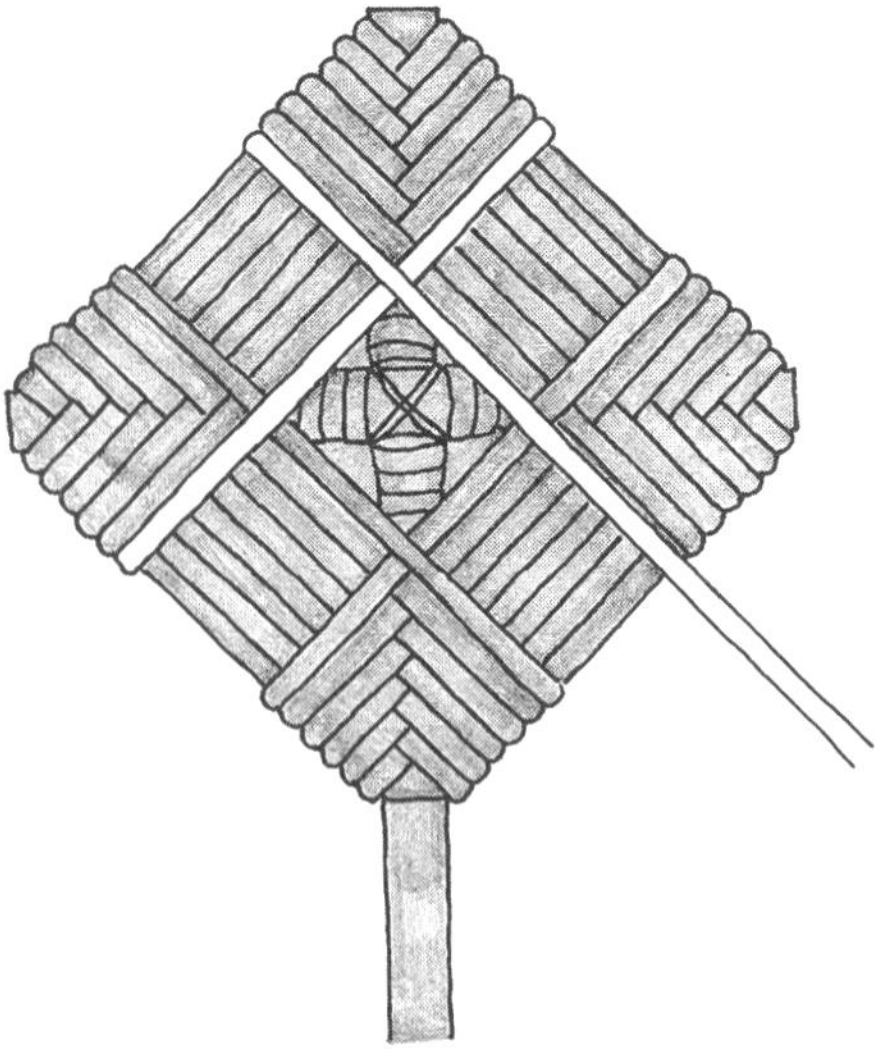

❻どんどん巻きすすむ。すき間がとじる前に、小石などをなかに入れる

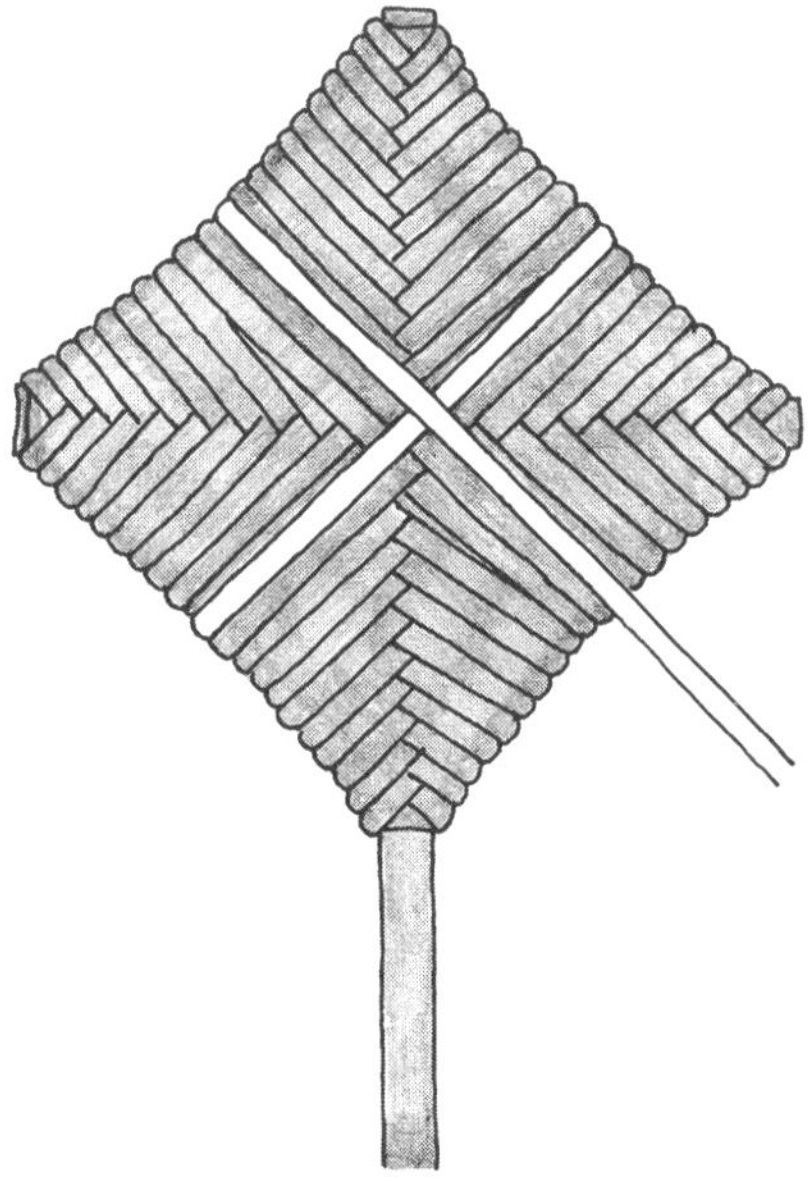

❼さらに巻いて、すき間をとじる

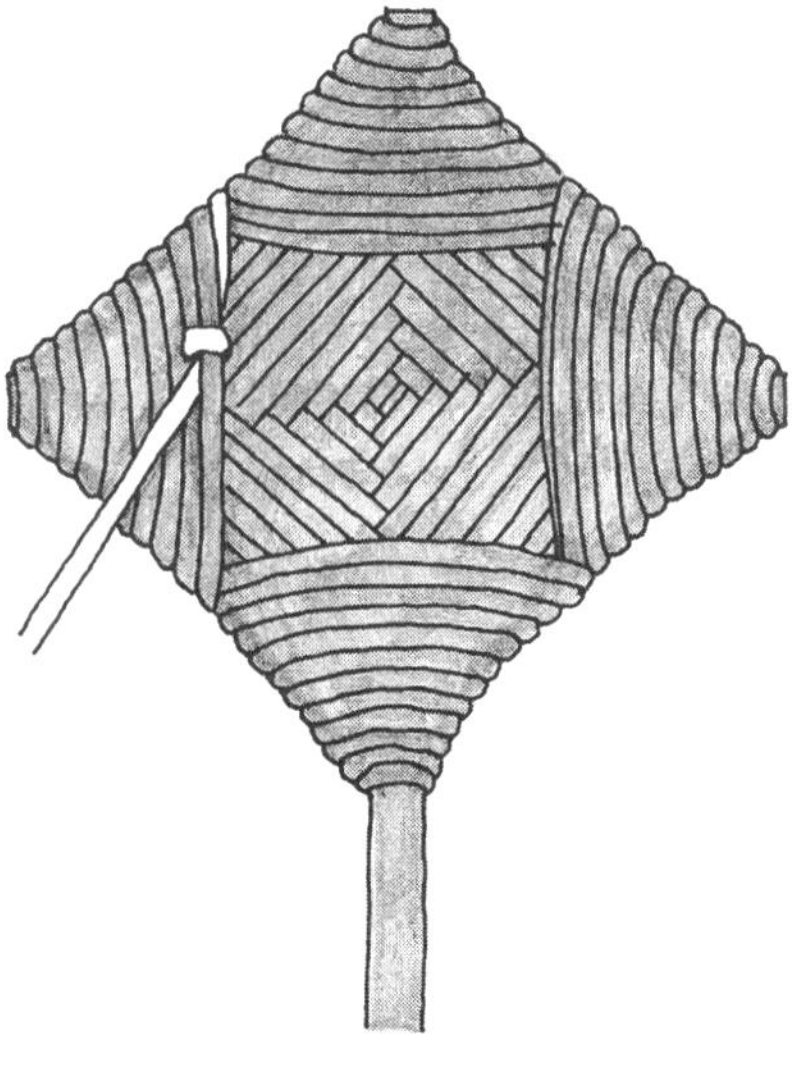

❽最後に麦わらの端を図のように巻きつけて止める

麦わらのかんざし

麦わらの色はすてきな色です。黄土色《おうどいろ》とも黄色とも言える、やわらかで不思議な落ちつきを持った色、しかもその色に独特の光沢《こうたく》が加わり、なんとも言えない自然の美しい優しい色を見せてくれます。この美しい色や光沢、また麦の幹《みき》が細くしなやかに曲がることを上手に利用して、子どもたちはこんなおもしろいものを考え出しました。

大人たちはこの季節は麦刈りに忙しくて、子どもたちの遊びの相手なんかしてくれませんそんな麦畑のなかで、そばに積まれた麦の幹をいろいろに組み合わせては遊んで、退《たい》屈《くつ》な一日をまぎらせていたのでしょうか。この麦わらのかんざしも、そんな子どもの手遊びのなかから生まれ、伝えられてきたのかもしれません。

麦畑が少なくなってしまった今、しかも食料を目的とするだけの麦畑では、幹の短い、穂《ほ》の大きな麦だけが作られ、麦わら細工に適した、節《ふし》の間の長い麦わらを持つオオムギの畑を見ることはほとんどなくなってしまいました。でもそれと一緒に、こんな楽しい子どもたちの遊びもまた消えてしまうのは、とてももったいない気がします。

材料

できればオオムギの麦わら一〇本ほど（コムギの幹は固くて折れやすいのですが、水にひたしてやわらかくすればできます）。

作り方

Ⓐ 麦わら三本を図❶のように組み合わせておきます。いちばん下の麦わらから図❷〜❻のような順番で折り重ねていきます。図をよく見るとわかりますが、一つおきに折っていくようになっていますから、この決まりをのみこめば、迷わずに折っていけるでしょう。飾《かざ》りの玉の部分が適当な大きさになったら、今度は内側に向かって折っていきます（❿〜⓭）。するとだんだん開いていた口が小さくしまっていきます。最後は下を通してしめこみます。まわりの余分なところを切って、柄《え》を適当な長さに切り取れば完成です。

Ⓑ もう一つのほうは、とても簡単ですから、写真と図を見ただけでわかるでしょう。短い麦わら二本と長い麦わらを図のように折って、三つ巴《どもえ》に組み合わせたあと、おたがいにひっぱってしめます。単純な形ですが、美しい形をしています。最後は先端の余分な部分を適当な長さに切って形を整えます。

Ⓐ

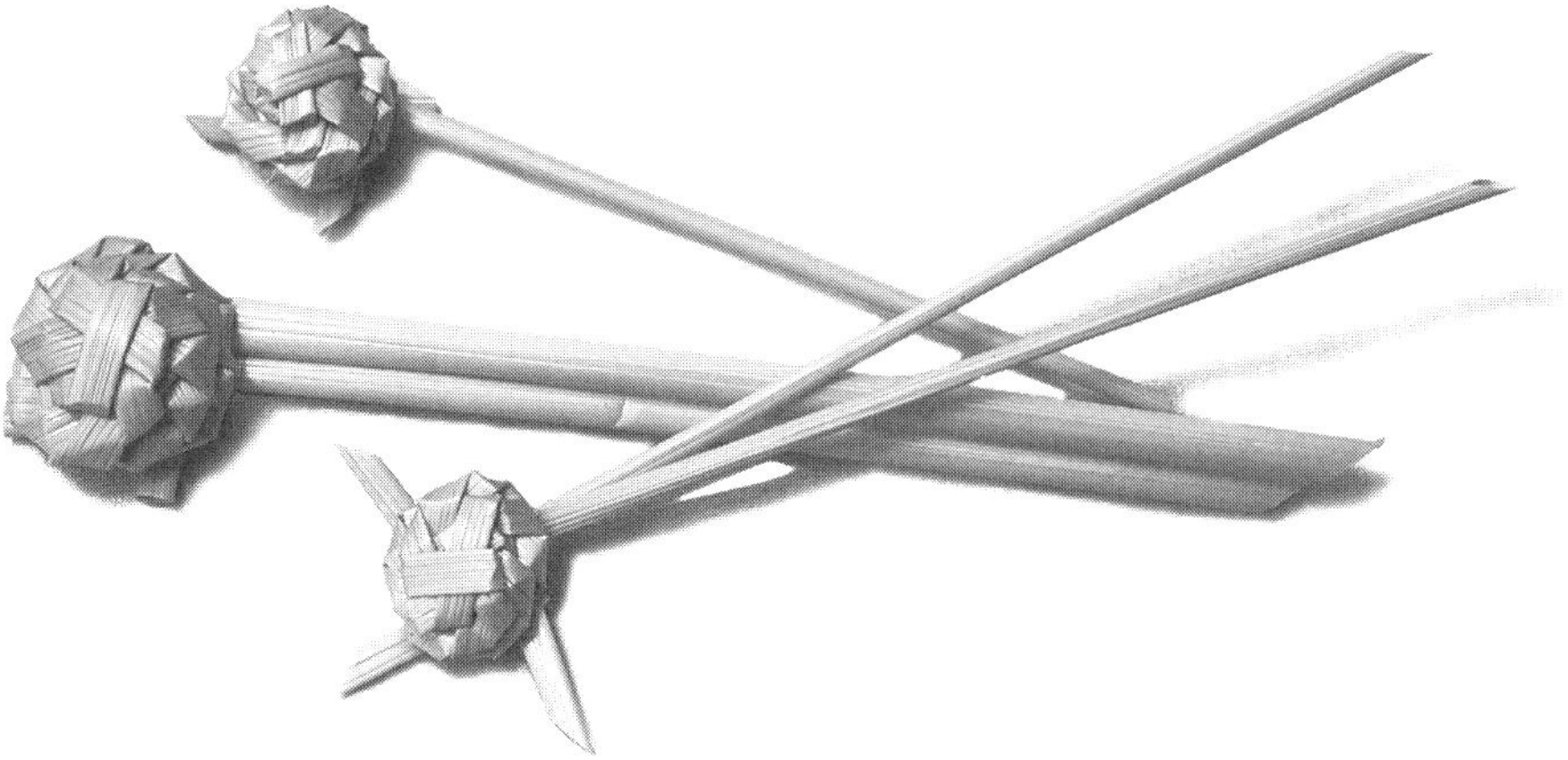

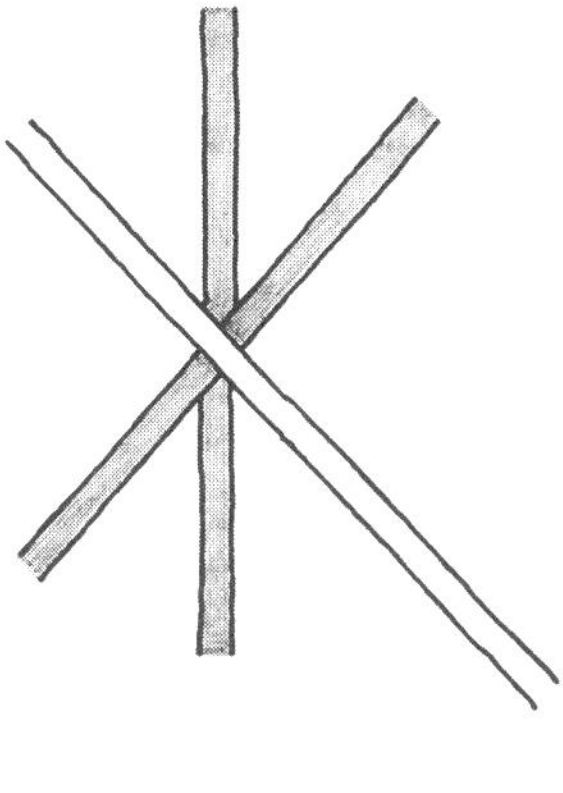

❶麦わら３本を、図のように組み合わせる

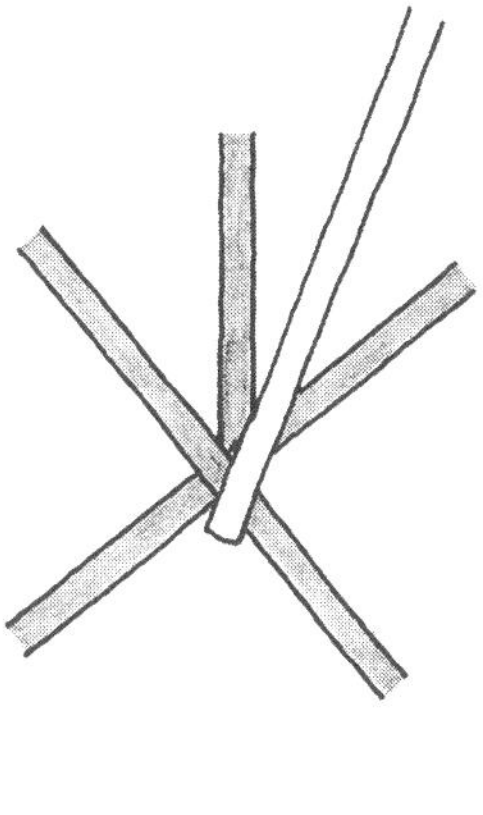

❷いちばん下の１本を図のように折る

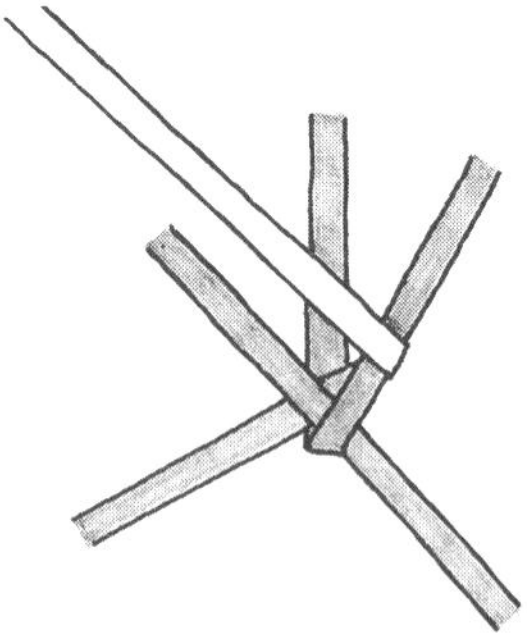

❸１本おいた次の１本を図のように折る

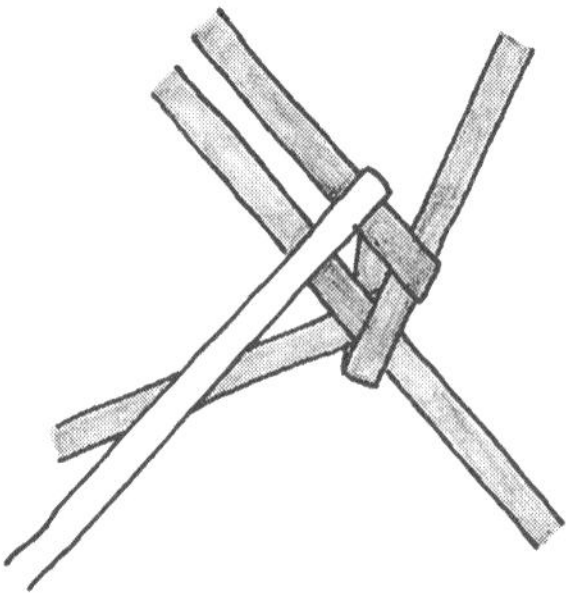

❹さらに１本おいた隣を図のように折る

❺

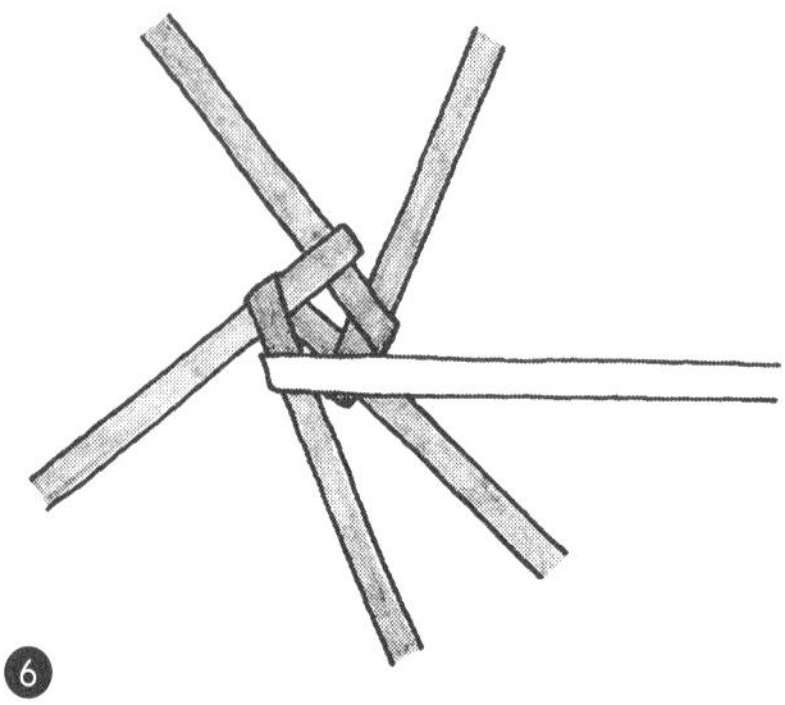

❻

❸〜❻のように１本おきに次々に折る

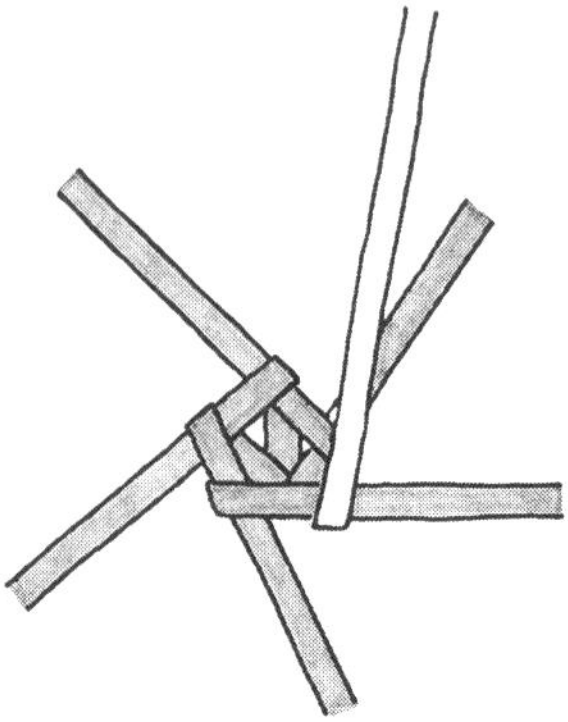

❼２周目は少し広げていく

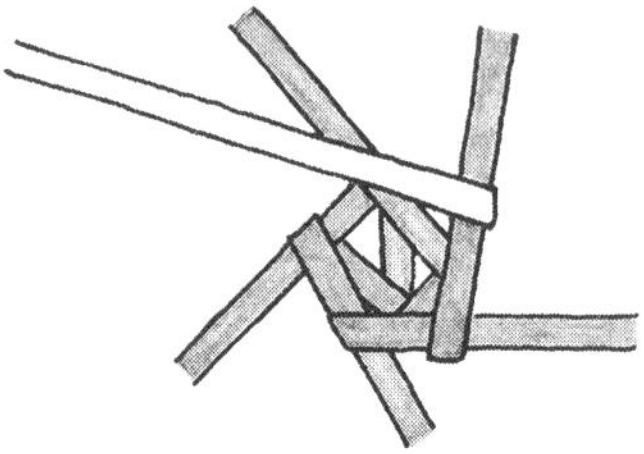

❽はじめと同じように折る

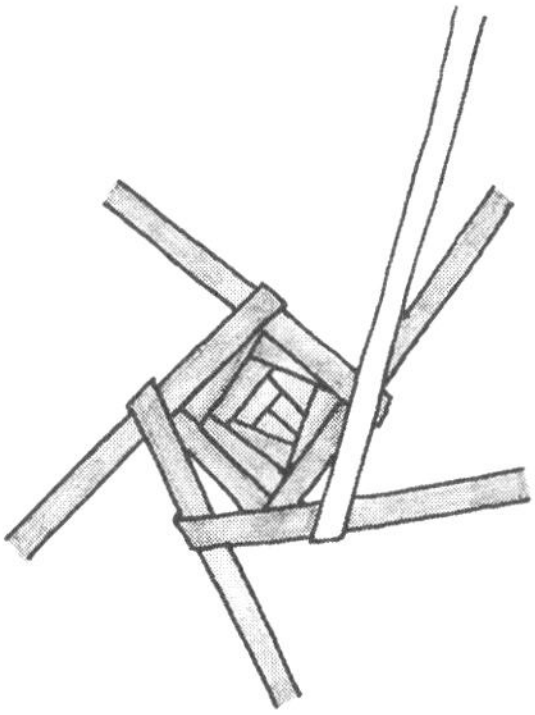

❾適当な大きさになったら

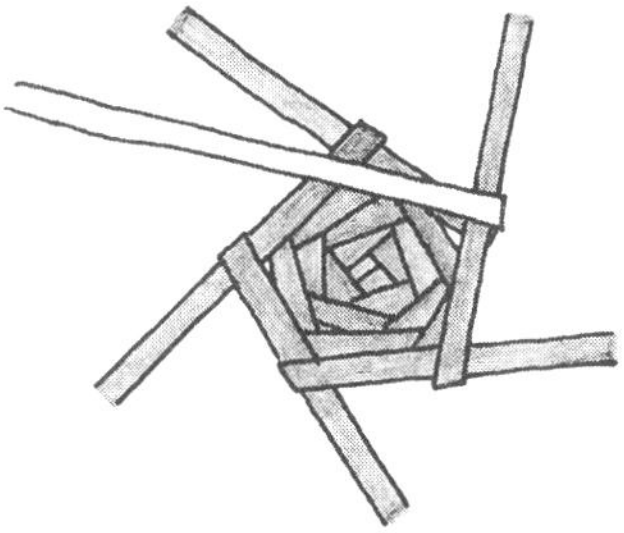

❿内側に折って小さくしていく

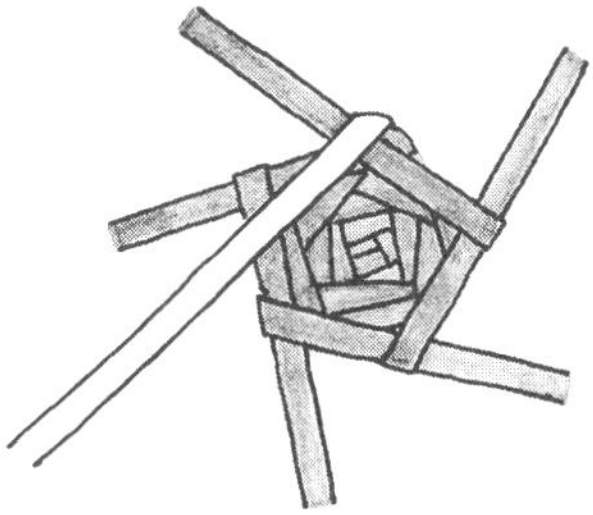

⓫だんだんすぼめていって

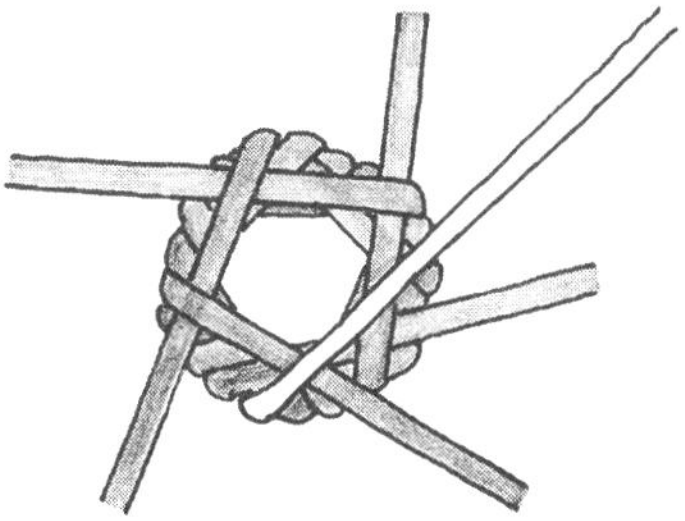

⓬とじていく

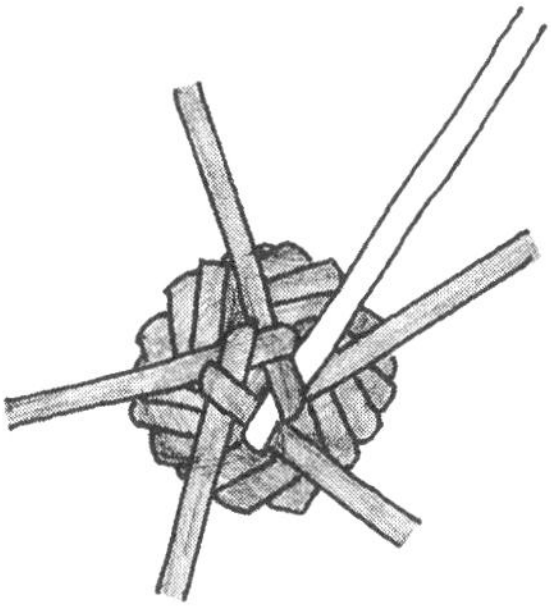

⓭とじる

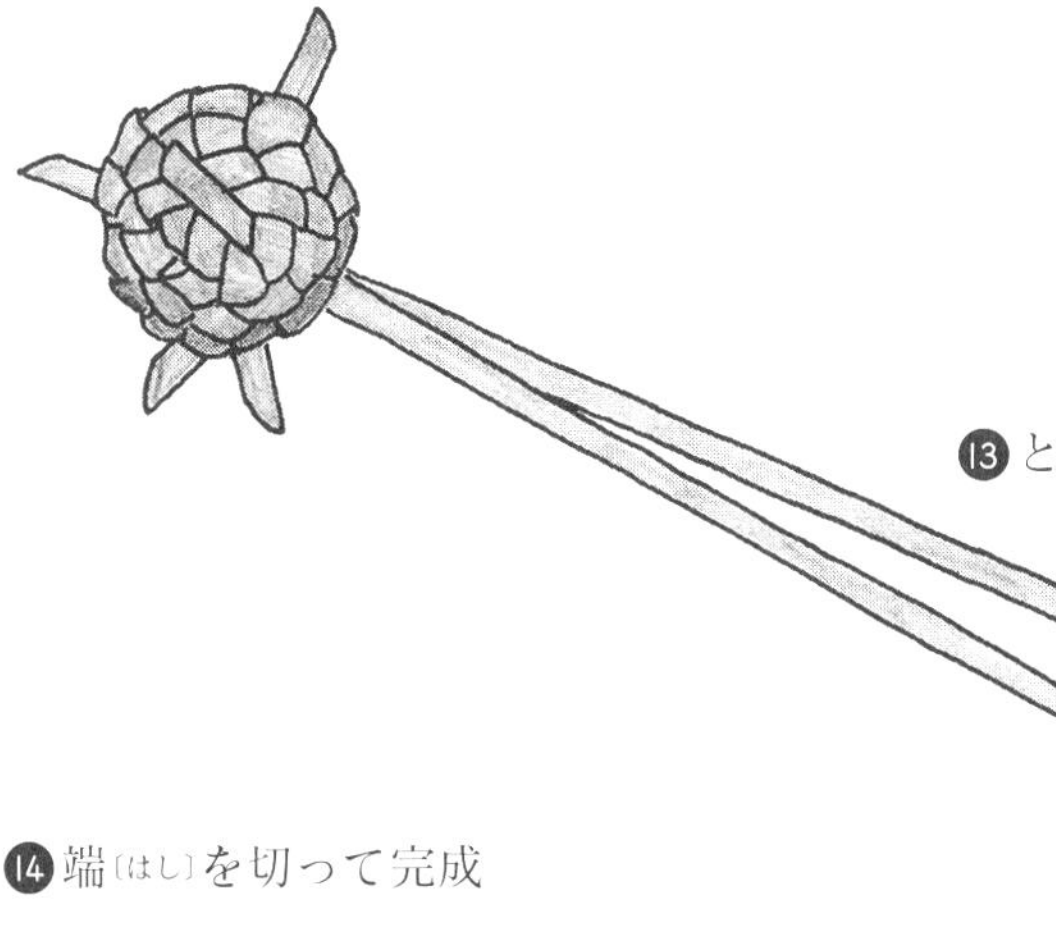

⓮端〔はし〕を切って完成

Ⓑ

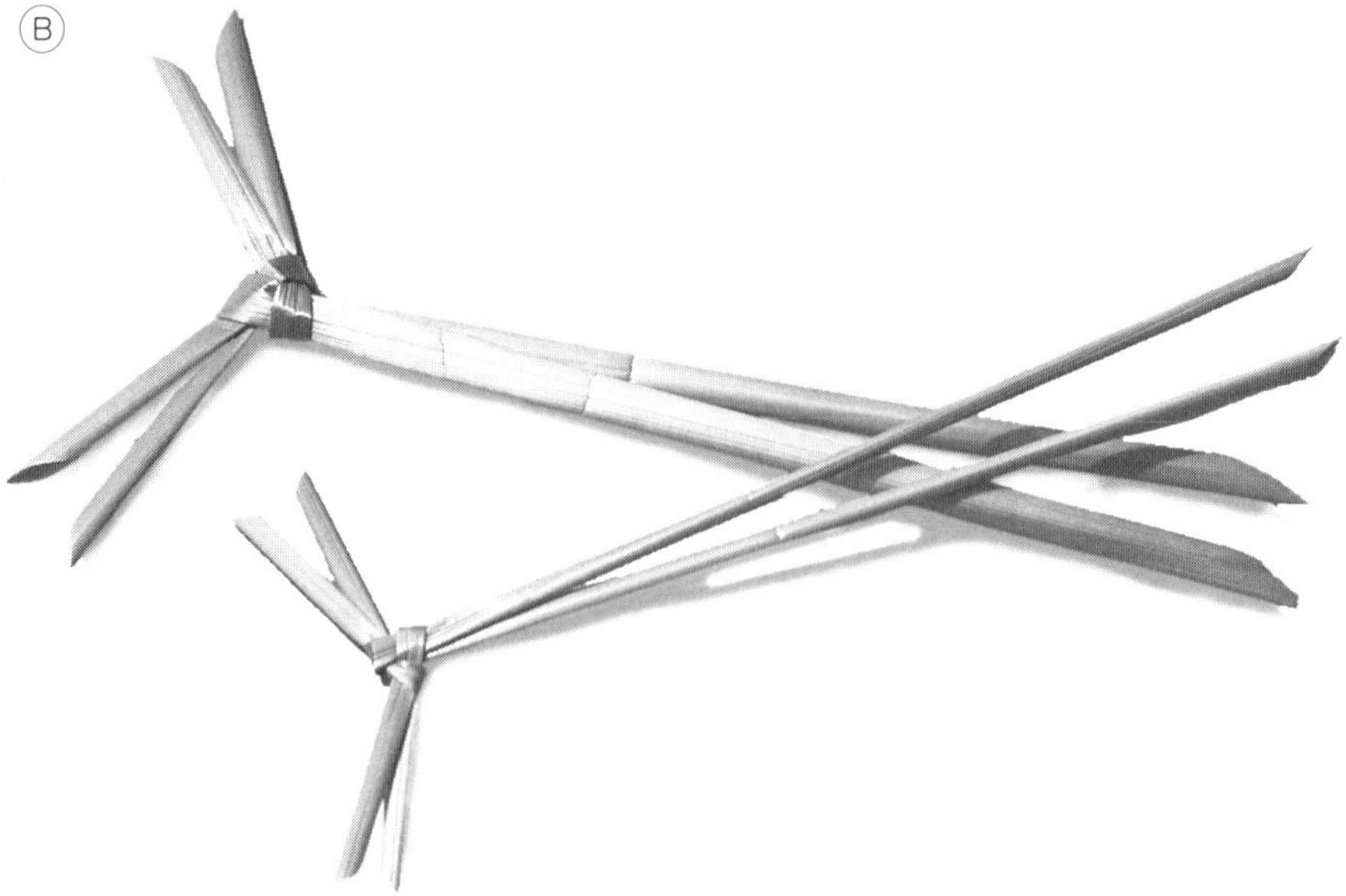

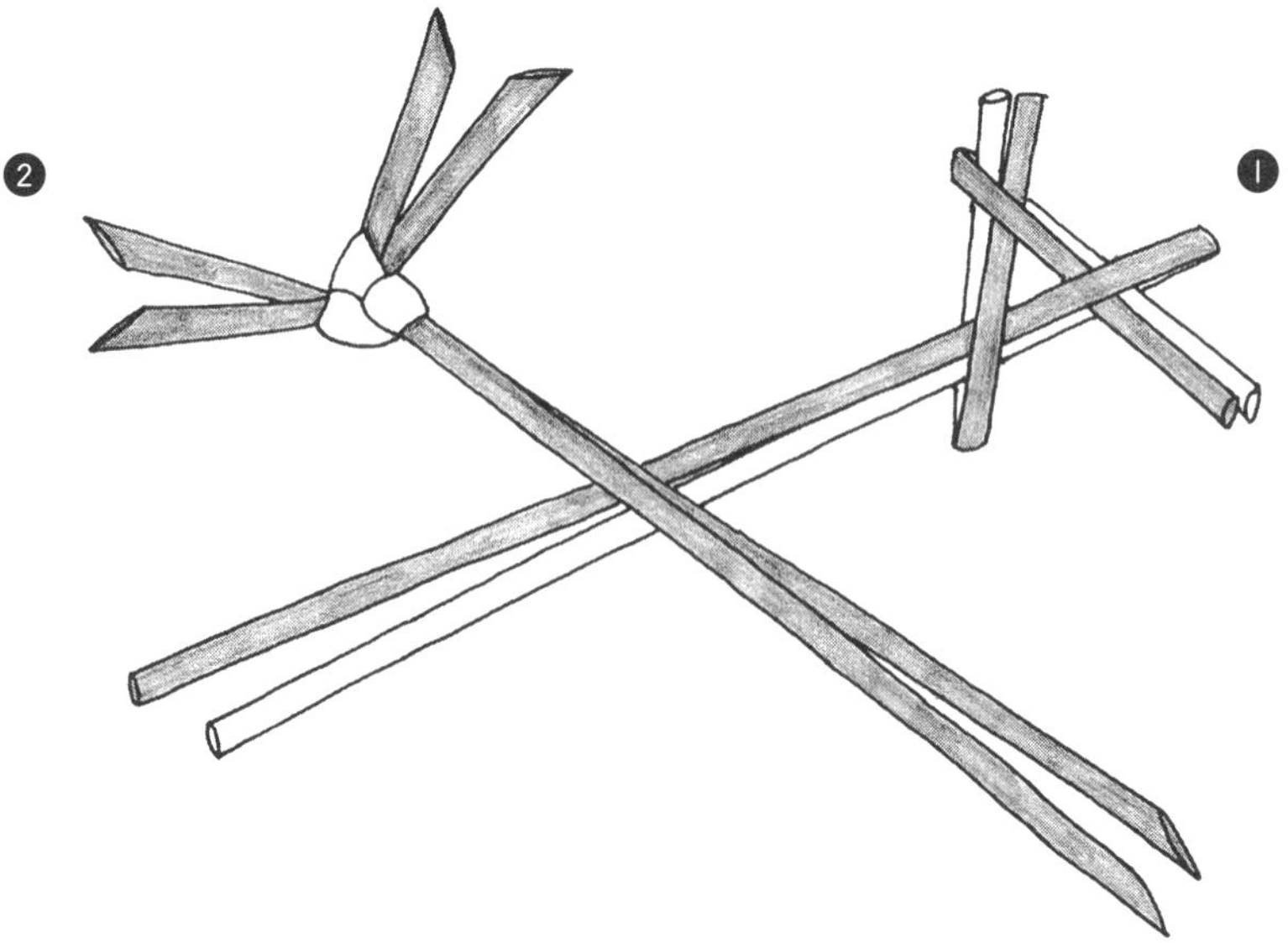

❶麦わらを適当な長さに切って折り、図のように組み合わせる
❷中心をしめて最後に図のように切る

クズの葉の虫かご

電車をおりて時計を見ると、待ち合わせの時間までまだ少し間がありました。駅の外に出てふと横を見ると、金網のフェンスにクズがからみついています。「そうだ、これで虫かごを作ってプレゼントしよう」私はクズの葉柄《ようへい》を集めると、虫かごを作りはじめました。ところが夏の日差しはとてもきついのです。そこで日差しをさけて、バスの停留所のベンチを使わせてもらうことにしました。ここなら屋根もあります。

虫かごを作りはじめてしばらくすると、まわりに人の気配を感じます。「アレッ?」と思って見渡すと、なんと大勢の人の目が私の手元に注がれています。「あ、そうか。ここはバス停だった」と、改めて気がつきました。バスを待っている時間は誰もがひまです。そこでベンチに座ってなにやらおかしなものを作っている私をみんなが見ていたのです。「なに作ってんだろ」「材料はあれだろ」ヒソヒソとささやく声も聞こえます。そしてできあがると、みんなが「かわいいー」と喜んでくれたのでした。

私は作った虫かごを、見ていた子どもの一人にプレゼントしてベンチを離れました。

材料

クズの葉の小葉を取った葉柄約二〇～三〇本を使います。あまり短いのは無理なのではずしましょう。二〇～二五センチ以上の長さがあれば、まあ大丈夫でしょう。そのままでもよいのですが、葉柄のつけ根のところがふくらんでいるので、もしハサミがあったら、この部分を切り落としてから始めると作りやすくなります。

作り方

一本目を指に直角になるようにおきます（❸）。図❹のように、これに指の間にはさむようにして三本をつきさし、この三本をまんなかから二つに折って、はじめの一本目をはさむようにして手の下方にたらしておきます（❺）。

次に図❻のように二本目をおき、一本目の両側をこの二本目にかけてはさみこみます（❼）。同様にして、指いっぱいのところまで次々に本数を増やしていきます（❽～❿）。その後指をはずして、後ろの空いている部分にさらに何本か加えてすき間をなくしたあと（⓬）、まとめてしばり（クズの茎の皮を使うと丈夫でとても便利）、端《はし》を切りそろえます。その後、五～六本を使って図⓯のようにふたを作り、しばって端を切りそろえます（⓰）。

❶クズの葉の葉柄〔ようへい〕を20～30本集める(長いものを選ぶ)

❷葉を取りのぞいて柄〔え〕だけにする

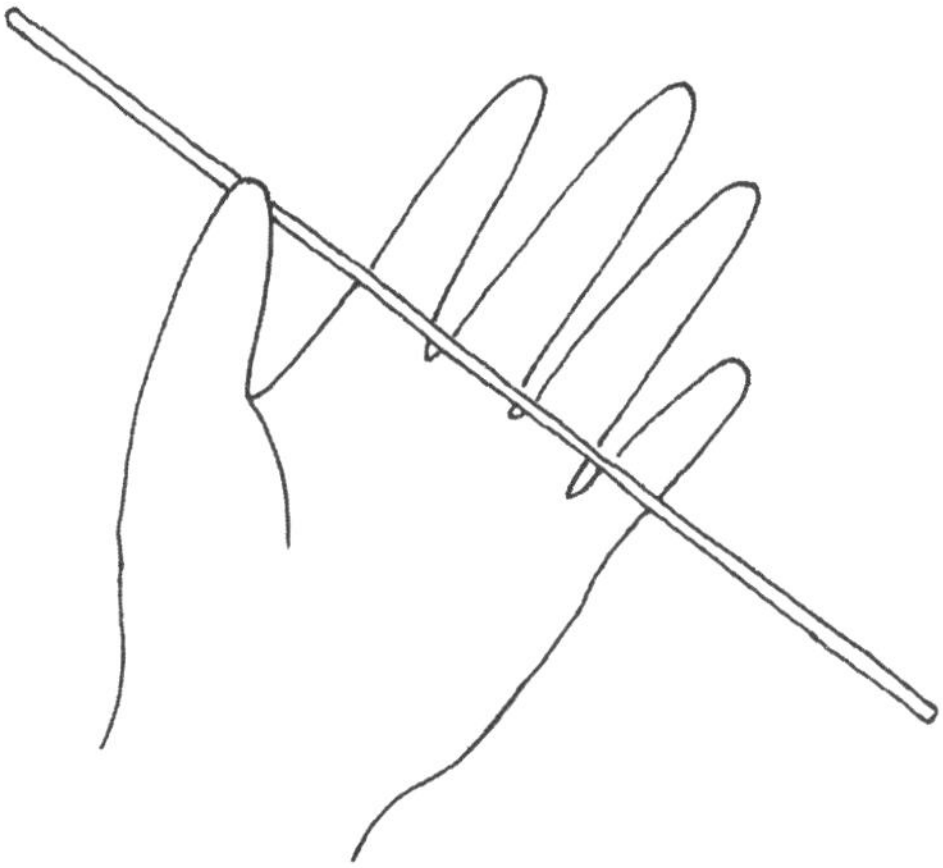

❸１本を手の上にのせる

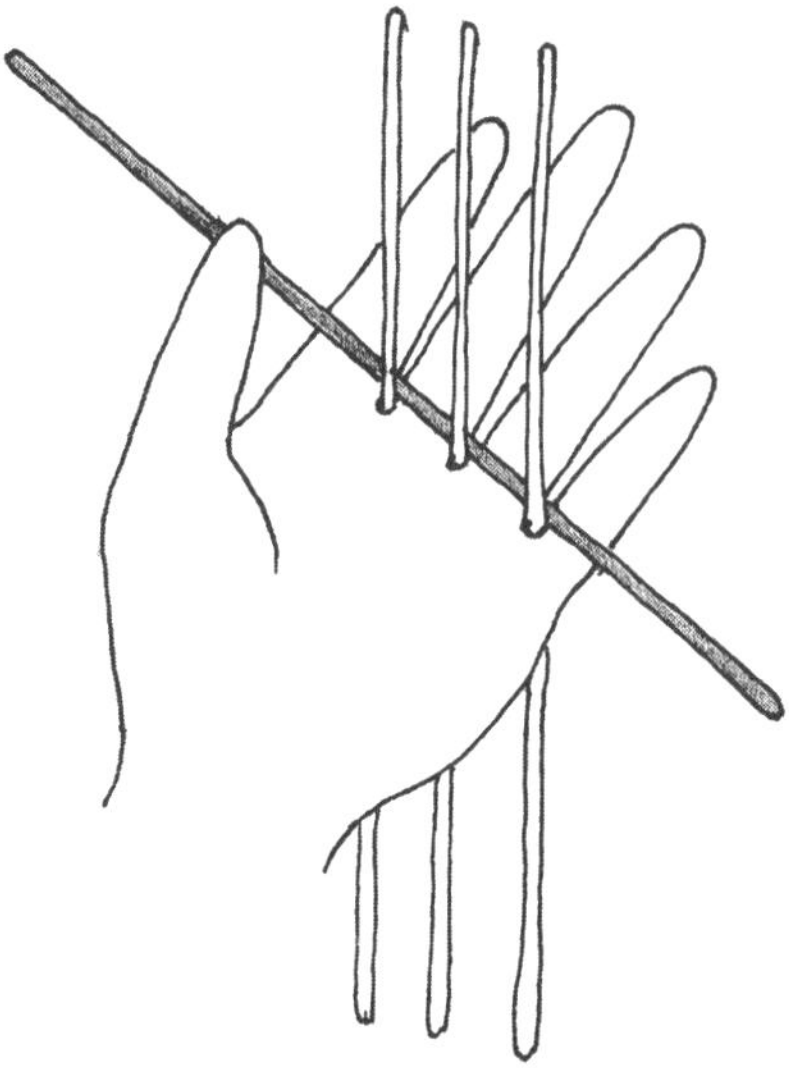

❹３本を図のようにさしこむ

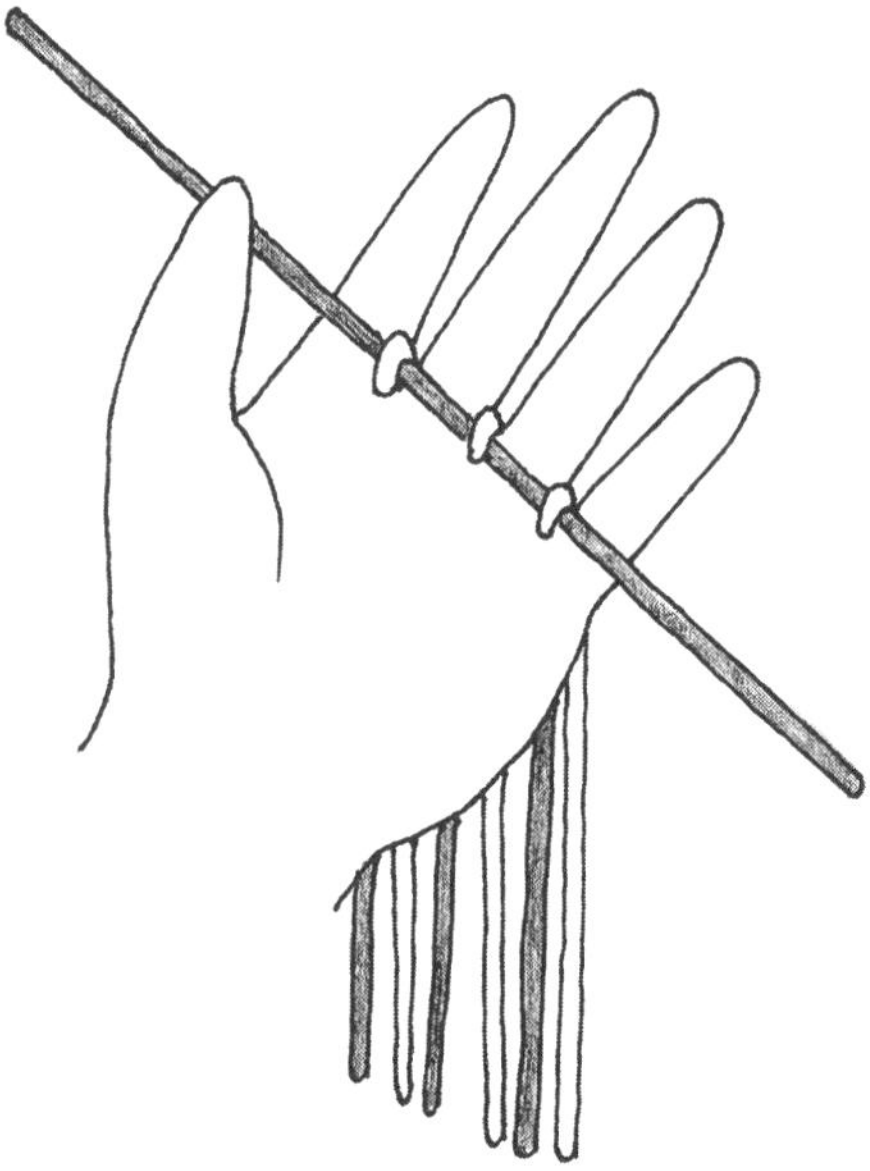

❺まんなかで２つに折る

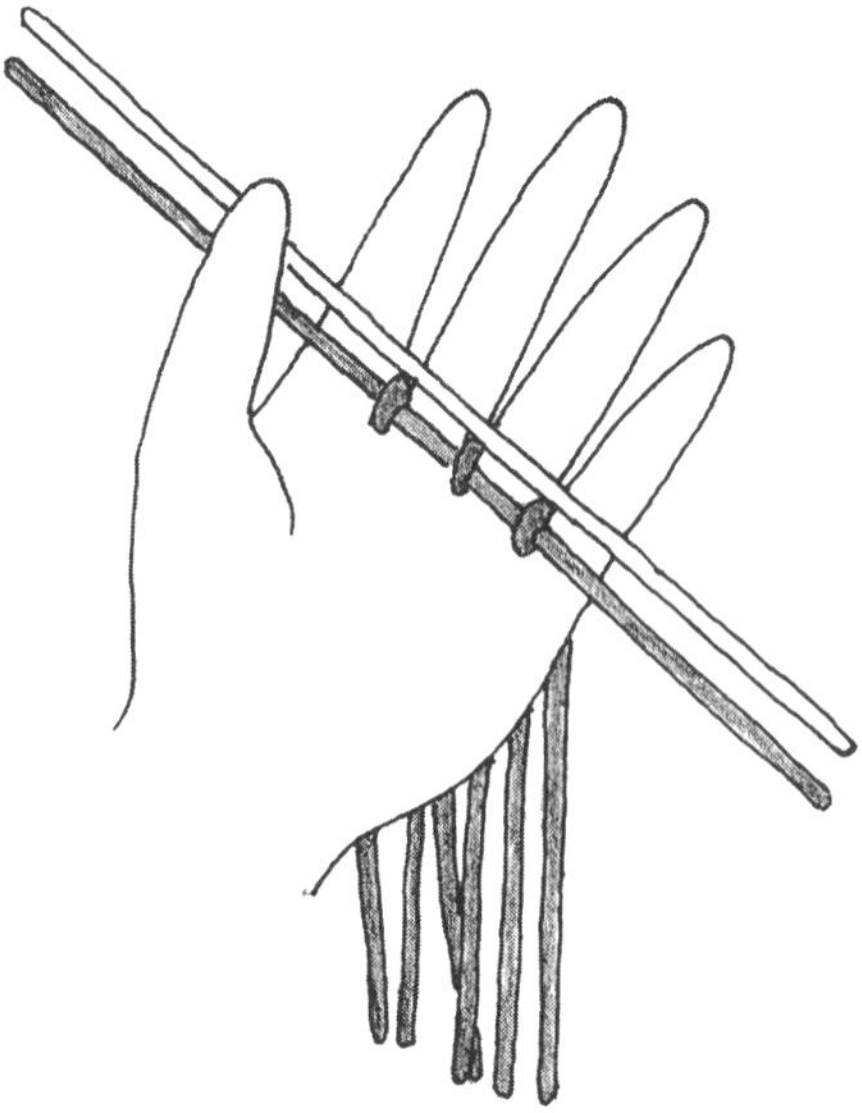

❻横に１本加える

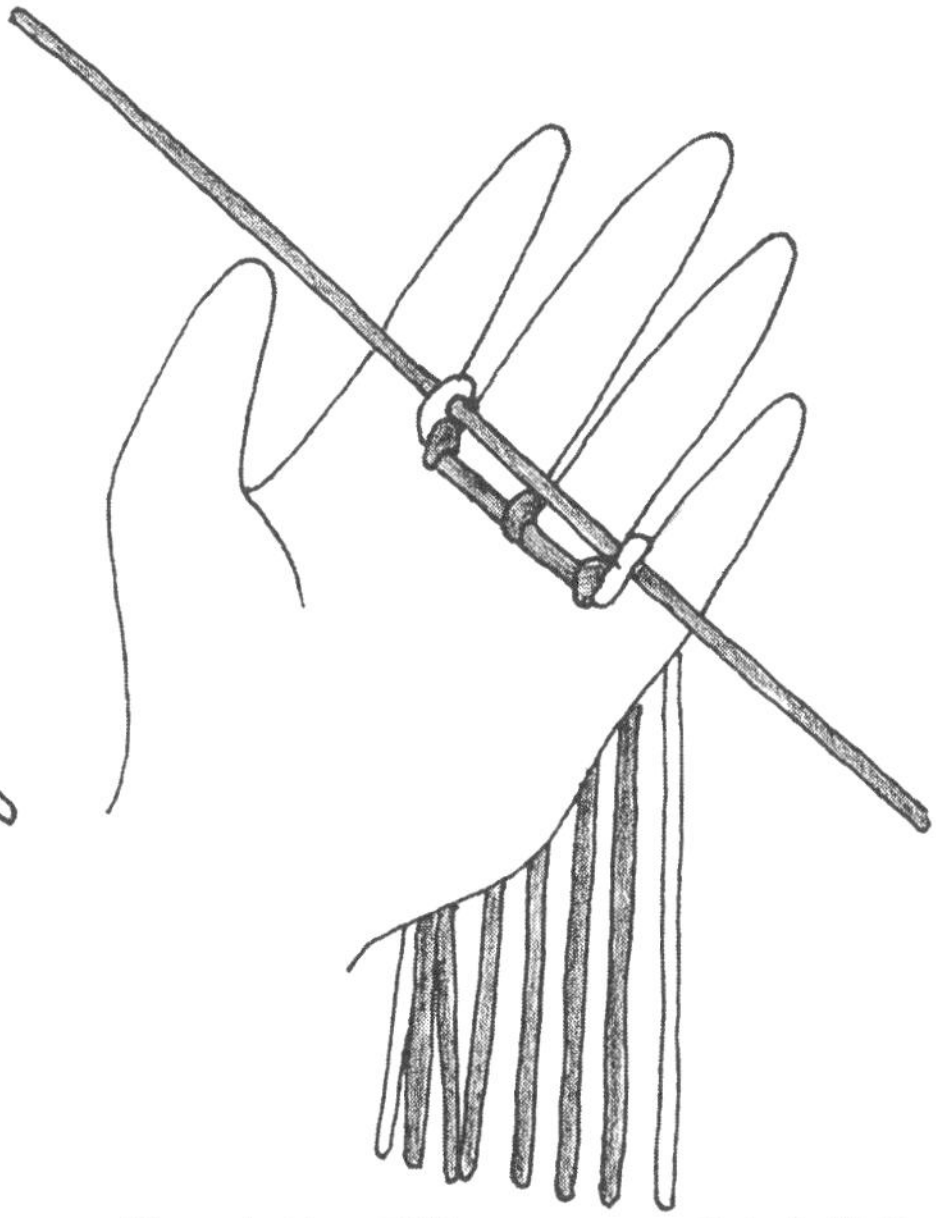

❼ 1本目の両端〔りょうはし〕の2本を折る

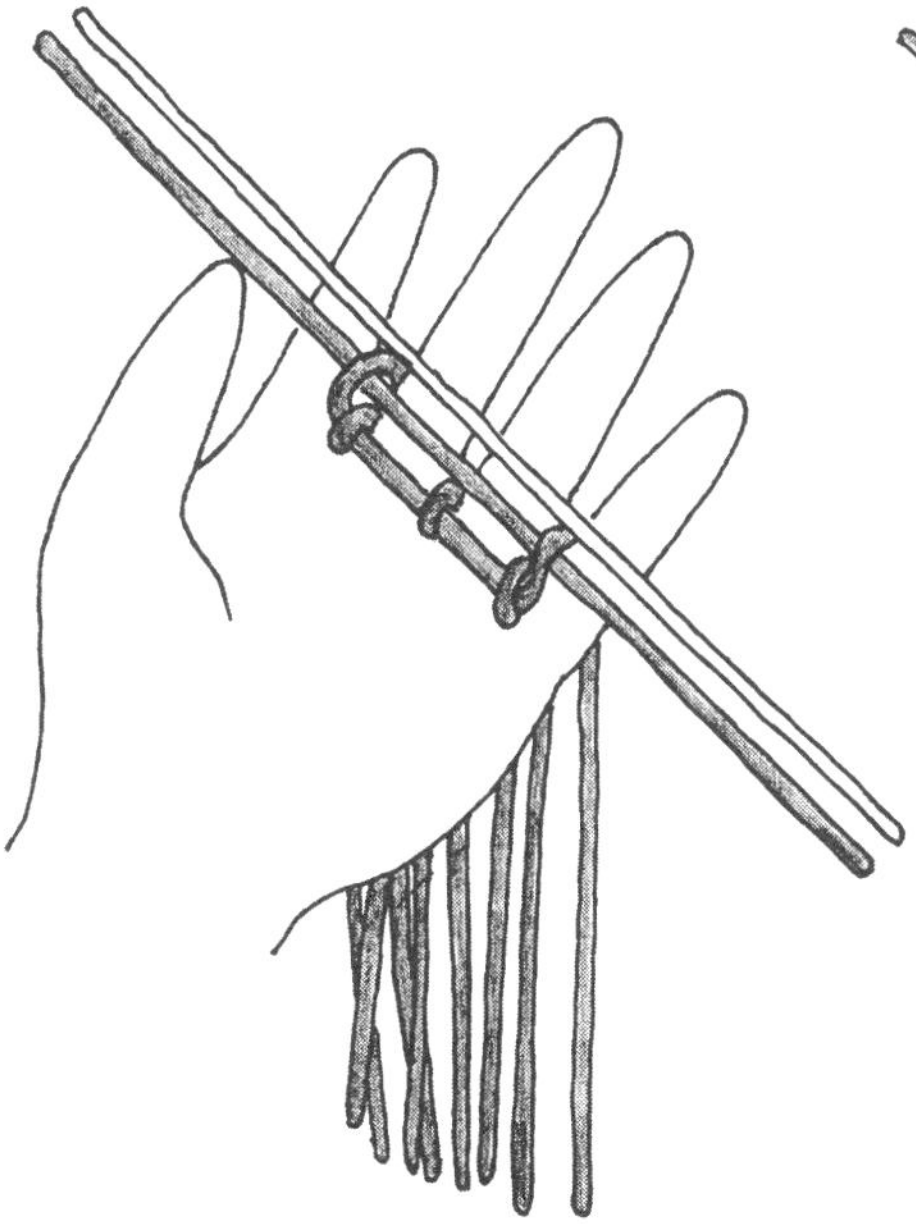

❽ さらに1本加える

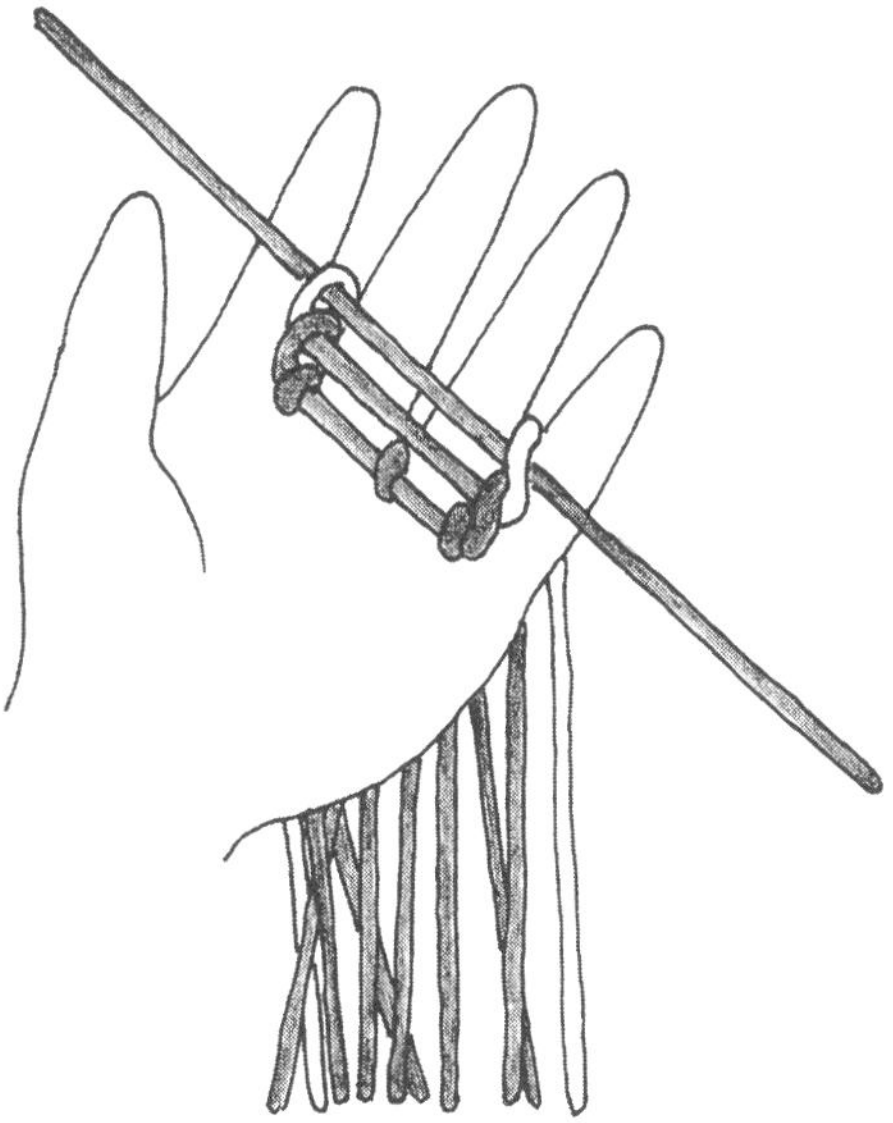

❾ 端の2本を折る

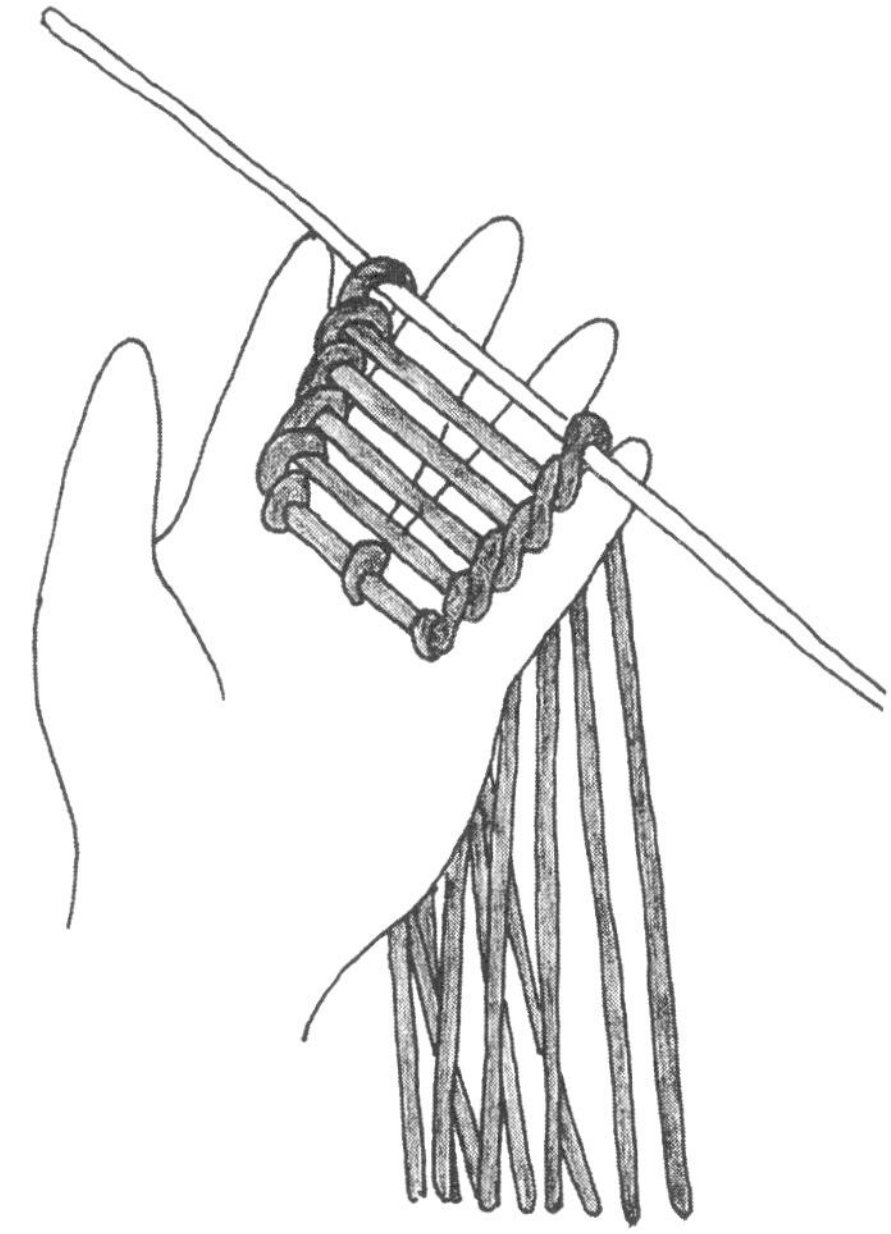

❿❻〜❾をくりかえす

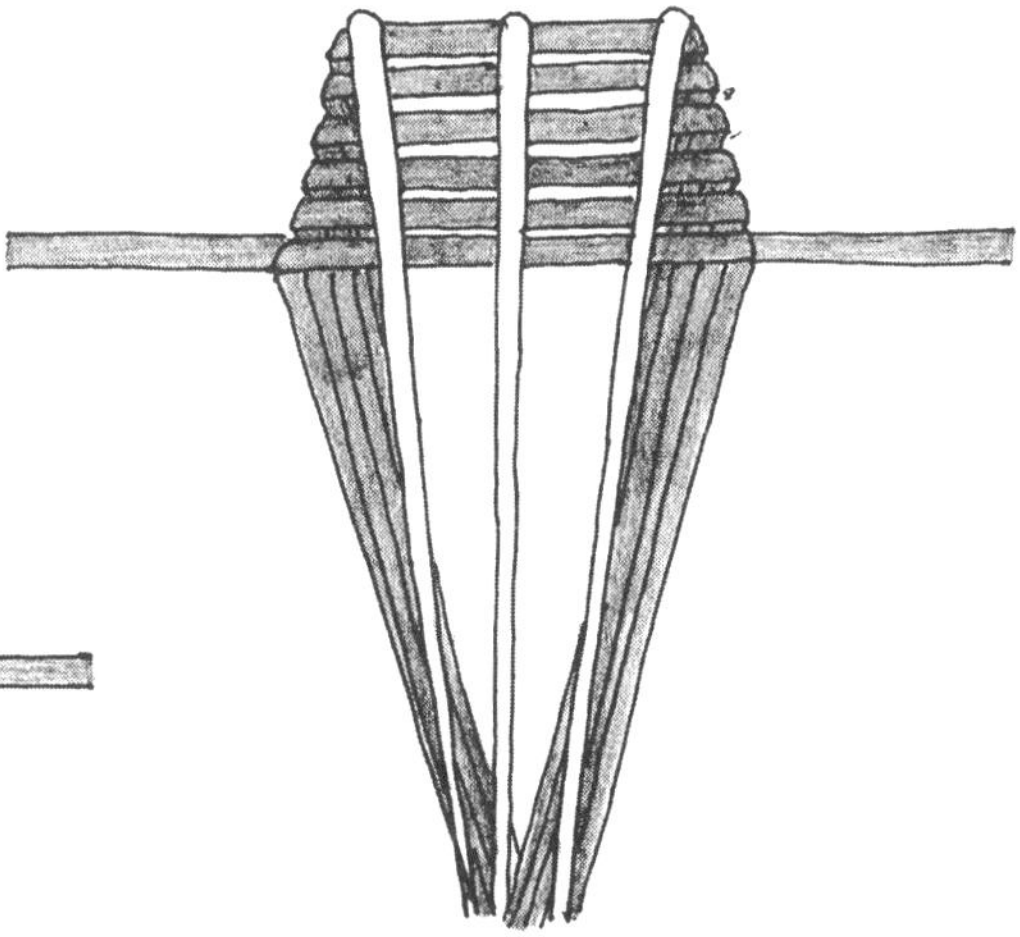

⓫手から抜いて

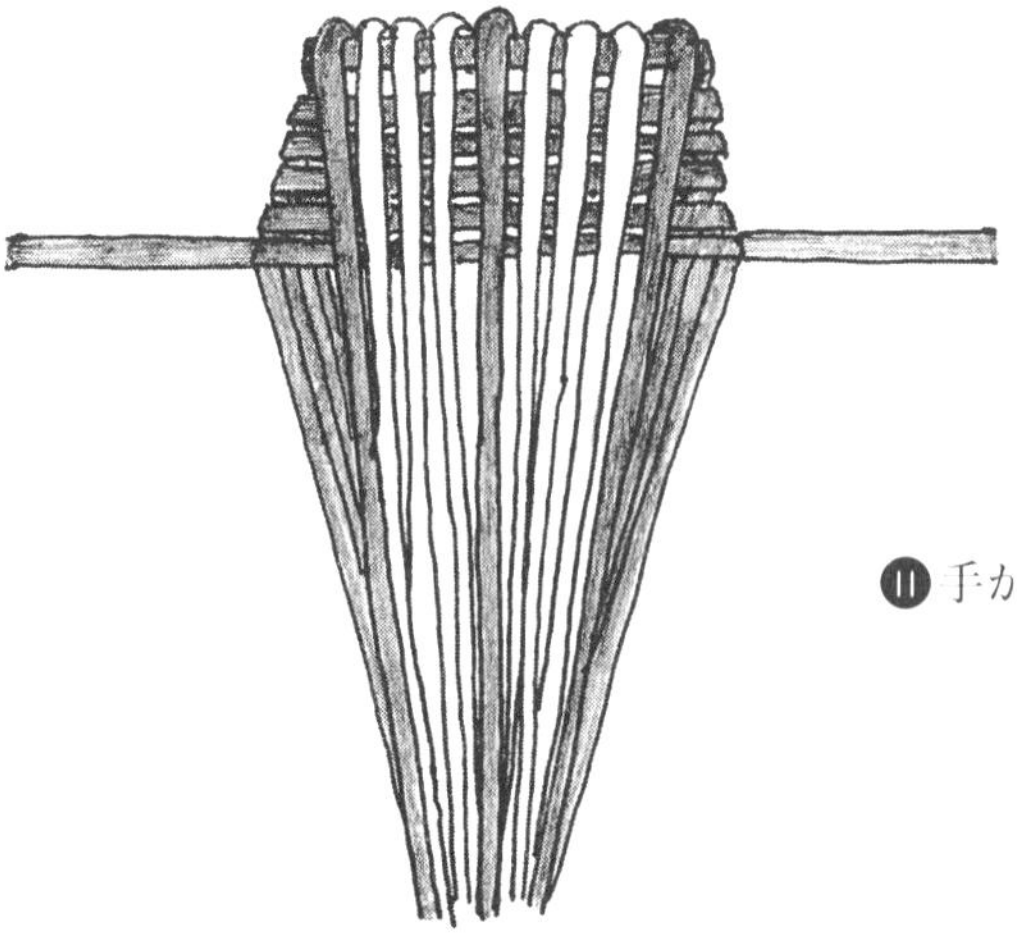

⓬空いたところにつめる

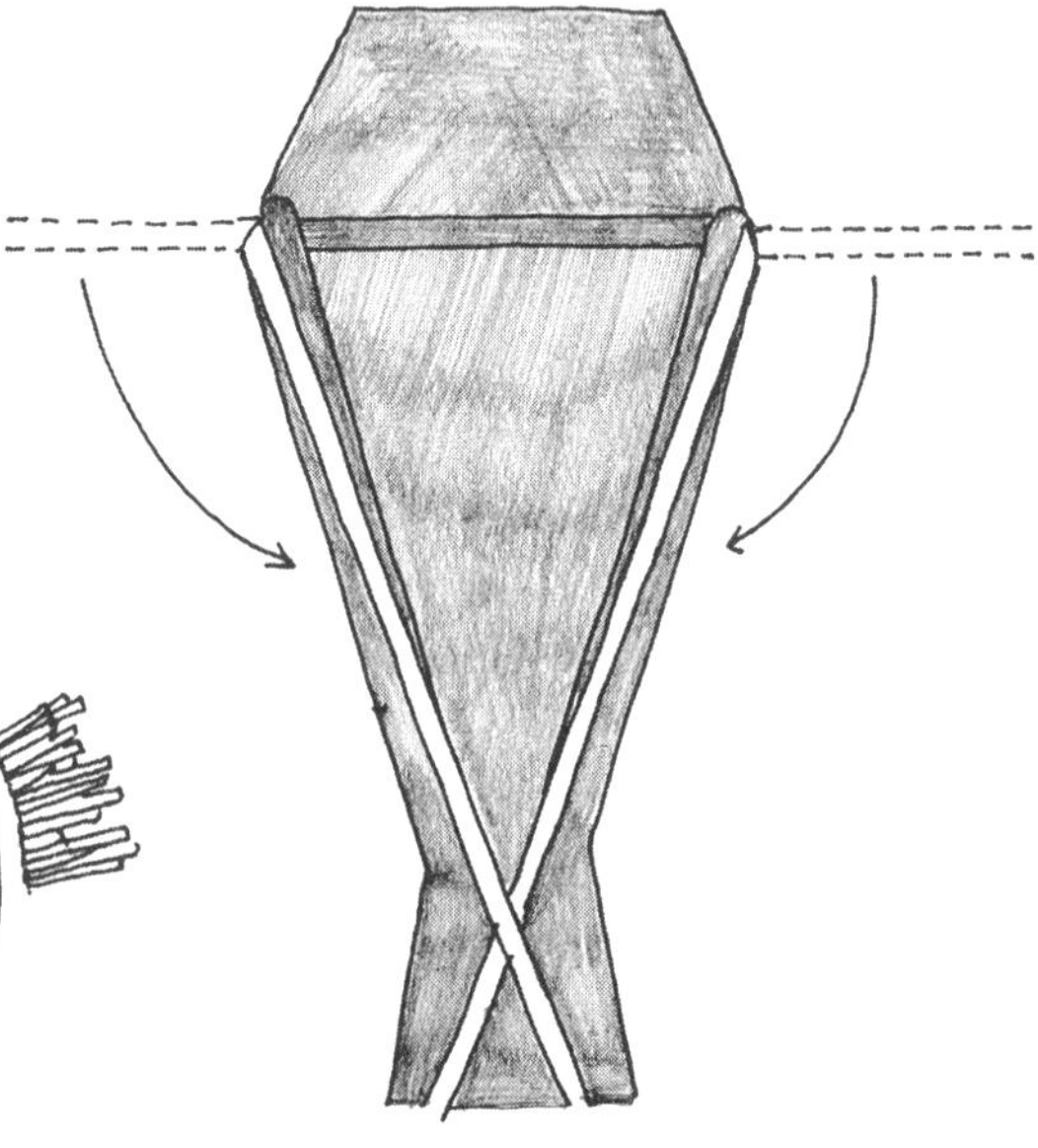

⓭横の１本を手前に持ってきて交差させる

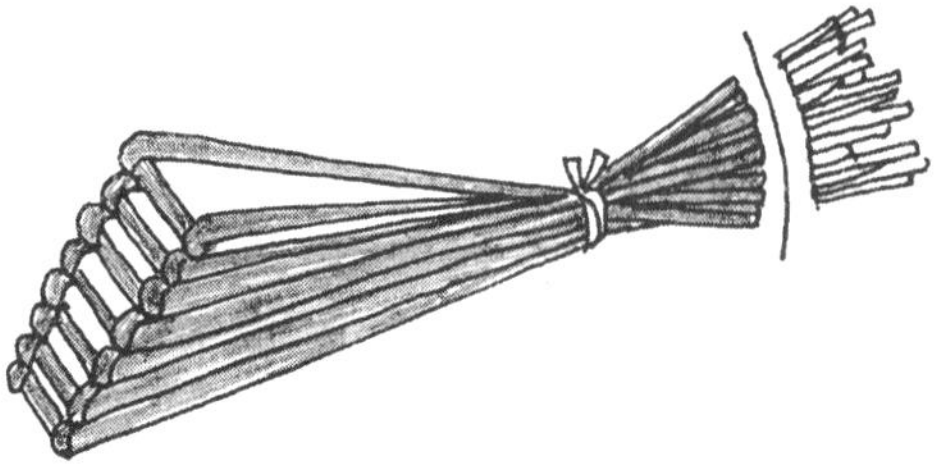

⓮まとめてしばり、余分を切る

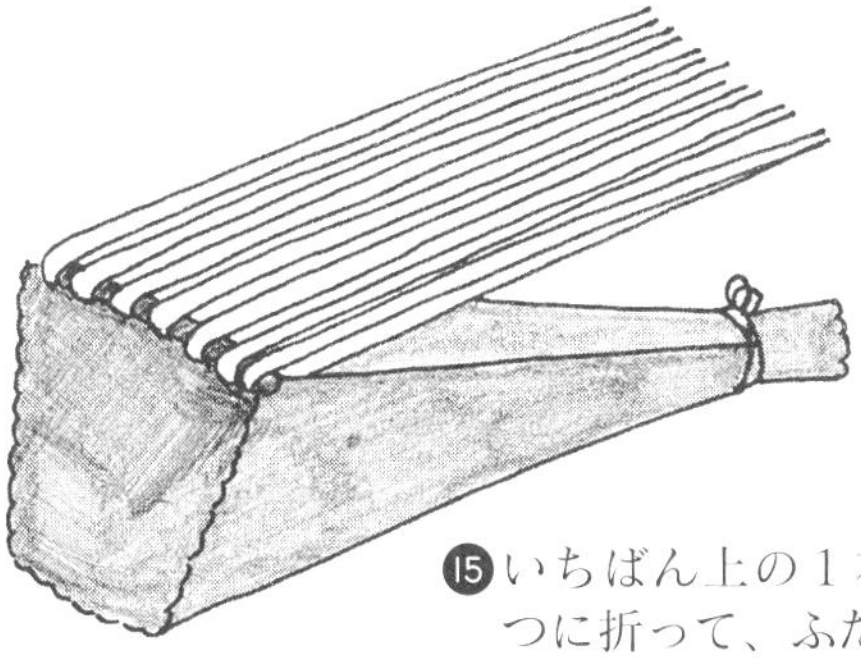

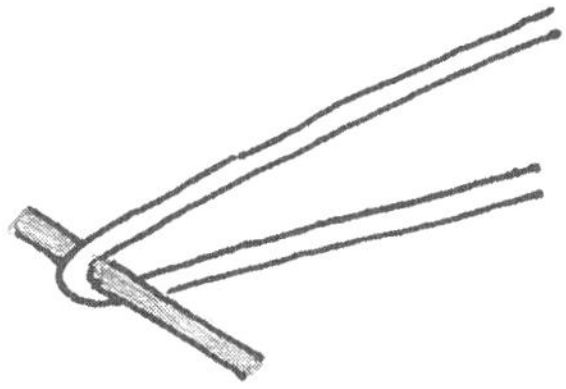

⓯いちばん上の１本に、右図のように通して２つに折って、ふたになる部分を作る。

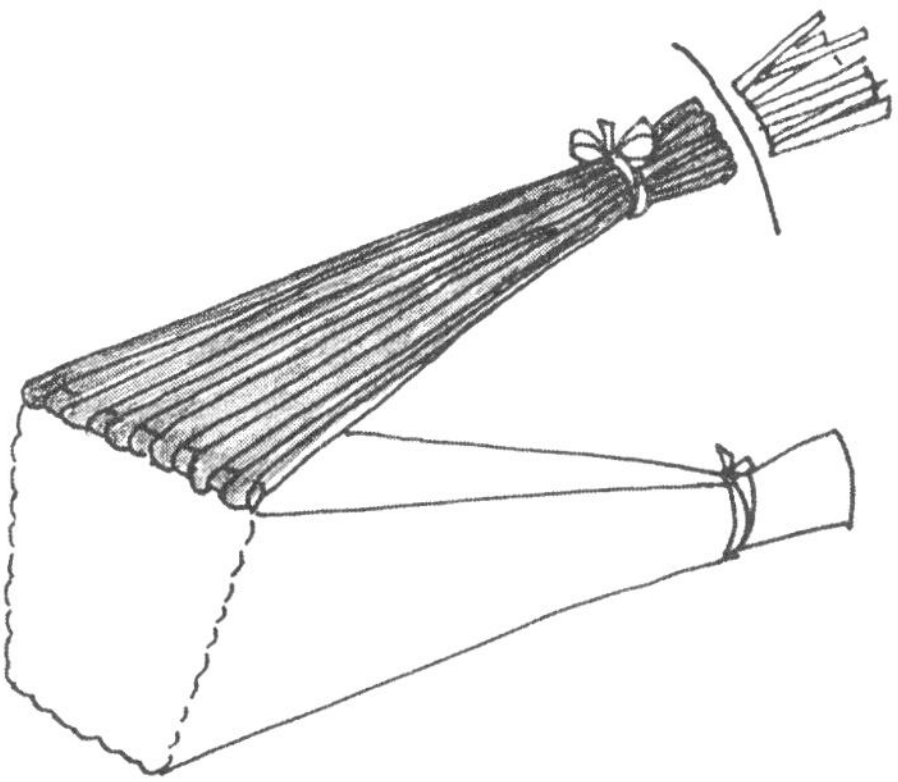

⓰まとめてしばり、余分を切る

⓱できあがり

西表島の熱帯魚

西表《いりおもて》島にマングローブの観察に行った時のことです。宿の受付のカウンターをふと見ると、そこにヤシの葉で作った、なんとも風流で楽しい熱帯魚がゆらいでいます。「これはおもしろい！」と、一目で引きつけられました。さっそく外に出てヤシの葉を取ってきて、その熱帯魚を見ながら作ってみようと思いました。ところがいざやってみると、どう作るのかまったく見当がつきません。一枚の葉を二本にさいて使っていることはわかるのですが、この二本がどんな具合に組み合わさっているのか、どんな順序で作っていくのか、まるでわからないのです。

宿の人に聞いてみると、なんでもここに泊まったお客さんが作っておいていったもので、宿の人ももちろん作り方を知らないと言います。壊《こわ》してみればわかるのかもしれませんが、大切な飾《かざ》り物を壊すわけにもいきません。そこでこの晩から「ああでもない、こうでもない」と、私と熱帯魚のにらめっこが始まりました。昼は外でマングローブを観察し、夜は宿にこもって、この熱帯魚との格闘です。そして三日目の夜、ついに作り方を解きあかしました。できた熱帯魚を手にして、私は天にものぼる思いでした。東京に帰ってから、私はまったく同じものが、荷物を結ぶひもを使って作られているものに出会い、西表島の宿での夜の奮闘《ふんとう》をなつかしく思い出しました。

材料

ヤシの葉、シュロの葉、荷造りなどに使うリボン、経木《きょうぎ》、ラシャ紙などいろんなもので作ることができます。

作り方

二本のリボンを図❷のように組み合わせて外側に折ります。次に図❸のように一回ねじりながら、菱形《ひしがた》に組み合わせます（この時、口になる部分をクリップなどで押さえて固定しておくと、その後の組み立てが楽にできます）。

形ができあがったら、それぞれの葉のすき間を少しずつつめて形を整えます（⑫）。尾はべつの葉で作り、後ろのほうにさしこみます（⑭）。最後にひれを切り、葉のまんなかにある太い筋《すじ》を使って背中の部分にさしこみ、つるせるようにします（⑬）。

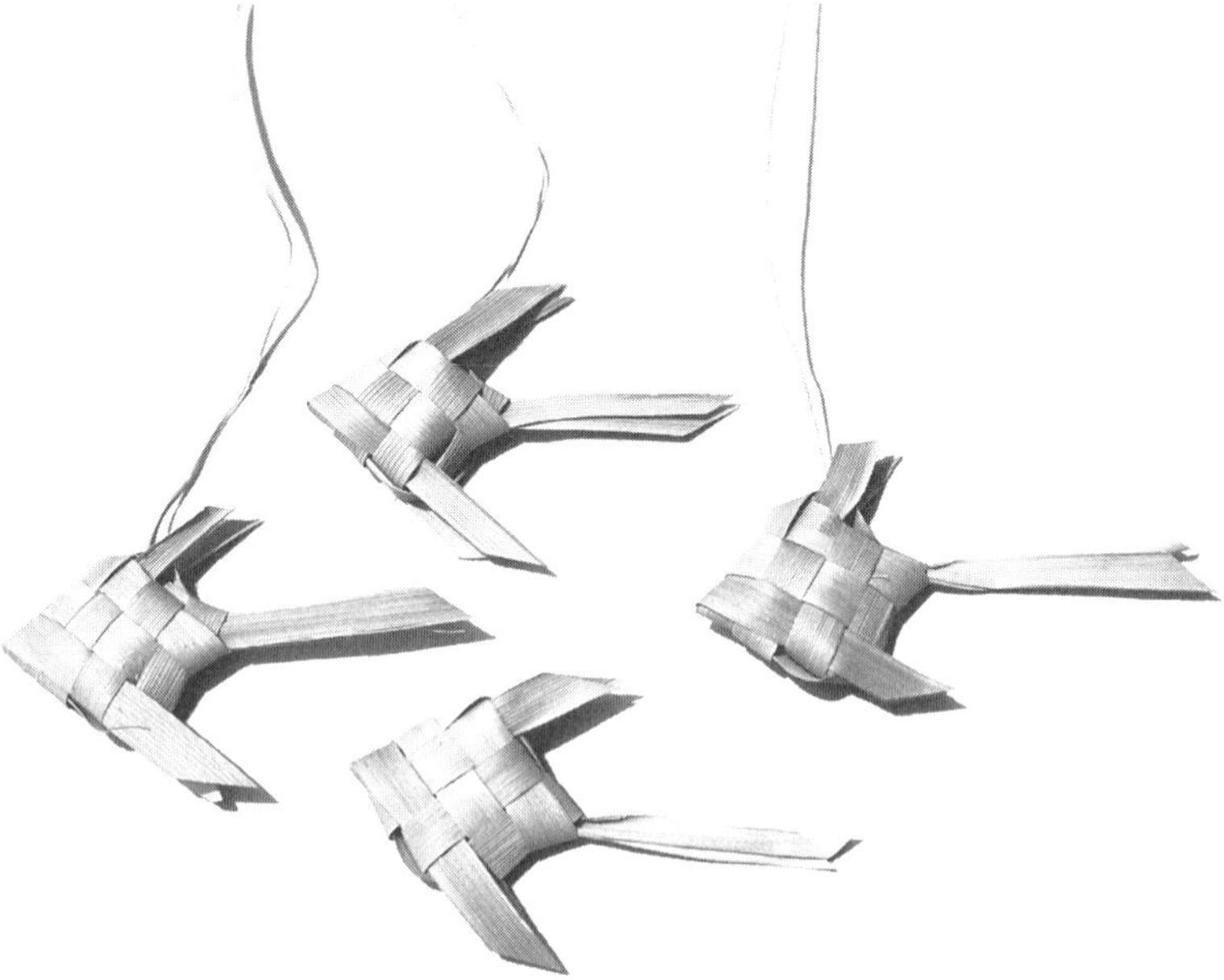

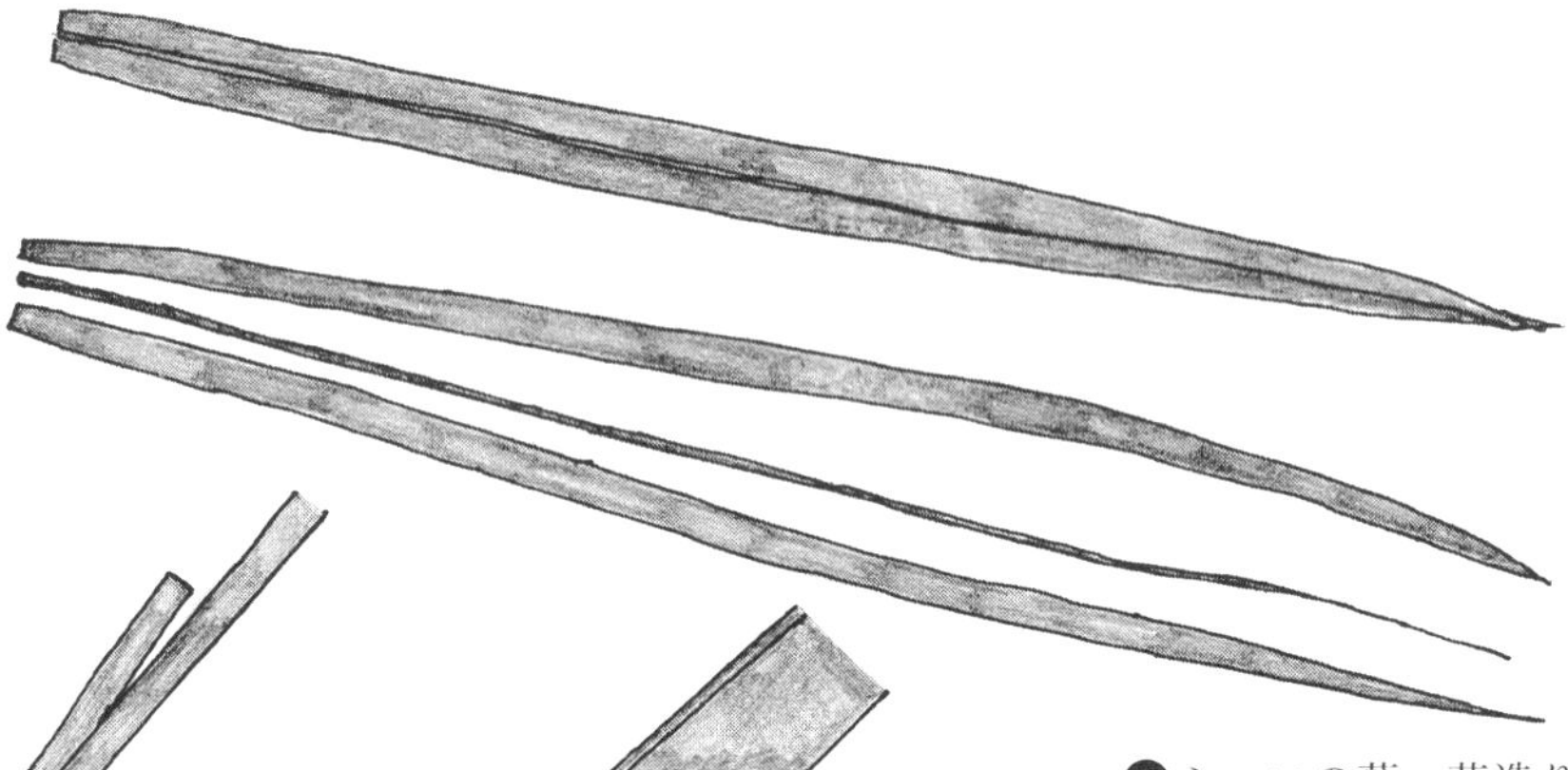

❶シュロの葉、荷造り用のリボンなどを２本用意する

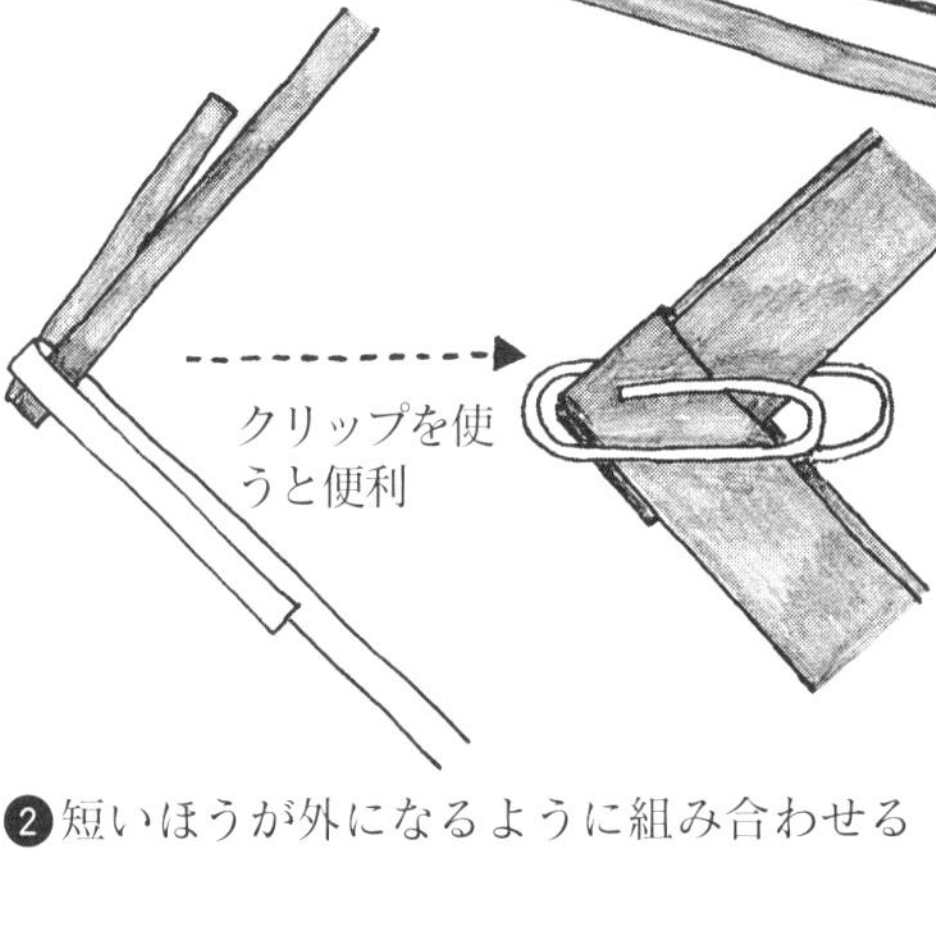

❷短いほうが外になるように組み合わせる

❸〜❽まで順番に組み合わせていく

❸

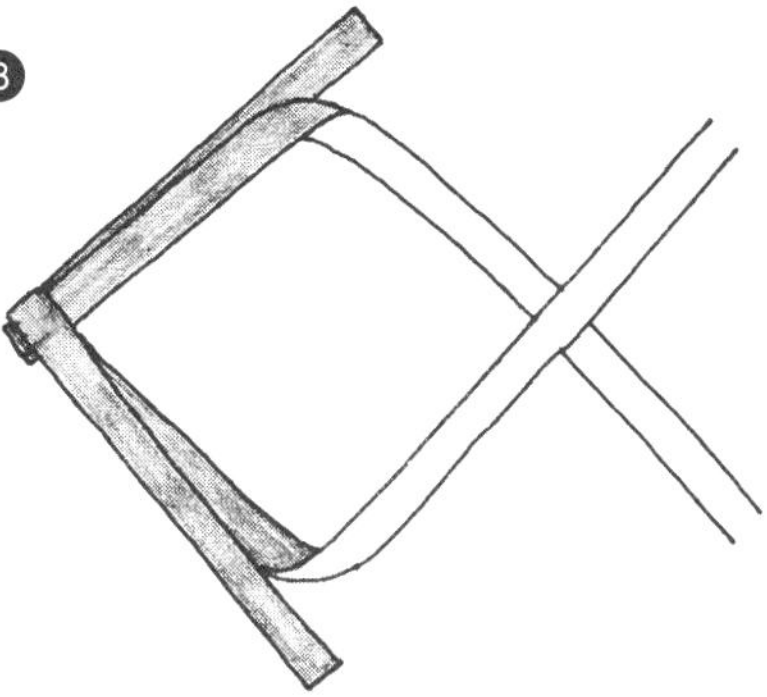

❹

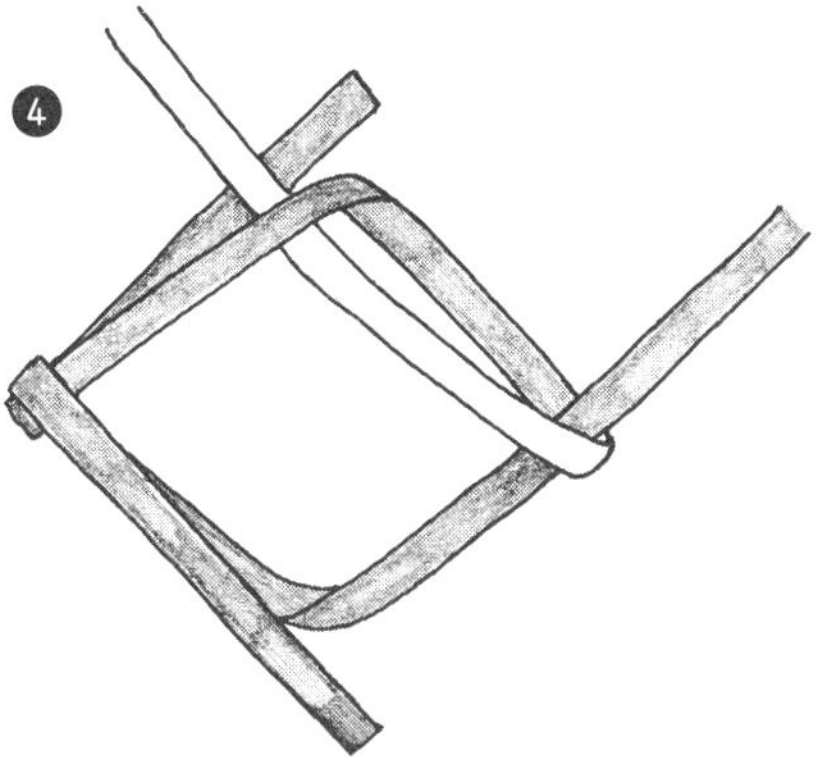

❺

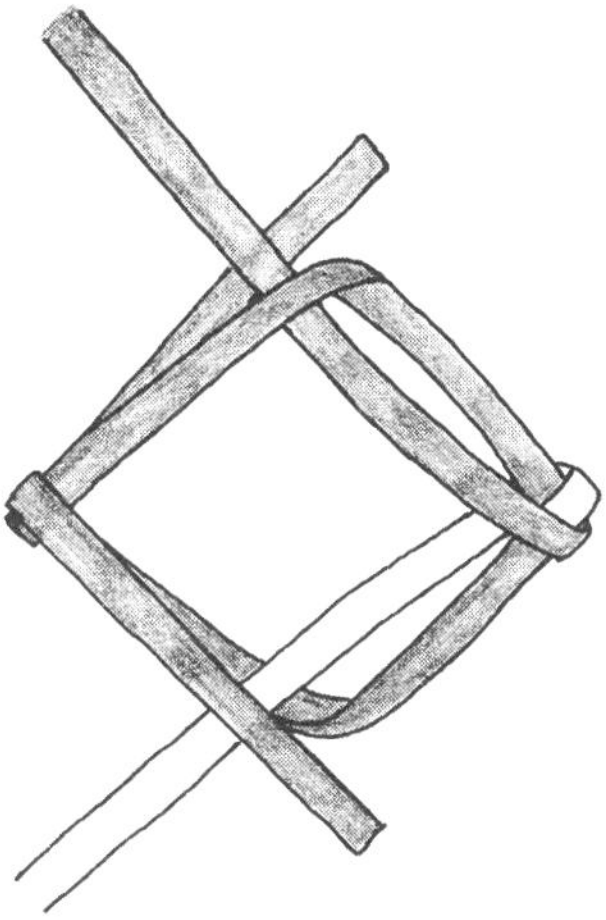

❻

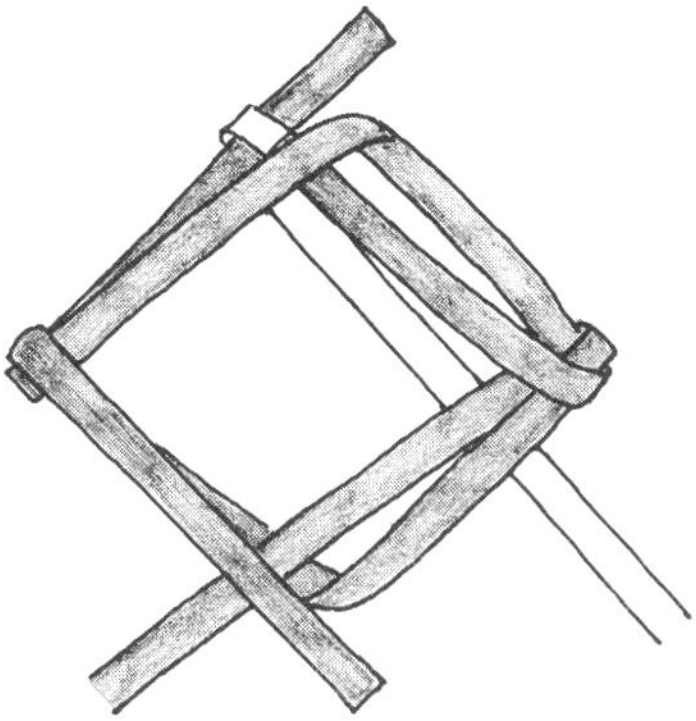

❼

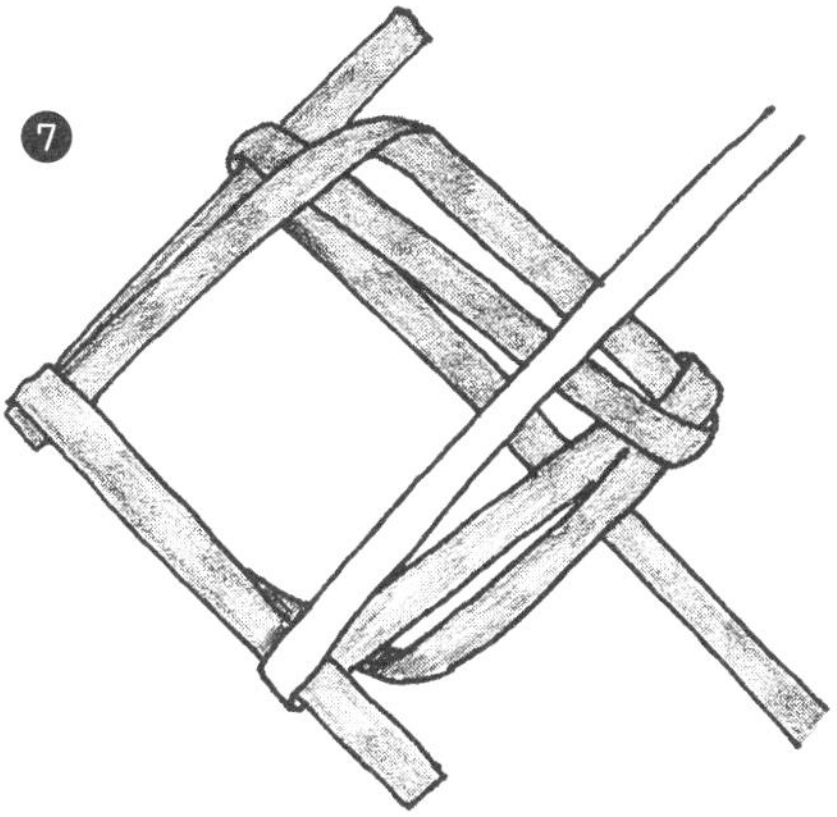

❽

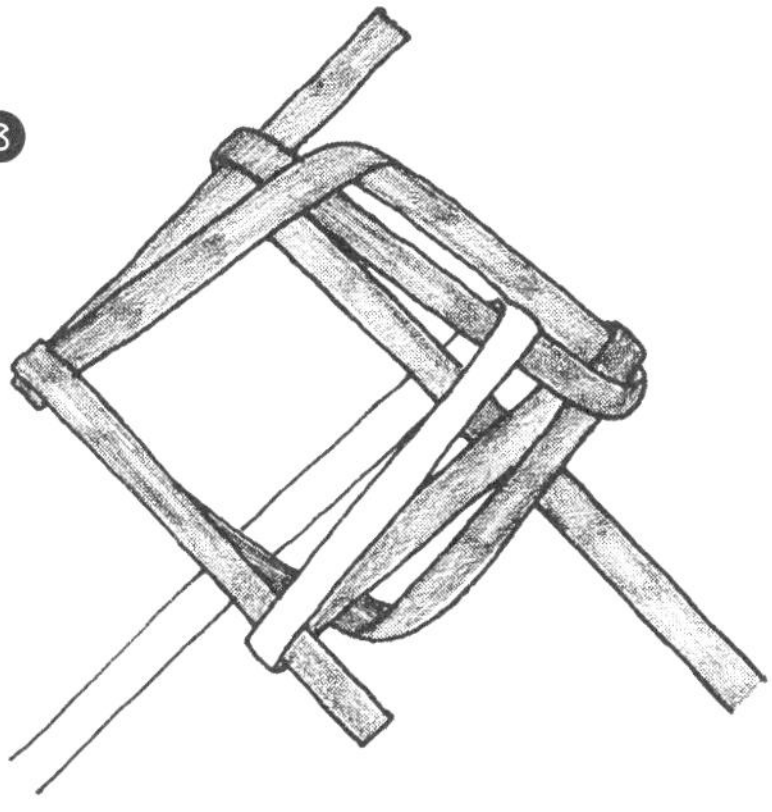

さらに❾〜⓫まで編〔あ〕みこんでいく

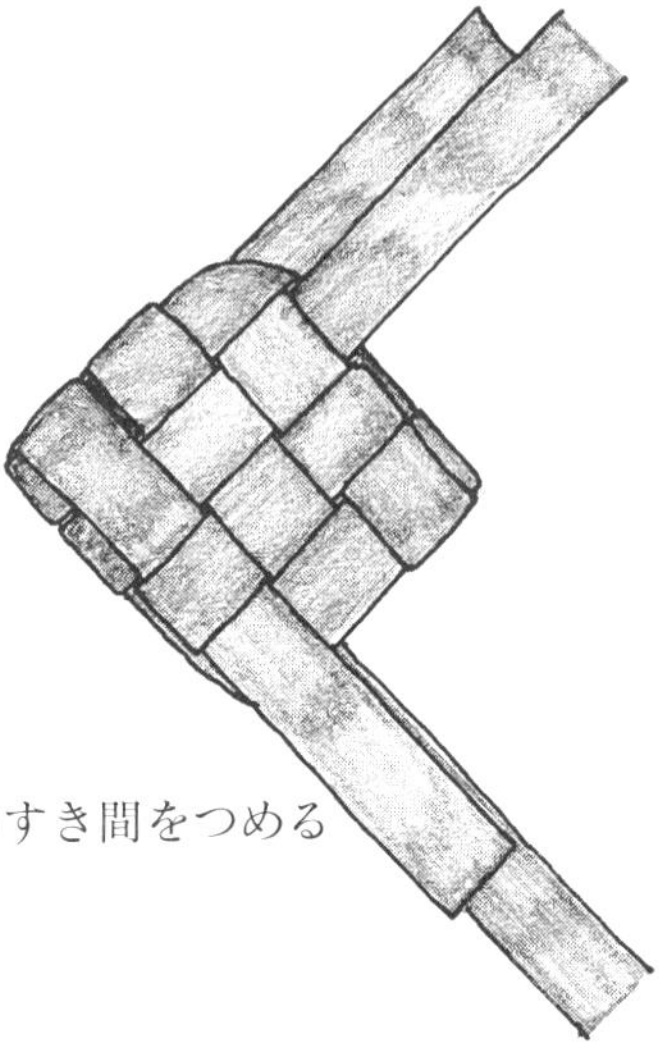

⓬すき間をつめる

❾

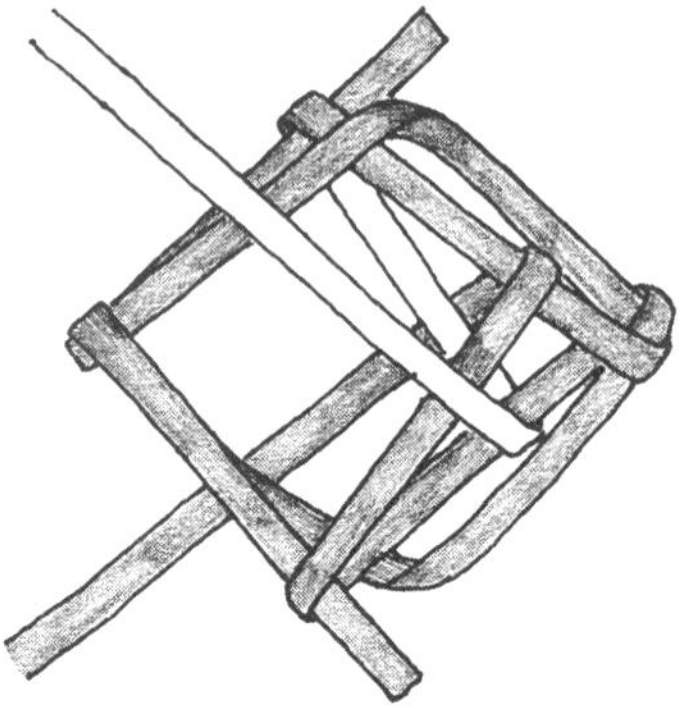

❿

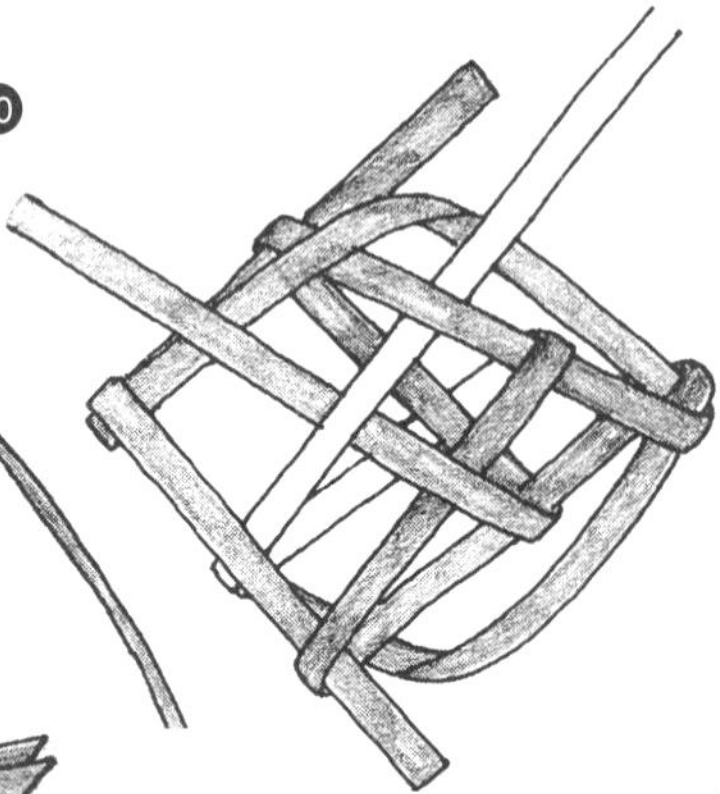

⓫

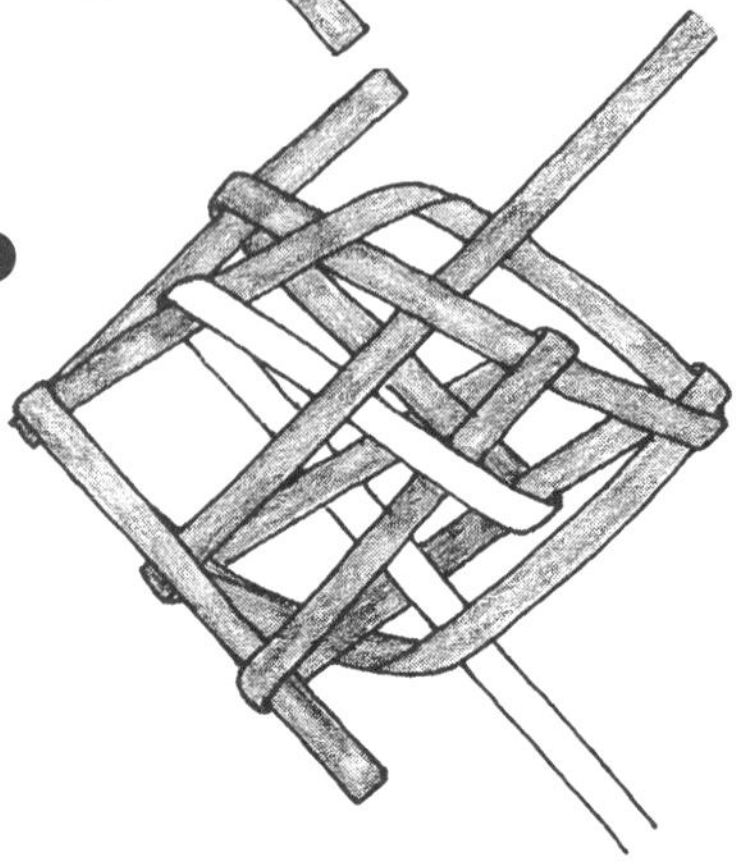

⓭つるす軸〔じく〕は葉の芯〔しん〕を使う

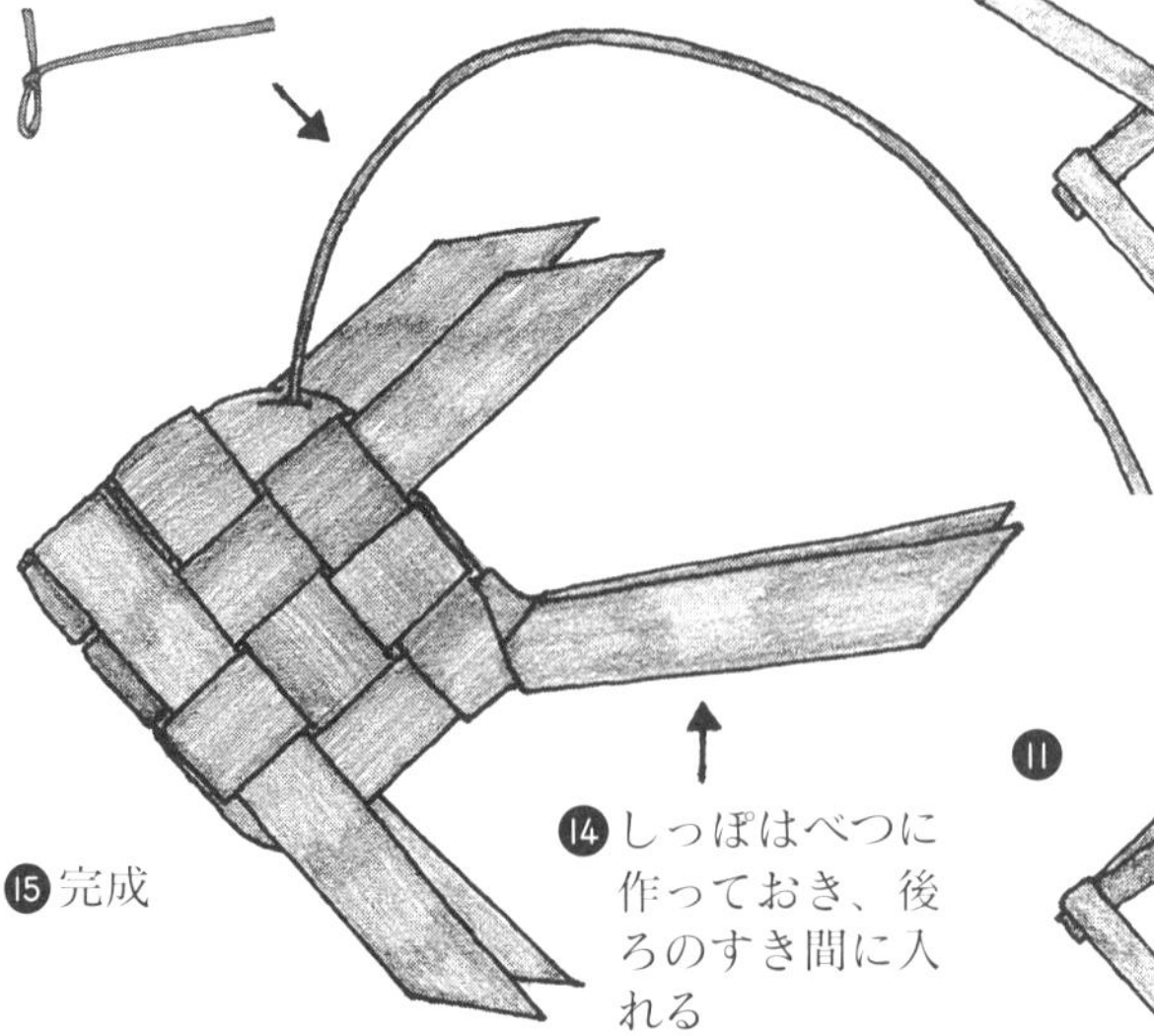

⓮しっぽはべつに作っておき、後ろのすき間に入れる

⓯完成

松葉の虫かご

クロマツの葉と常緑樹の葉を組み合わせて作る、簡単で小さなかわいらしい虫かごです。なかに入れる虫の種類によっては、本当に虫を入れるかごとしても使えるかもしれませんが、やはり飾《かざ》って楽しむほうが似合うように思います。私の場合はいつも、この虫かごにシュロの葉で作ったバッタやカタツムリを入れて一緒に楽しみます。

なんとなく童話の国にでも出てきそうなこの小さな虫かごは、とても簡単で単純な作業でできますので、幼稚園の子どもでも、図を見るだけで作ることができるのではないかと思います。お母さんと一緒に散歩道で見つけた松の葉で、あるいは幼稚園の先生と一緒にみんなで作ってみてもよいのではないでしょうか。

できた虫かごは、乾燥《かんそう》させても形がくずれませんから、飾り棚《だな》のなかにいつまでも記念として残っているでしょう。またこのかごを作っているうちに、きっと松の葉の先端が、とても鋭くとがっていることや、松の葉がちょうど半円形であることや、ねじれているなど、おもしろい発見をすることもあるのではないかと思います。

材料

クロマツの葉（アカマツやゴヨウマツの葉は、やわらかすぎて葉がつきささりません）二〇本とマテバシイ、ツバキ、アオキ、タイサンボクなど常緑樹の葉二枚。

作り方

まず常緑樹の葉を、図❷のように二枚重ね、この葉にクロマツの葉を丸く輪を描くような形につきさしていきます。この時、二本一組になっている葉を一本ずつ分けてつきさします。間隔《かんかく》は五ミリぐらいが適当でしょう。輪の大きさをはじめから見当をつけておくと、きれいに仕上がります。

全部さし終わったら、つきさした松葉にそって図❸のように葉を丸く切り、そのあとで二枚の葉をていねいに少しずつ離していき、適当な間隔のところで止めます（❹）。最後に上端を集めてしぼり、草の葉などで結びます（❺）。

端《はし》をまとめないでそのままにし、大きな虫かごにしたり、上に持ち手をつけるなど、いろんな形が考えられますから、自分でいろんなデザインを考えて、楽しい虫かごを工夫してみましょう。

❶ツバキなどの固い葉２枚とクロマツの葉20本ほどを用意する

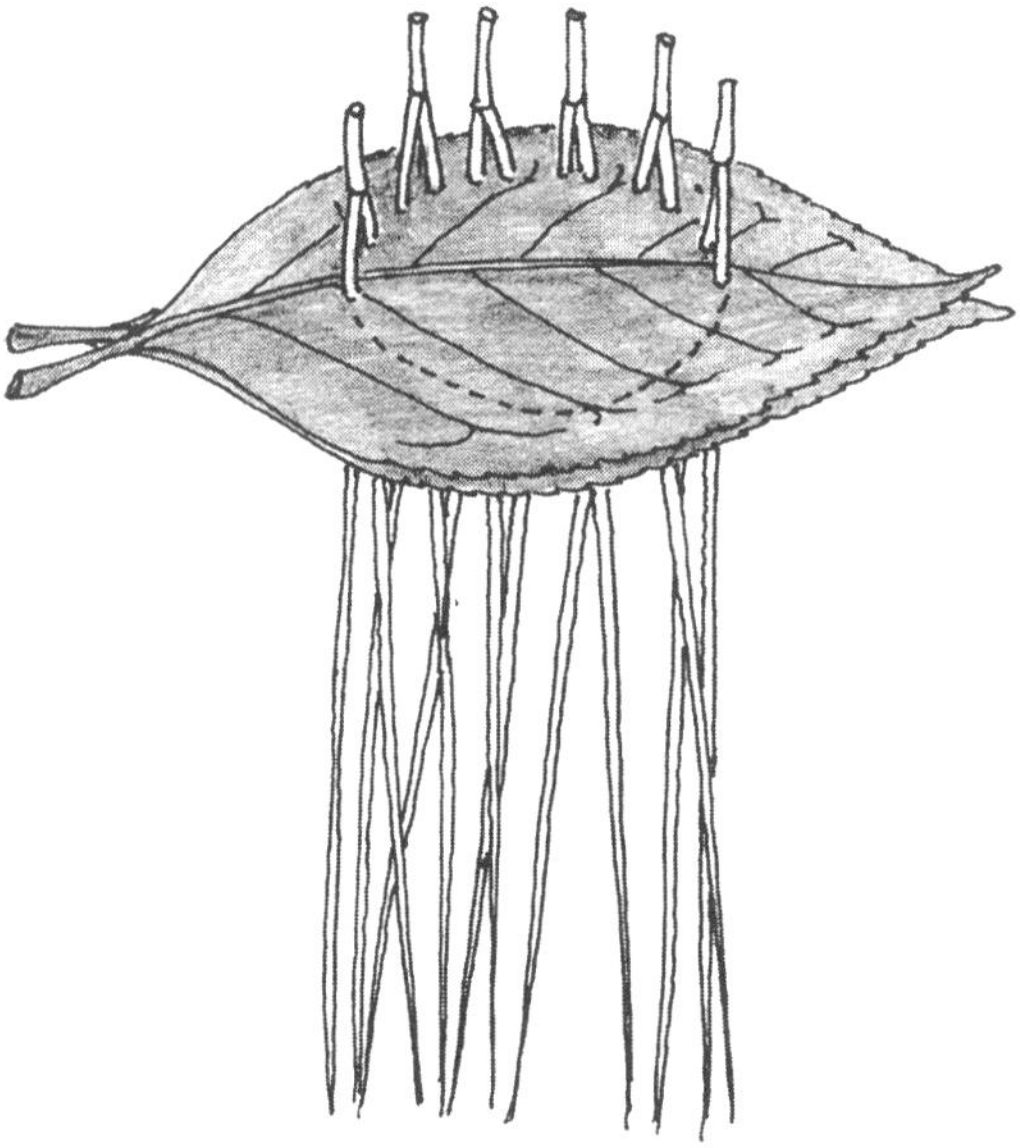

❷２枚重ねたツバキの葉に図のように丸く松葉をさす

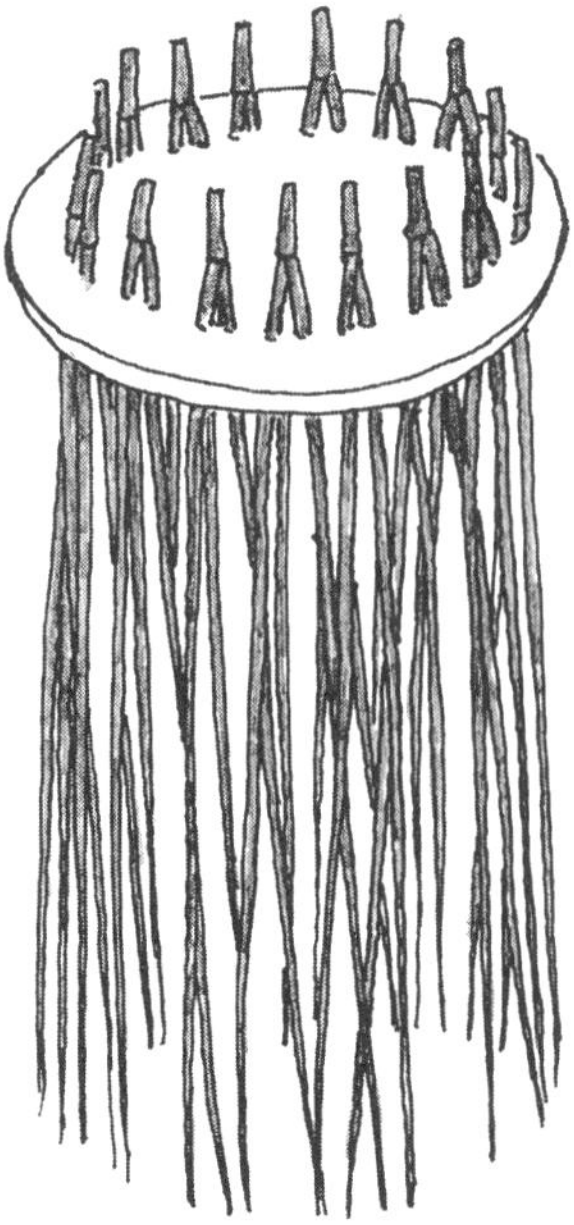

❸全部さし終わったら、葉を丸く切る

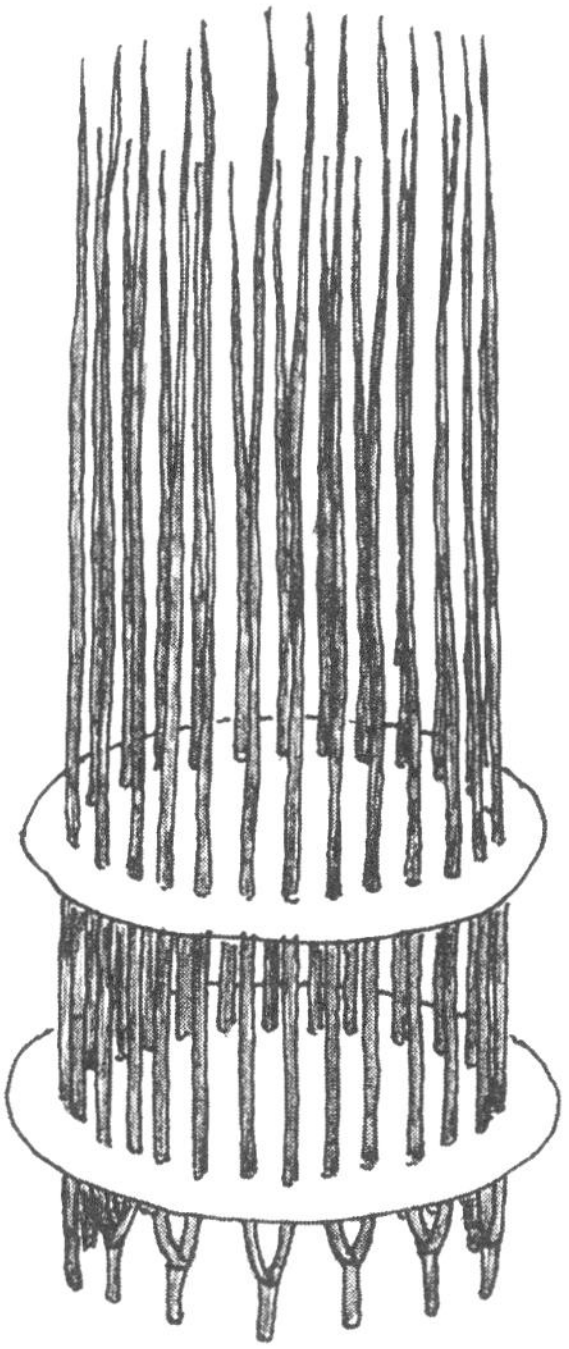

❹２枚の葉を離す(少しずつていねいに離していく)

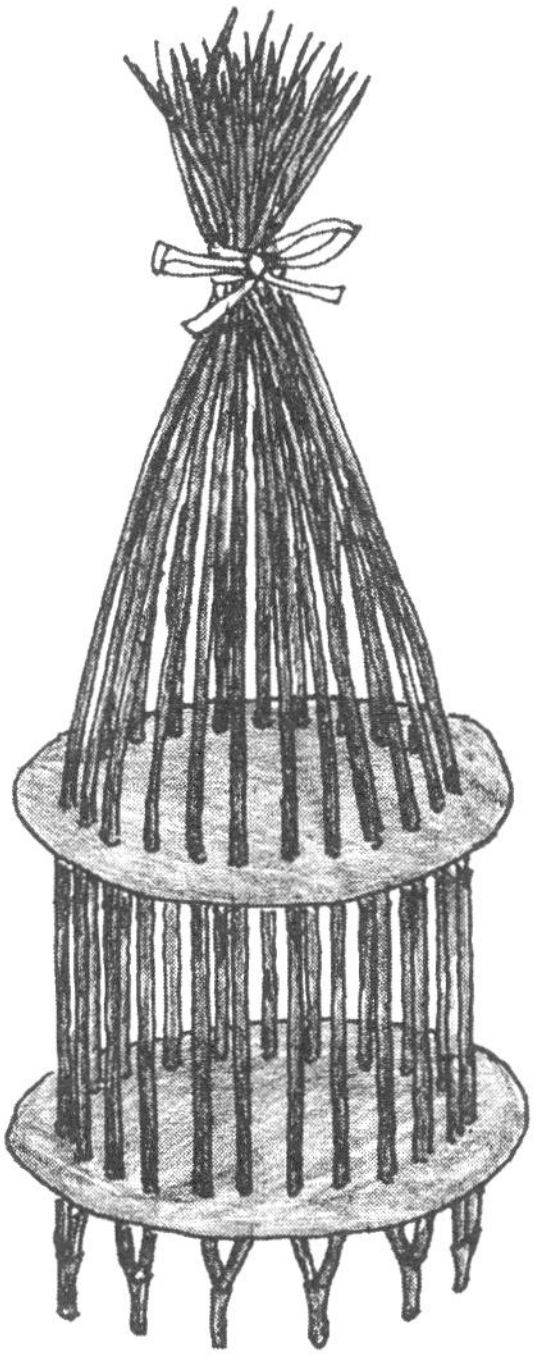

❺マツの葉を集め、上を丈夫な草の葉などで結ぶ

縄より馬

　子どもの頃、母親が縄をなっているのを見て、いつの間にか縄をなうことを覚えました。先日、ニオイシュロランの葉をさいて、それで縄をなって見せたら、「すごーい！」と、子どもたちがいっせいに拍手をしてくれました。一本のわらや草の葉から、縄というまったく性質のちがったものができあがることが、子どもにとってはとても不思議で、その人の手が魔法の手のように見えるようです。そしてすぐに自分もやってみようと一生懸命になります。

　この馬は、わら仕事をしているかたわらで遊ぶ子どもたちのために、お父さんがひょいと作ってあげたのかもしれません。一本の稲わらが縄になり、さらにそれが馬に変化していく様子を、子どもたちはそれこそ目を見はって見たことでしょう。

　一本のわらから、簡単にできる馬ですが、縄のよりをもどすだけでいろんな部分を作っていくそのちょっとした着想には「なるほど」と感心させられます。縄をなって見せるだけでも、子どもたちは興味を持って見てくれるでしょう。さらに馬ができたらきっとそれこそ拍手がくるのではないでしょうか。

材料

稲わらが基本ですが、そのほかニオイシュロランの葉、シュロの葉などいろいろな葉を細くさいて、縄の材料として使えます。また園芸店などで売っているわら縄やシュロ縄などをそのまま使うこともできますが、ここでは縄をなうということが一つの楽しいポイントになりますから、シュロの葉などを使って縄をなうところから説明します。

作り方

まず、ニオイシュロランなどの葉を細くさいたもの、あるいは稲わら一本を二つに折り、それで縄をないます（❶〜❺）。縄のない方は、折って二本になったわらを両手に持って、交差させながら両手を合わせ、手のひらでころがす、という動きをくりかえします。

なった縄の先端を少し残してよりをほどき、中央を合わせてよりをもどすと馬の顔と耳ができあがります（❼❽）。次に今度は少し長めによりをほどいて、同様に中央を合わせてよりをもどすと、足ができます（❾❿）。胴体《どうたい》の部分を残して、さらに同様によりをほどいて中央を合わせると、後ろ足ができあがります（⓫⓬）。よりをもどす場所を変えると、スマートな馬、足の長い馬などいろんな馬ができておもしろいでしょう。

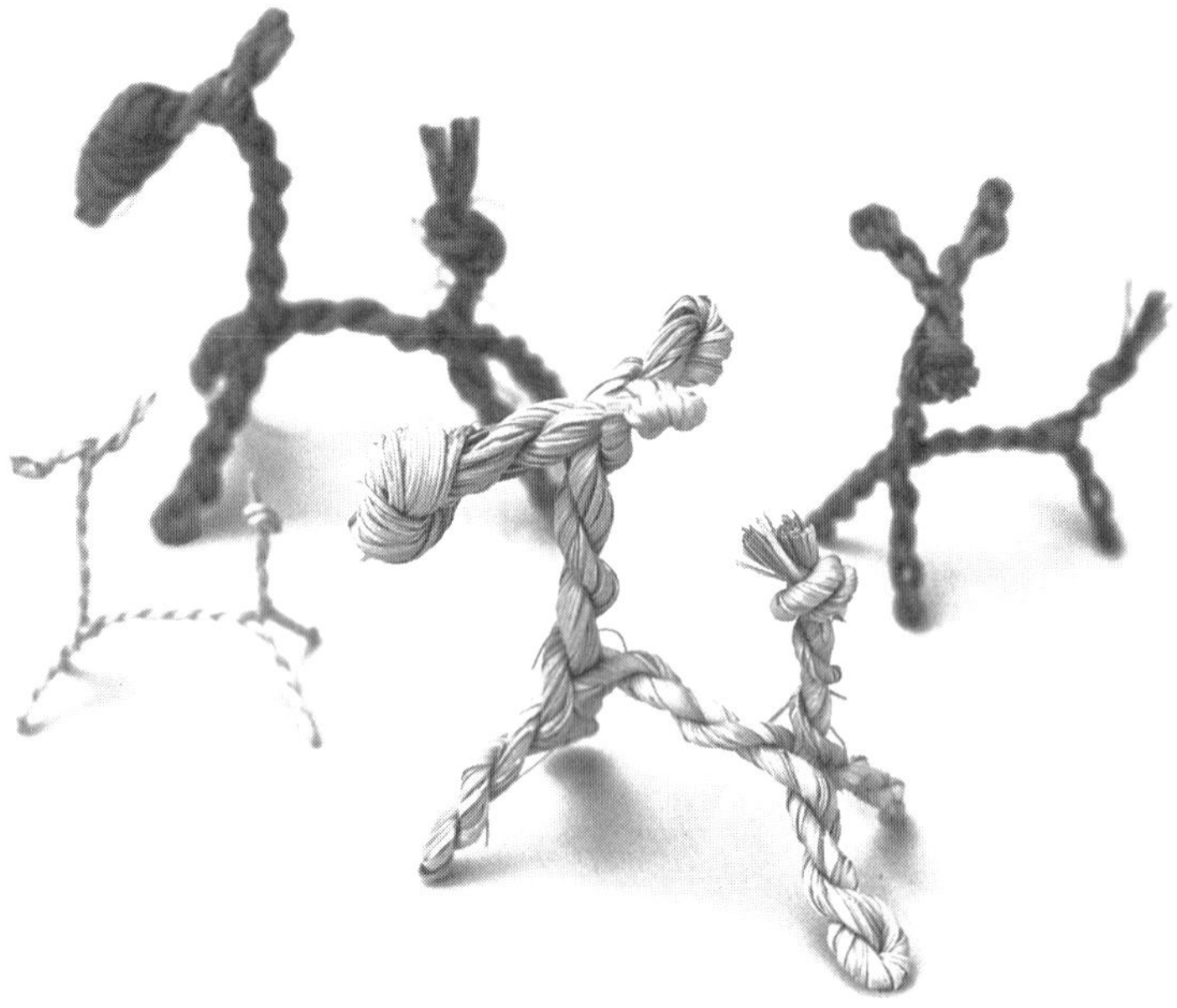

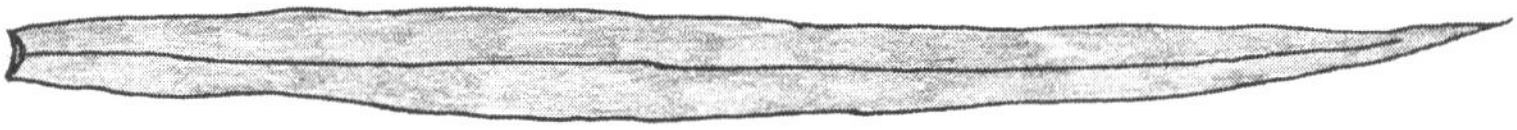

❶ニオイシュロランなどの葉を１枚用意する

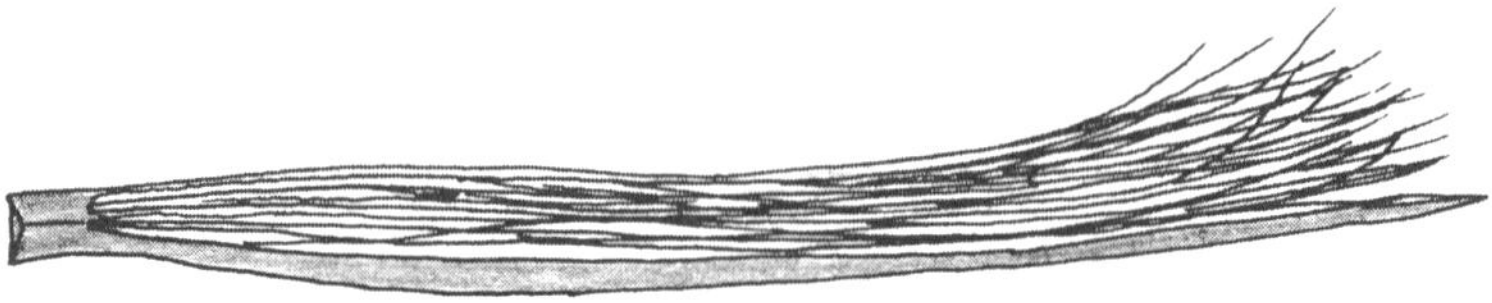

❷20〜30本に細くさく

❸もとのところを結んでおく

❹２等分して

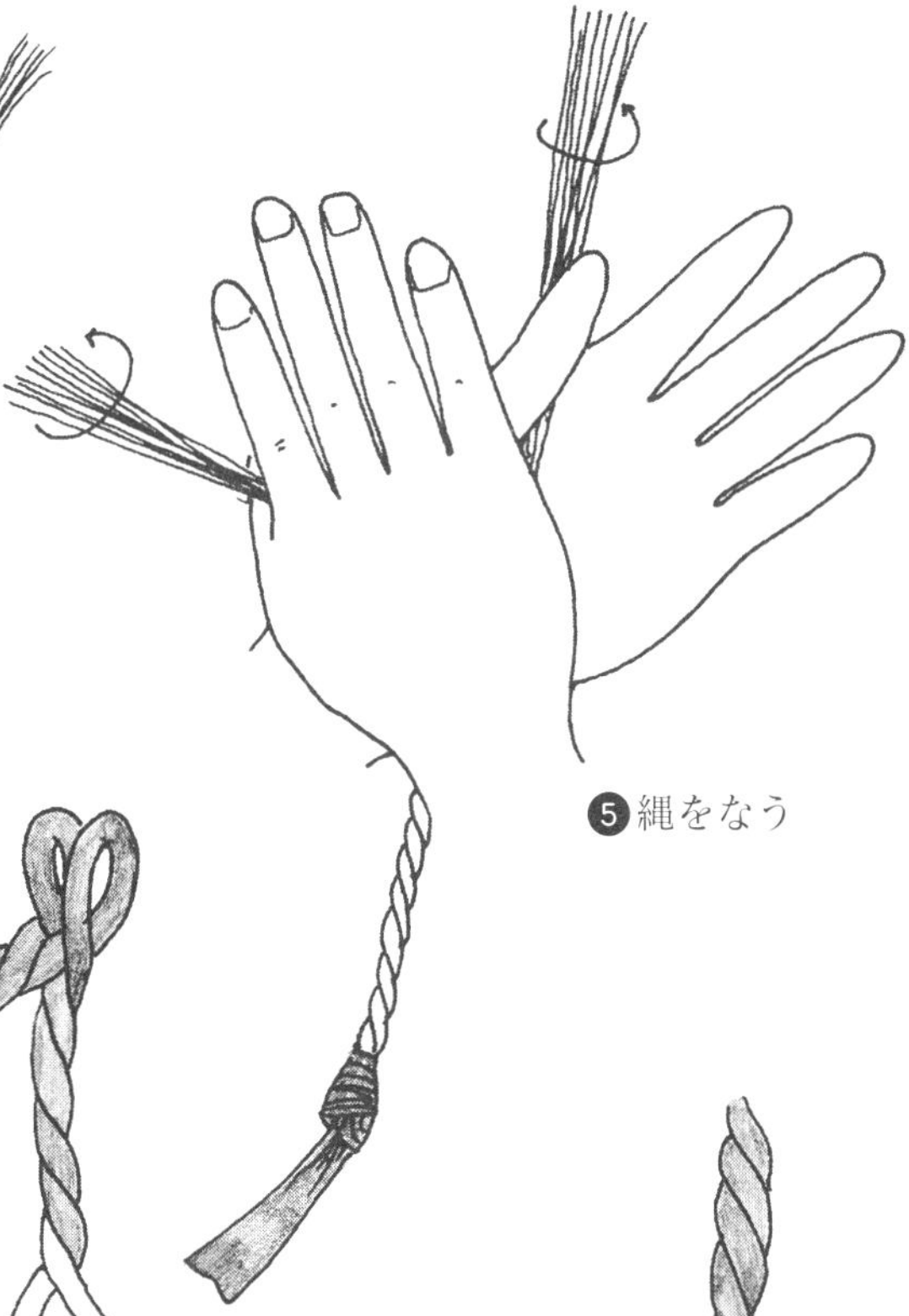

❺縄をなう

❻終わりのところを
結んでおく

❼はじめの2～3
目を残して、よ
りをもどす

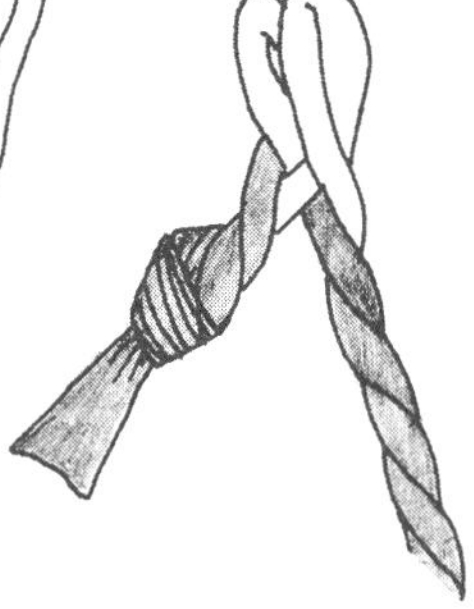

❽自然によりがもどっ
て耳ができる

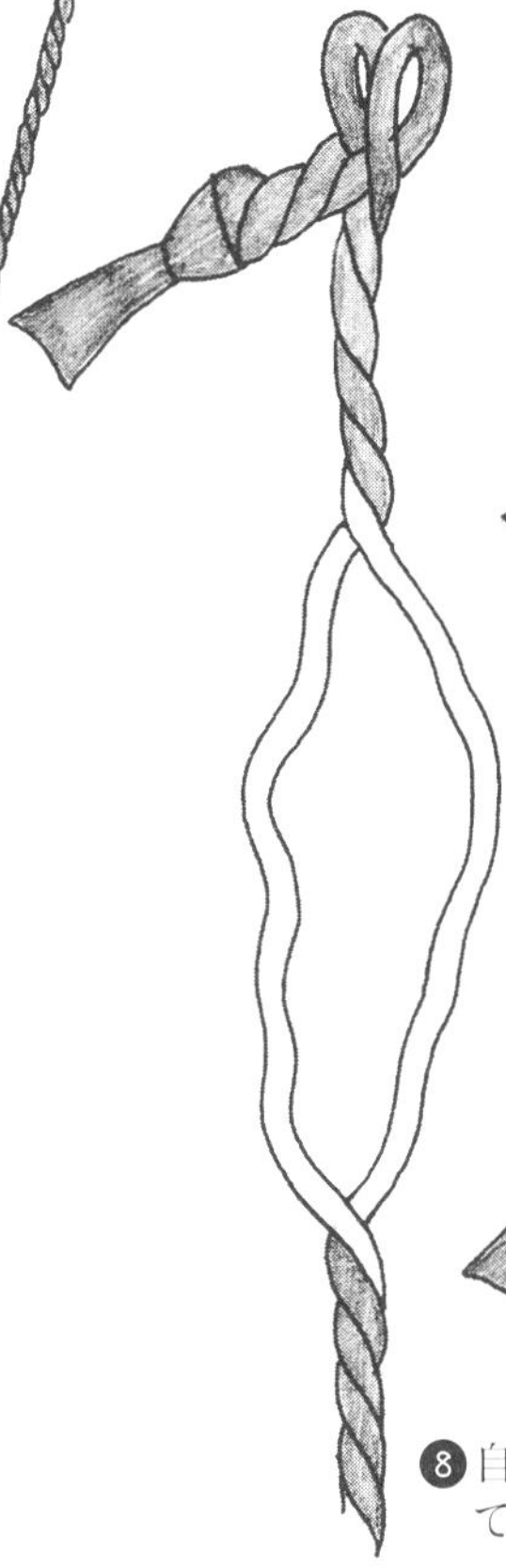

❾前足になる部分のよりをもどす

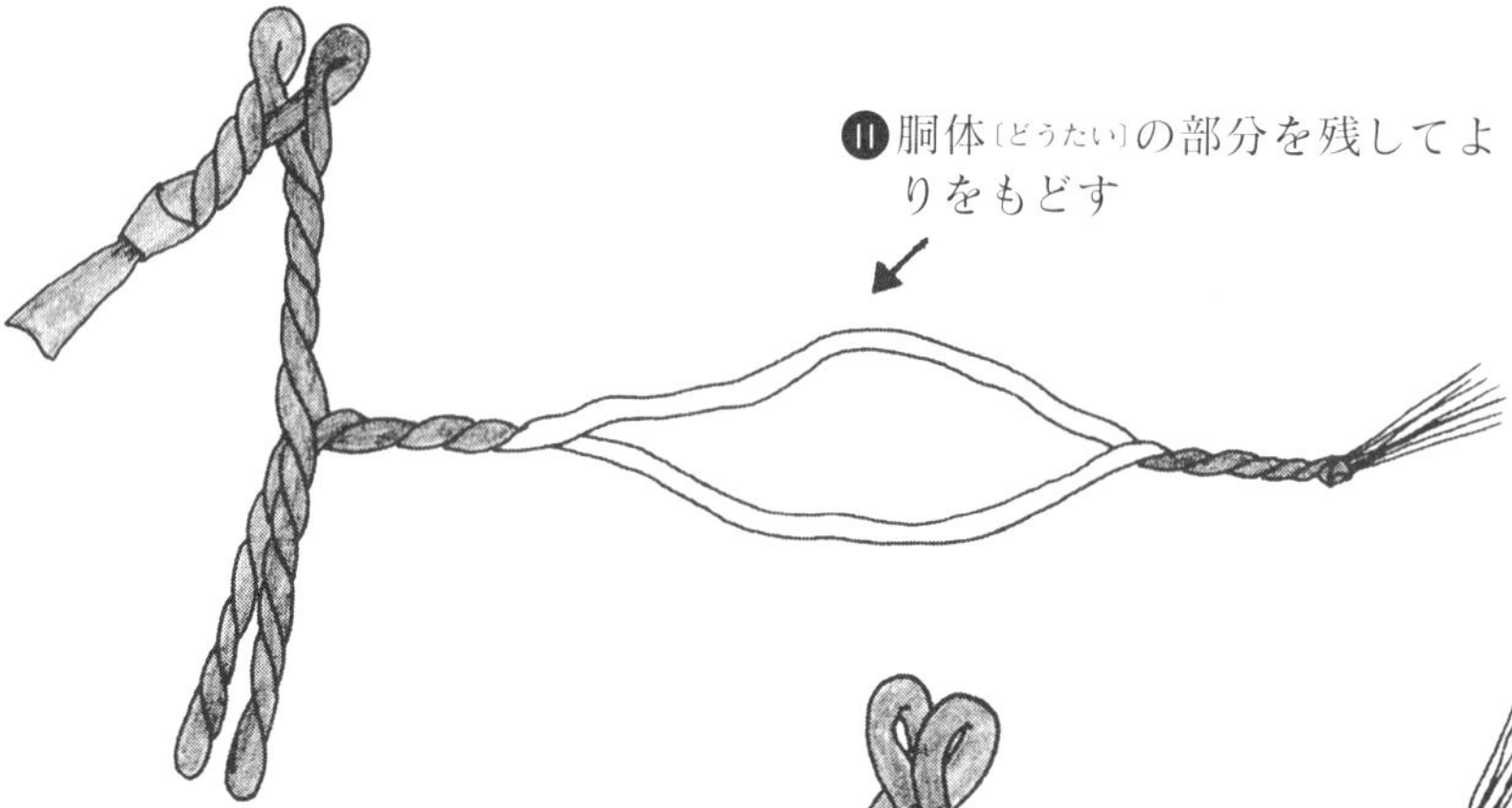

⓫胴体〔どうたい〕の部分を残してよりをもどす

❿前足ができる

⓬同様に胴と後ろ足を作る

⓭余分なところを切って完成

ソテツの虫かご

法事が終わったあと、片付けられた花輪のなかにあったソテツの葉を一本拾ってきて虫かごを作ってみました。するとこれを見ていた人たちが「おもしろい！　教えて」と、次々にソテツの葉を拾って私の前に持ってきました。そしてその場があっという間に虫かごづくりの講習会場になってしまいました。そのままにしておけば、ソテツの葉は花くずと一緒に捨てられるだけですから、ソテツの葉はもう一度生き返ったわけで、これも仏様の功徳《くどく》の一つかもしれません。そう思って、私はみんなに虫かごの作り方を教えてあげたのでした。

しなやかなソテツの葉の弾力《だんりょく》や羽状《はねじょう》についている細い葉。こうした性質を見事に利用したこの虫かごはとても美しく、形もすてきでおもむきがあります。ソテツの生えている地域では広く伝わり作られている傑作ですが、ソテツはもともと温かい地方の植物なので、南の地方で作られてきた玩具です。ただ、ソテツの葉は今では花材として運ばれ、日本全国のどこのお花屋さんでも見かけられるようになりました。

乾燥《かんそう》させても形はくずれないので、花瓶《かびん》にさしていつまでも飾《かざ》れます。

材料

ソテツの葉は、大きなものから小さなものまでいろいろな大きさのものがあります。大きなものは葉の先のほうを使ったほうが作りやすく、美しいものができるでしょう。

またつぎ足し用に何枚かの葉をはずしてとっておきます。

作り方

いちばん下の一本を、葉の上に向けて図❷のように曲げ、これに次の葉を横にからませます（❸）。さらに反対側の一本を同じようにからませます（❹）。

このようにして、交互に葉を重ねて折りこみながら編《あ》んでいきます（❺）。大きな虫かごを作りたい時には、前もって取っておいた葉を図❻のようにつぎ足しながら長くします。

終わりの部分はだんだんせまくしていって、最後は軸《じく》に結びつけます。結ぶ糸は、シュロなどの葉をさいて使うと、丈夫でしっかりと止めることができます。

葉をつぎ足して一つのかごを大きくしたものや、写真のように小さなかごを何段にも重ねたものなどいろんな大きさや形が工夫できます。

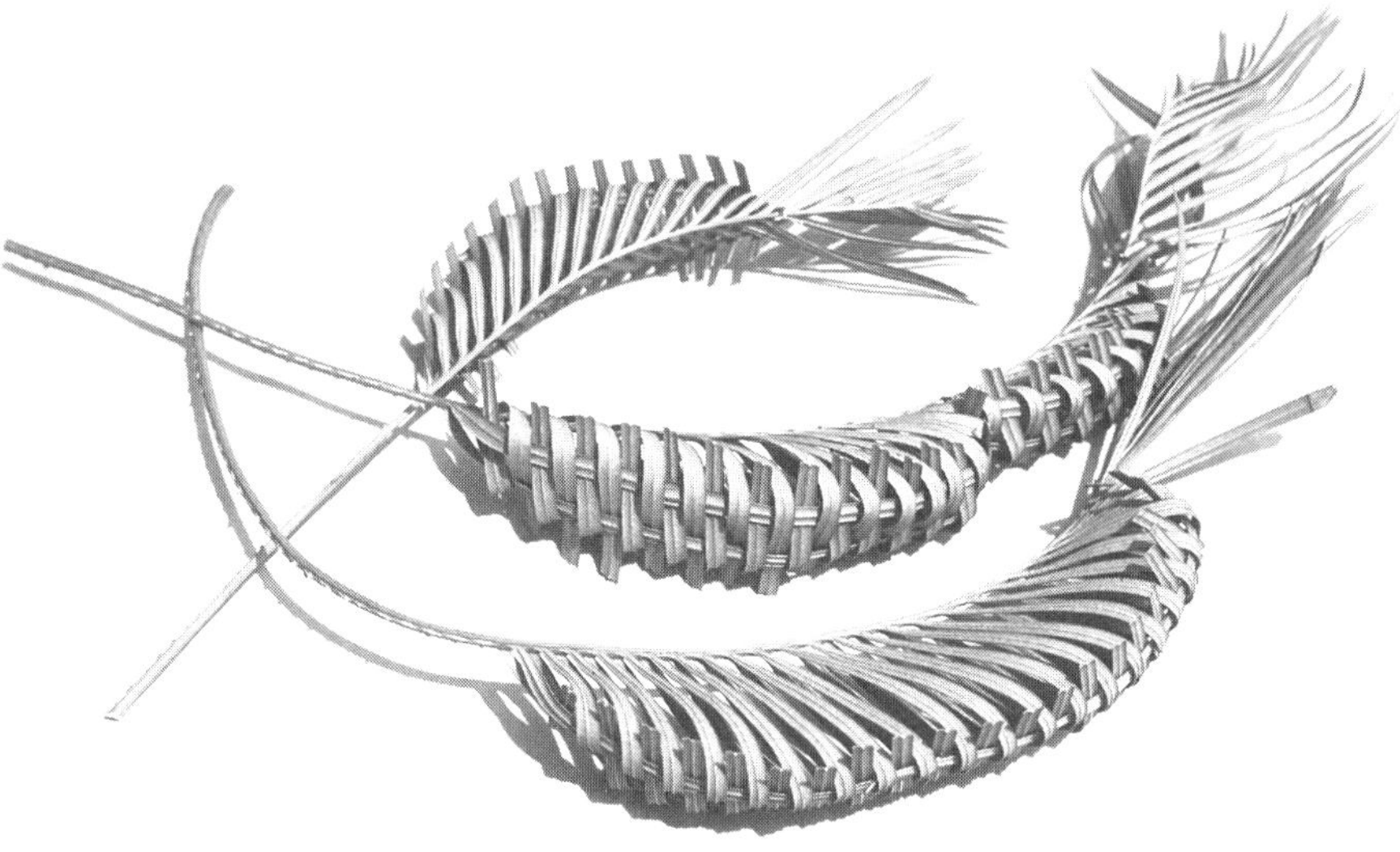

❶ソテツの葉を１枚用意する（下の４～５対をはずしておく）

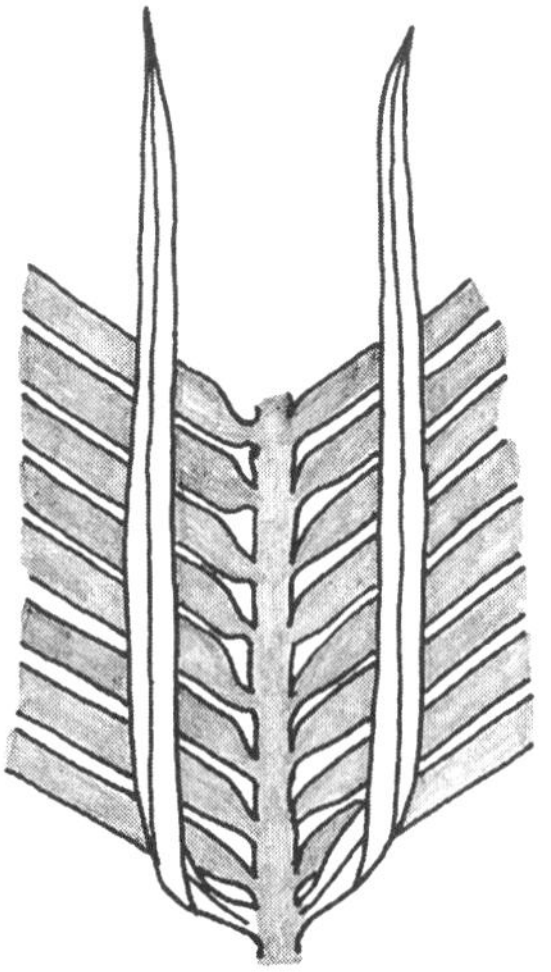

❷いちばん下の葉を上に上げる

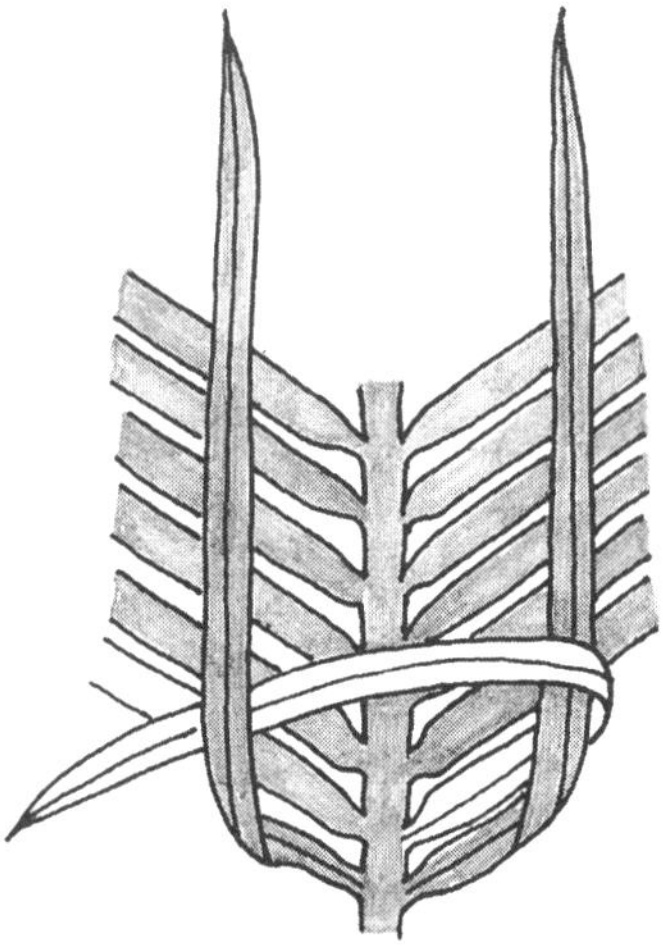

❸次の１本を図のように折る

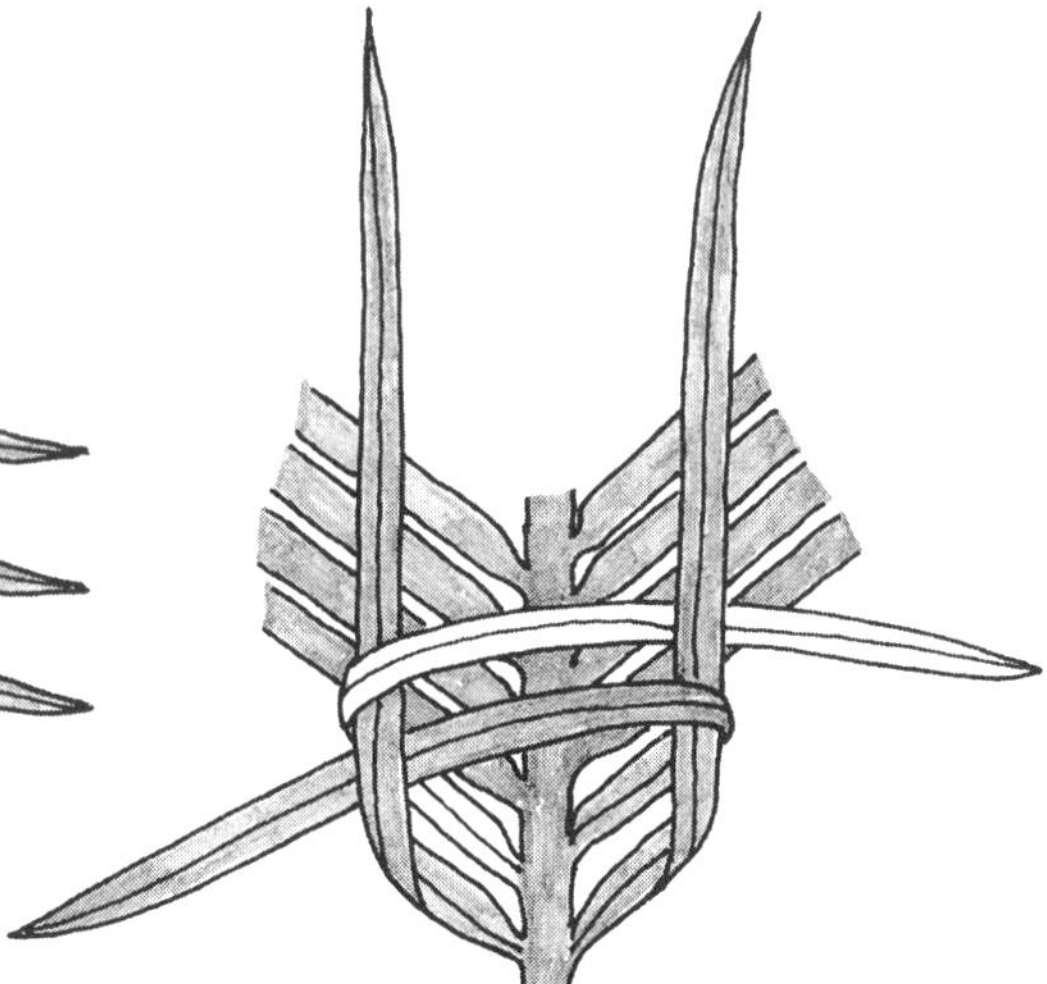

❹反対側も同様に折る

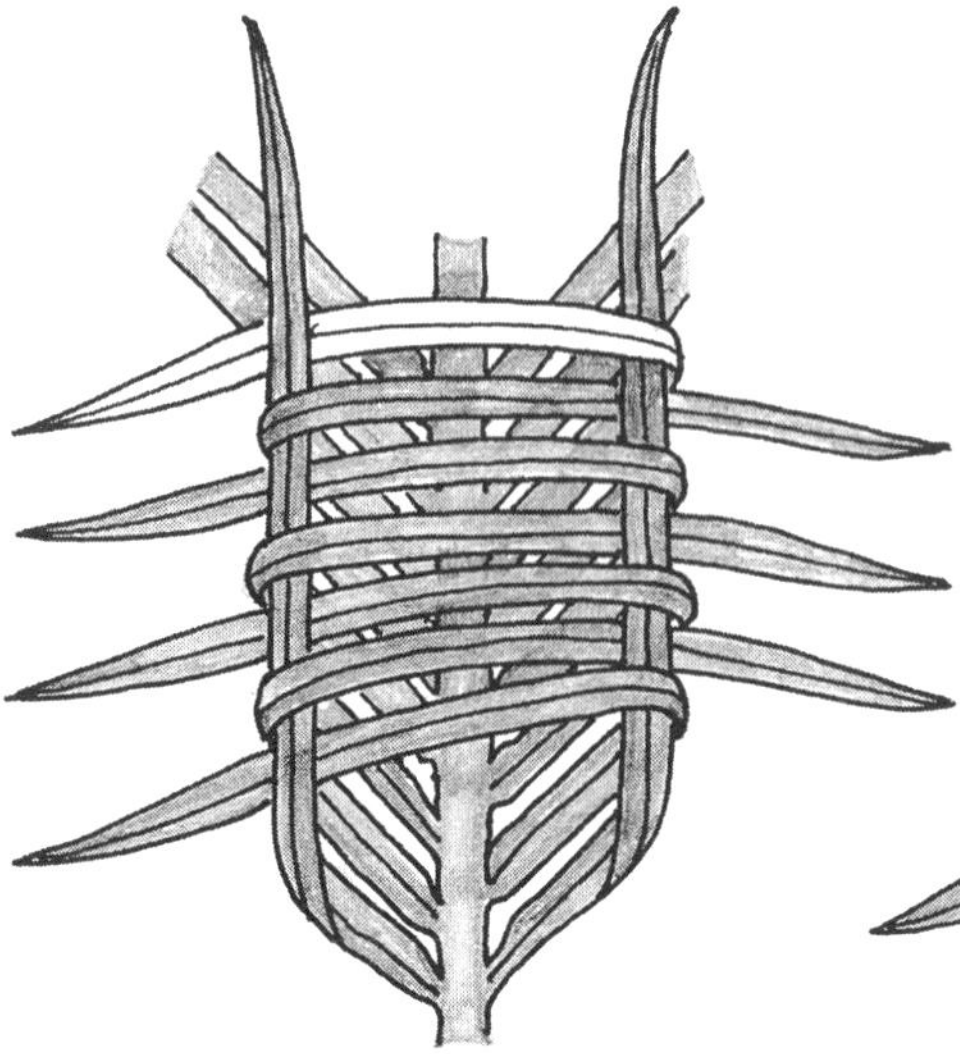

❺左右交互に折りこむ

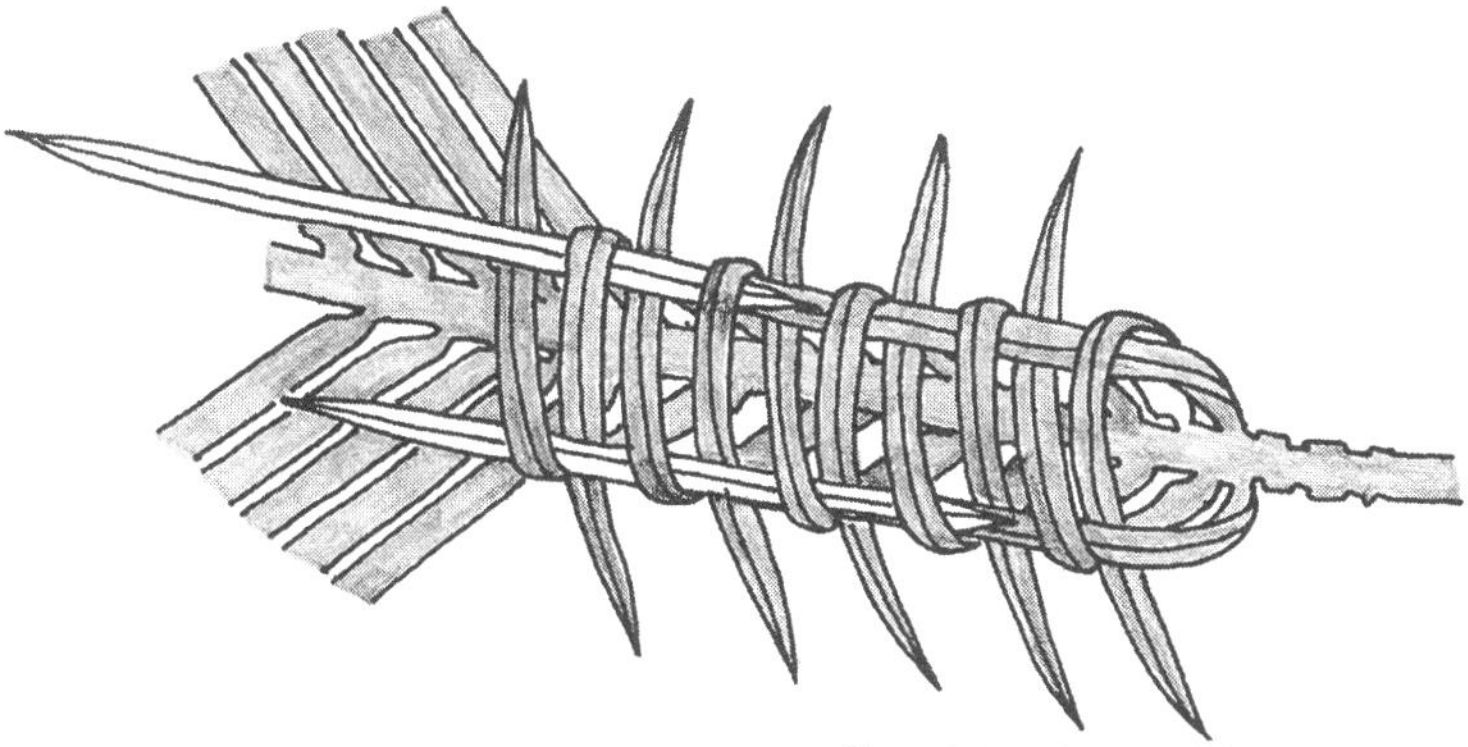

❻同様に次々に折る。はじめの葉が終わったらつぎ足す（はじめにはずしておいたものを使う）

❼先端は交差させて、糸や丈夫な草でしばる

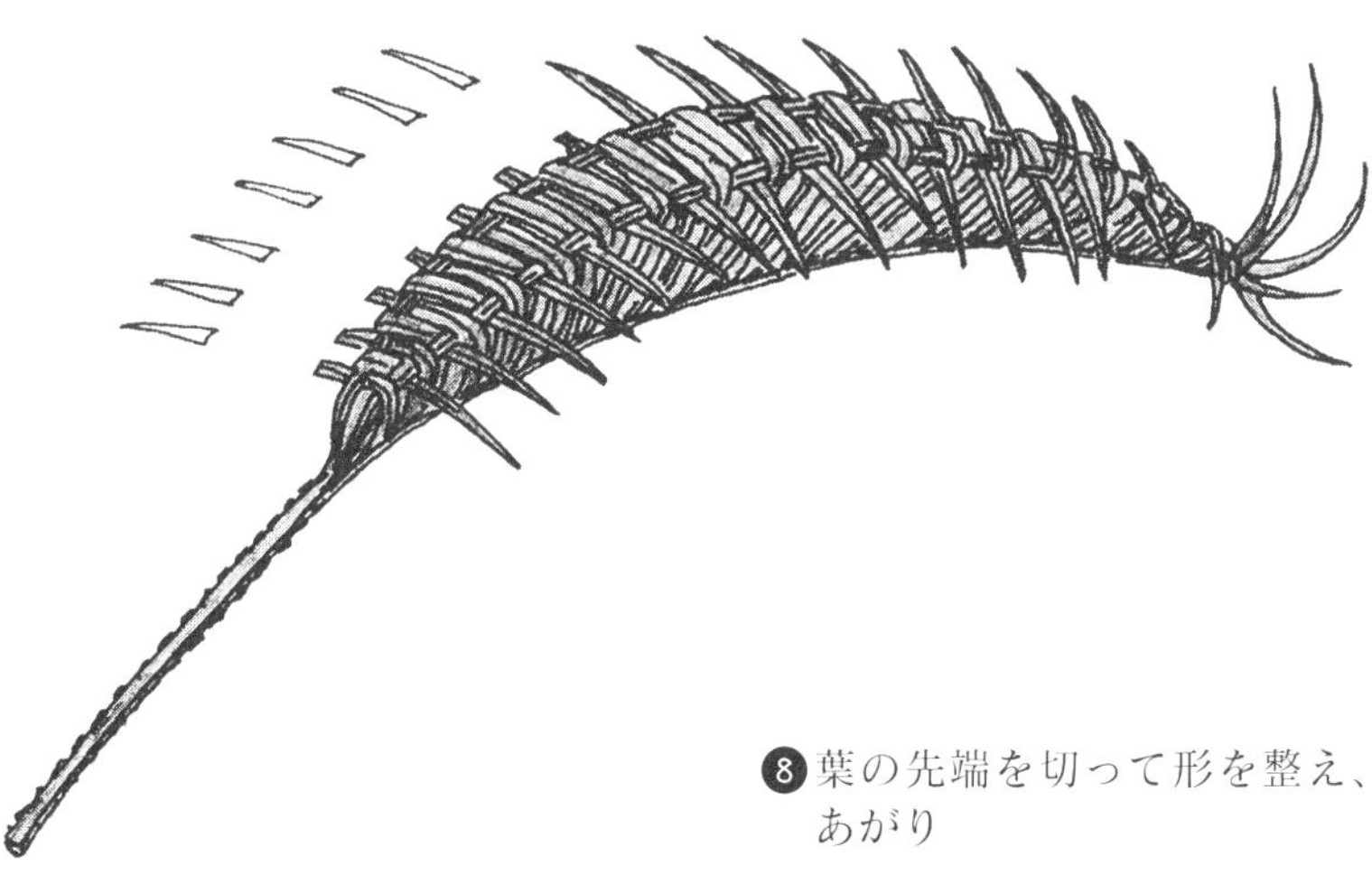

❽葉の先端を切って形を整え、できあがり

熱帯魚

ハワイのオアフ島にある、ワイメア滝植物園を歩いていた時です。向こうから歩いてくる女の子が、ヤシの葉で作ったおもしろいものを下げています。よく見ると、それはココヤシの葉で作った熱帯魚でした。「それ、どこで作っているの?」と聞いたら、公園のなかにポリネシア文化村というのがあって、そこでお兄さんが教えているんだよ。そう教えてくれました。

さっそくそこに行ってみると、ヤシの葉でふいた小屋があり、その前で若いお兄さんが、観光客を相手に作り方を教えています。そこで私もその仲間に加わって教えてもらうことにしました。

作りはじめてみると、この熱帯魚は沖縄にあるアダンの葉で作る四枚羽の風車の作り方とほとんど同じです。ただ、風車の四枚の羽のなかの二枚を、もう一度向こう側に折って同じ方向に出し、これを魚のヒレに作っていくのです。「なるほど、同じやり方でも、こんなこともできるんだな」と教えられました。作り方がわかってしまえば、私にとってこの魚を作ることはとても簡単です。お兄さんがみんなに工程を一つずつていねいに説明しながら作っている横で、私がさっさと作りあげてしまったので、一緒に作っていた人やお兄さんはビックリしていました。

材料

シュロの葉、ヤシの葉、ラシャ紙のリボンなど、いろいろなものを使って作ることができます。幅二センチ、長さ四〇センチほどのリボンが二本あればできます。

作り方

まず、シュロやヤシの葉の中心にある太い芯《しん》を取りのぞきます。こうしてできた二本のリボンのうちの一本を、図❶のように丸く輪にし、この輪をもう一本のリボンで直角に巻きながらたがいちがいに組み合わせ（❷❸）、これをしぼって十字形にします（❹❺）。

その後、交差しているすき間に端《はし》をさしこみながら、図❿のような形に作ったあと、適当な長さに切って尾にします。尾は先端に向かって階段状に細くしていきます。最後に芯を通してぶら下げられるように仕上げます。

❶ヤシ、シュロなどの葉のリボンを交差させる

❷もう１本を図のようにさしこみ

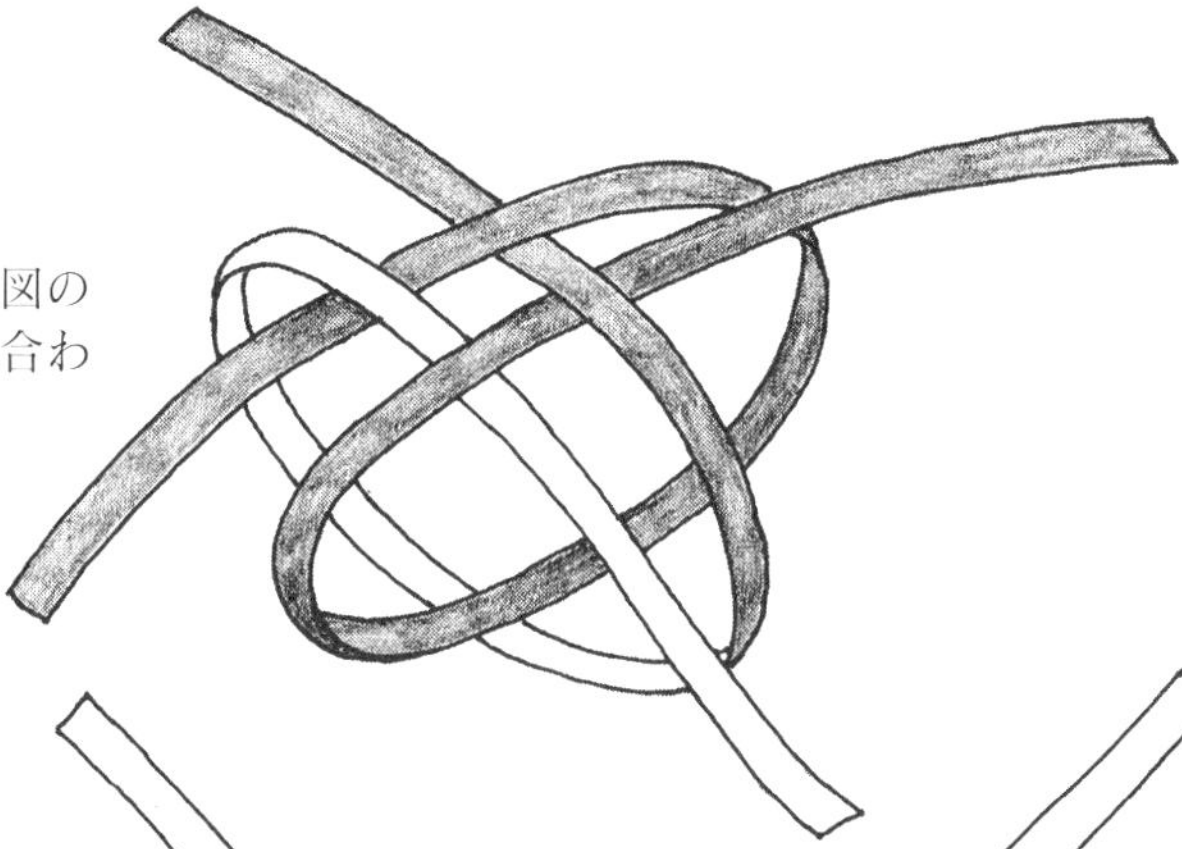

❸おたがいに図のように組み合わせる

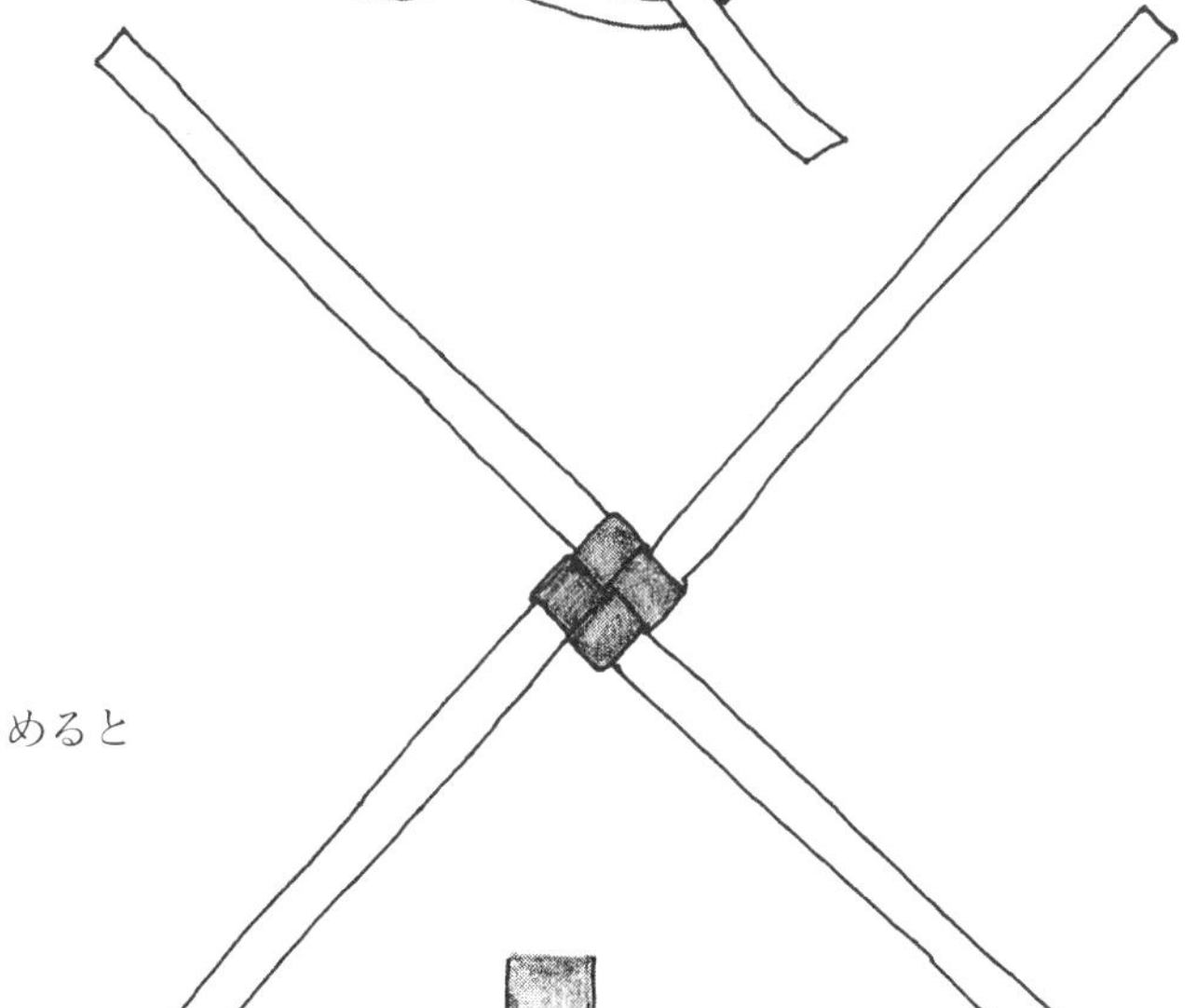

❹これをしめると

❺図のようになる

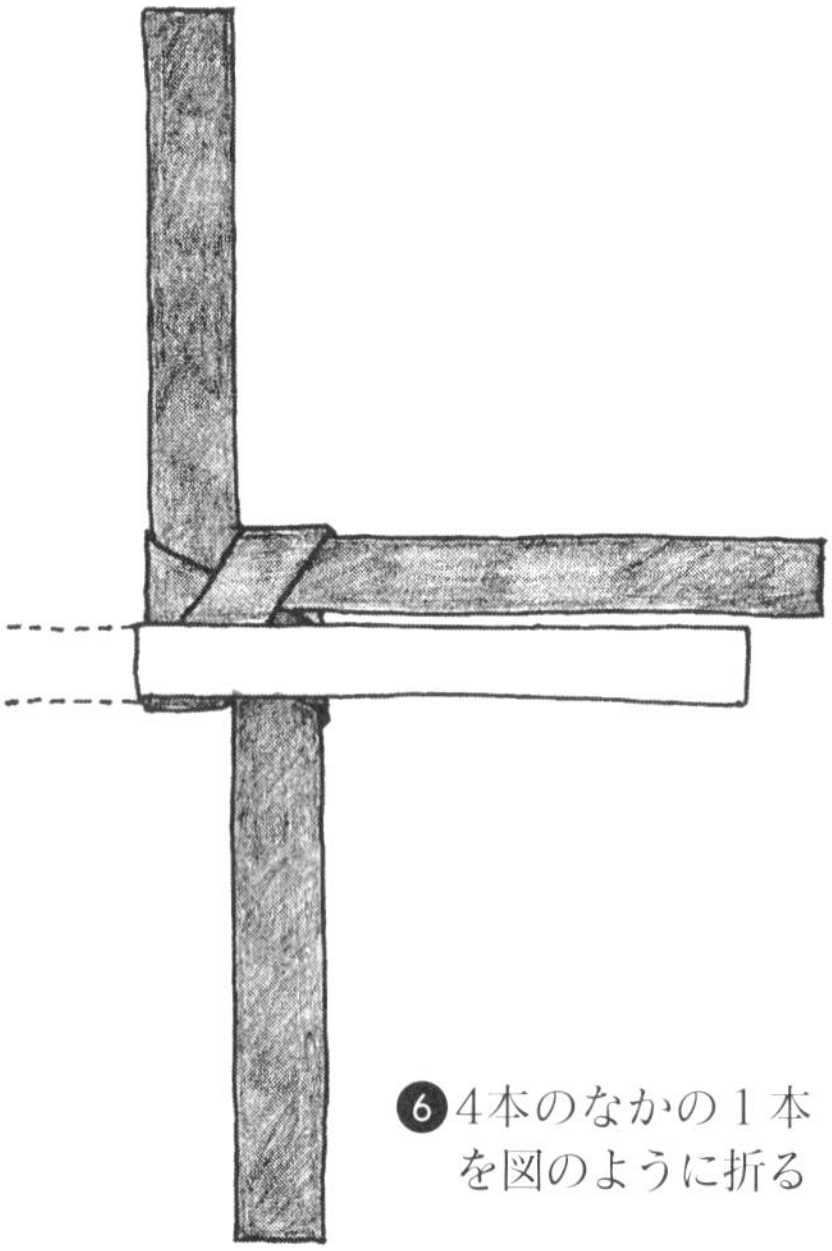

❻4本のなかの１本を図のように折る

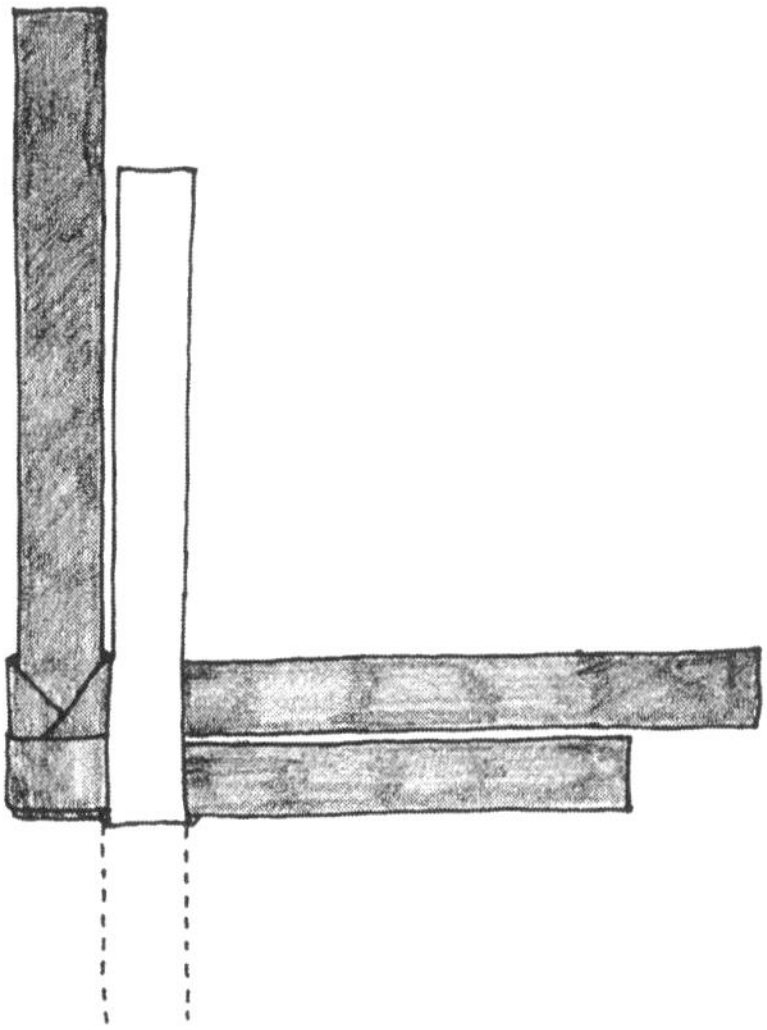

❼同様に次々に折ると

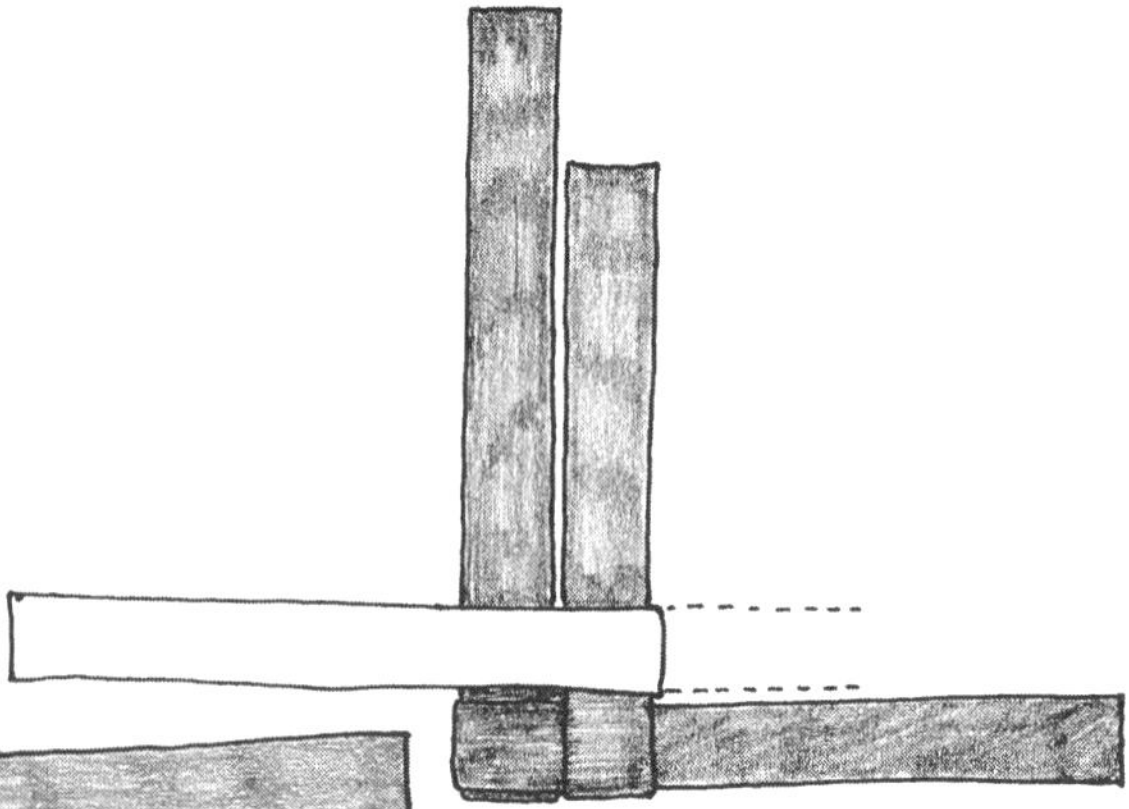

❽

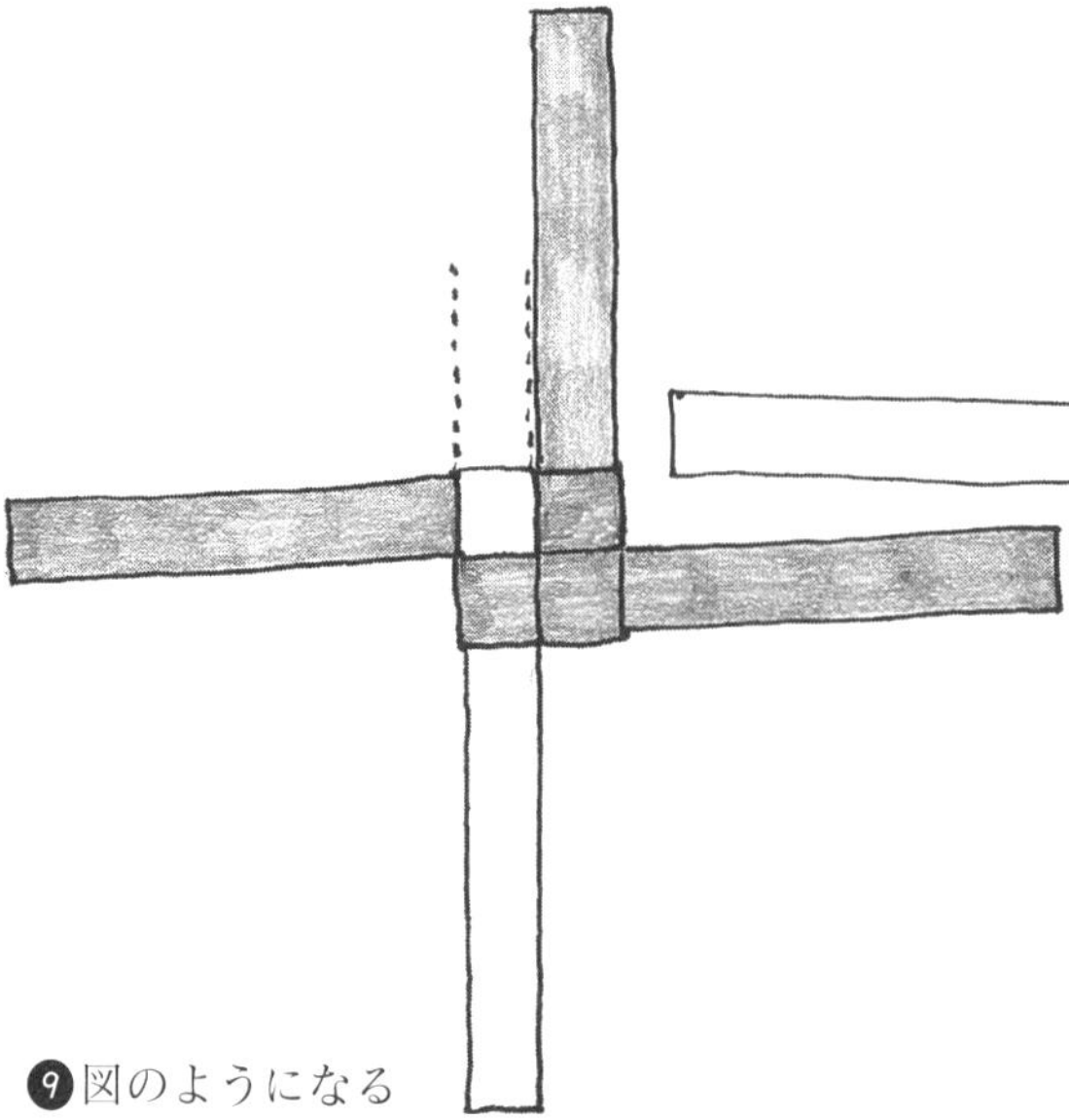

❾図のようになる

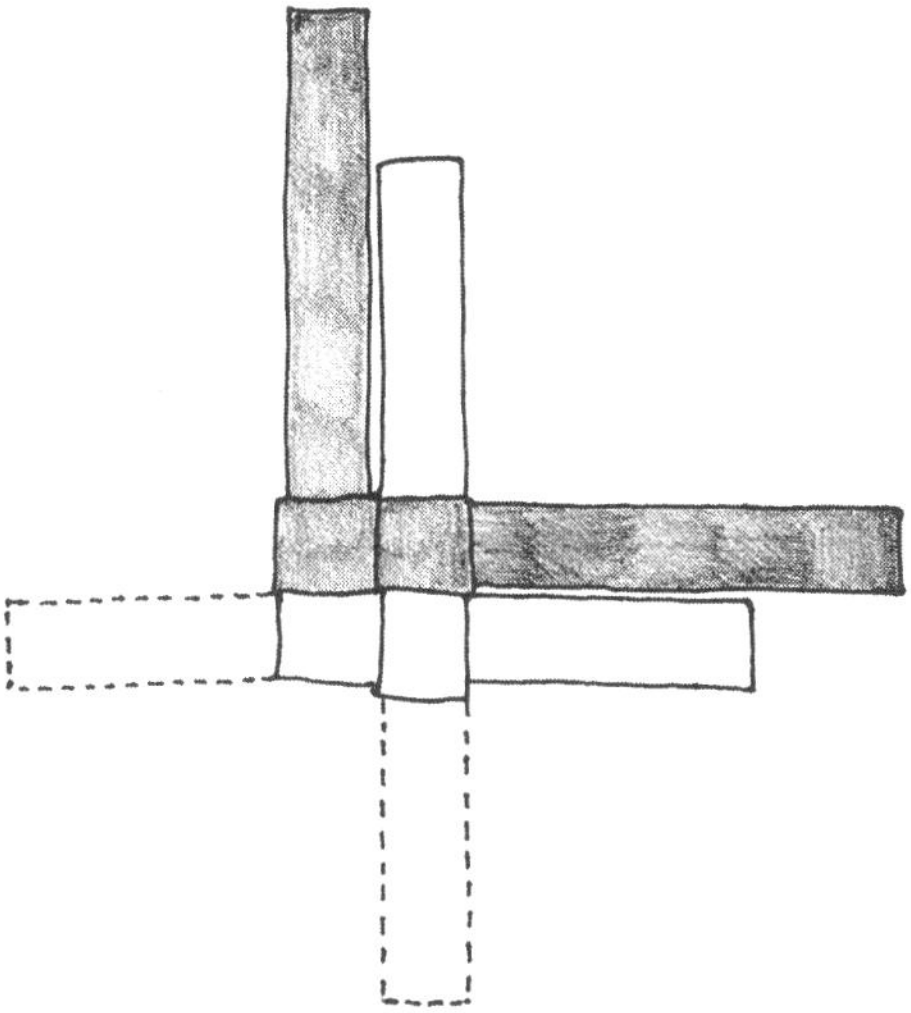

⑩裏返しにして、４本のなかの２本を図のように組んで

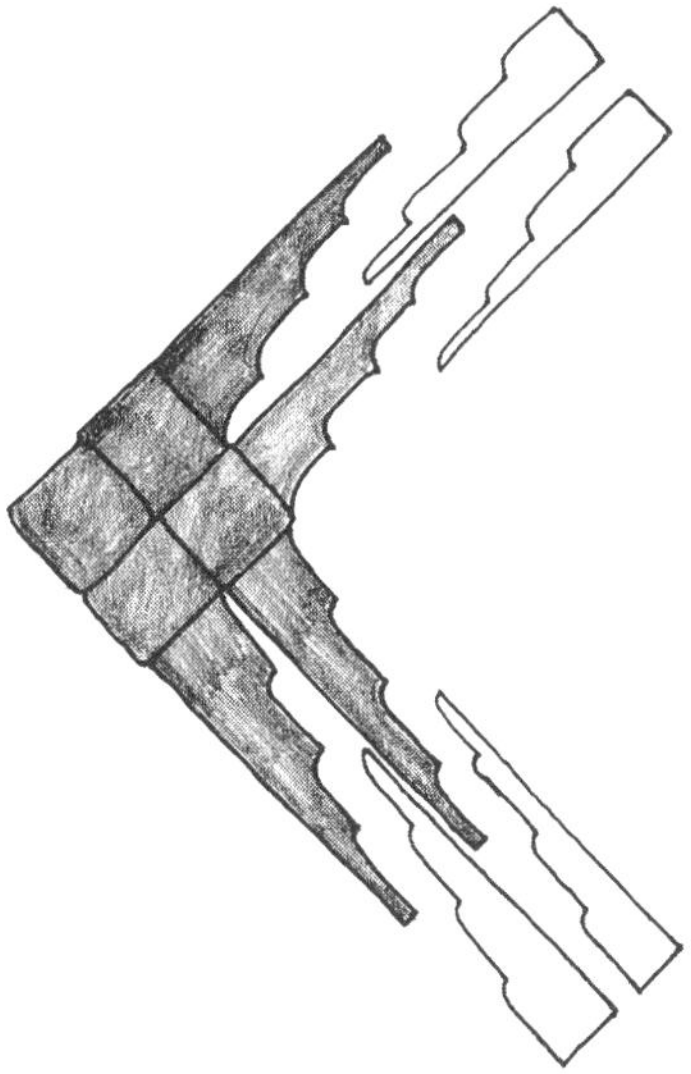

⑪しっぽになる部分を切り捨てる

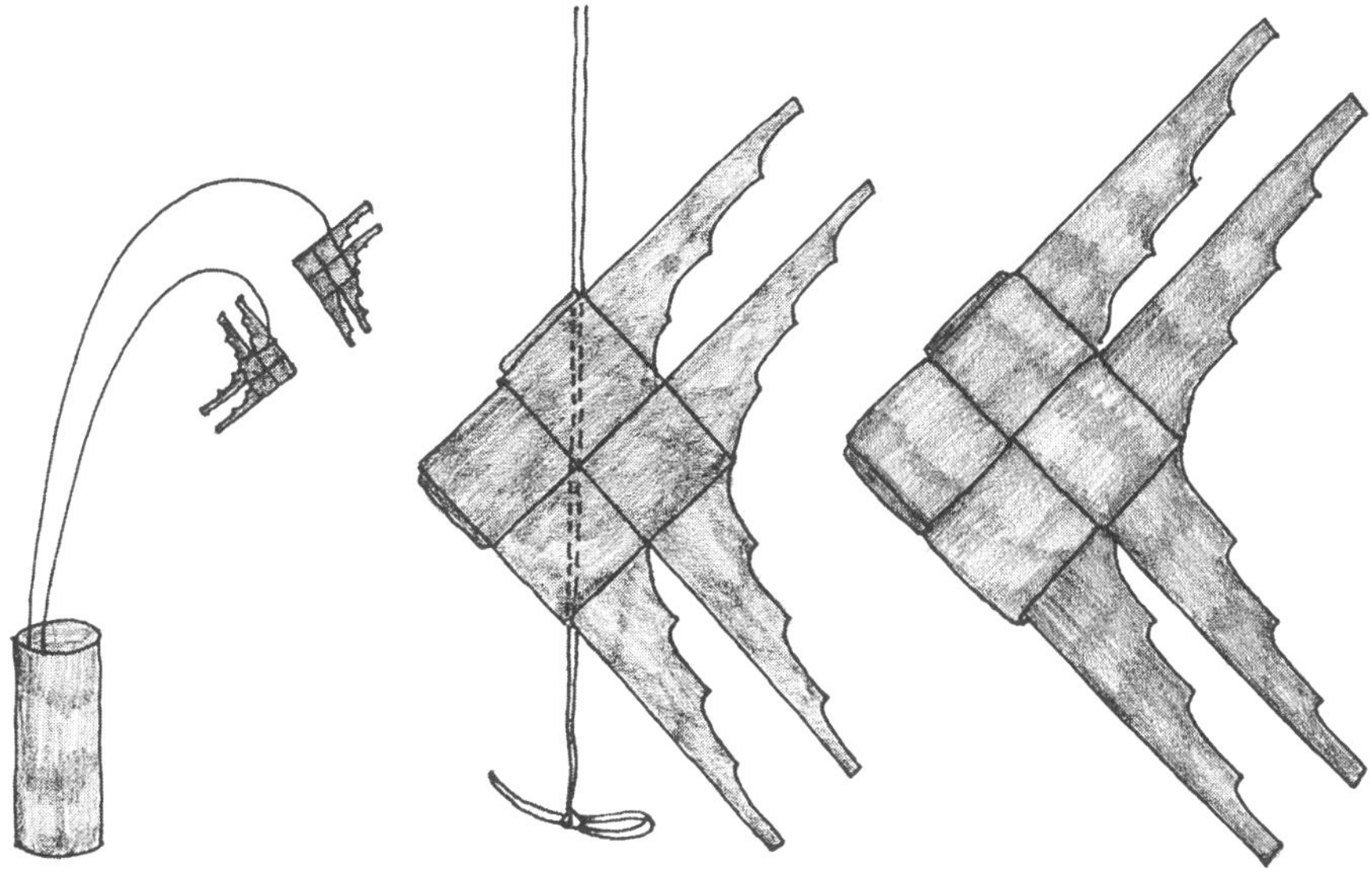

⑫葉の筋〔すじ〕を通してできあがり

にょろにょろヘビ

ホノルルにあるビショップ博物館を見てまわっていた時です。建物の一角に、ココヤシの葉を使っていろんな草玩具《くさがんぐ》を作って売っている年輩《ねんぱい》の女の人を見つけて足を止めました。バラの花、鳥、バッタ、パイナップル、帽子《ぼうし》……。女の人の指先は生き物のように動いて、長いヤシの葉をさまざまに曲げたり折ったりしています。その指先からは、次々にいろんな作品が生まれてきます。魔法のような指先に私はじっと見入りました。

そのなかでも特に長い時間注目して見ていたのは、二枚の葉を中心の太い筋《すじ》を軸《じく》にして規則正しく折って作るヘビでした。ほかのバッタやバラの花などの作品は日本のものとほとんど同じでしたので、見ているとどうにか作り方がつかめましたが、このヘビだけは簡単そうに見えるのに、なかなか折り方の規則性がわからないのです。でも見学時間が限られていて、そんなに長い間見ているわけにはいきません。そこでとうとう一匹買って宿に持ち帰りました。そして「ああでもない」「こうでもない」と夢中になって考えました。ついに解けた時には午前二時を過ぎていました。

この時私は、環太平洋教育者会議のワークショップで、世界の先生方に日本のいろんな草玩具や草笛を紹介するためにハワイに来ていたのですが、覚えたばかりのこの地元ハワイのヘビもさっそく紹介し、とても喜ばれました。

材料

シュロの葉、ヤシの葉、ラシャ紙のリボンなど、いろいろなものを使って作ることができます。約四〇センチぐらいのリボンを二本と、葉のまんなかの太い筋を使って作りますが、紙で作るような場合は、竹のヒゴかなにかを骨にするとよいでしょう。

作り方

ヘビの頭になる折り出しの部分で三角を作るところがちょっとわかりにくいかもしれませんが、この部分ができればあとはわりあい簡単で、図を見ながらていねいに同じ折りをくりかえしていくだけです。くりかえしのなかに規則性がありますから、これを見つけてみましょう。この規則性がつかめればしめたものです。

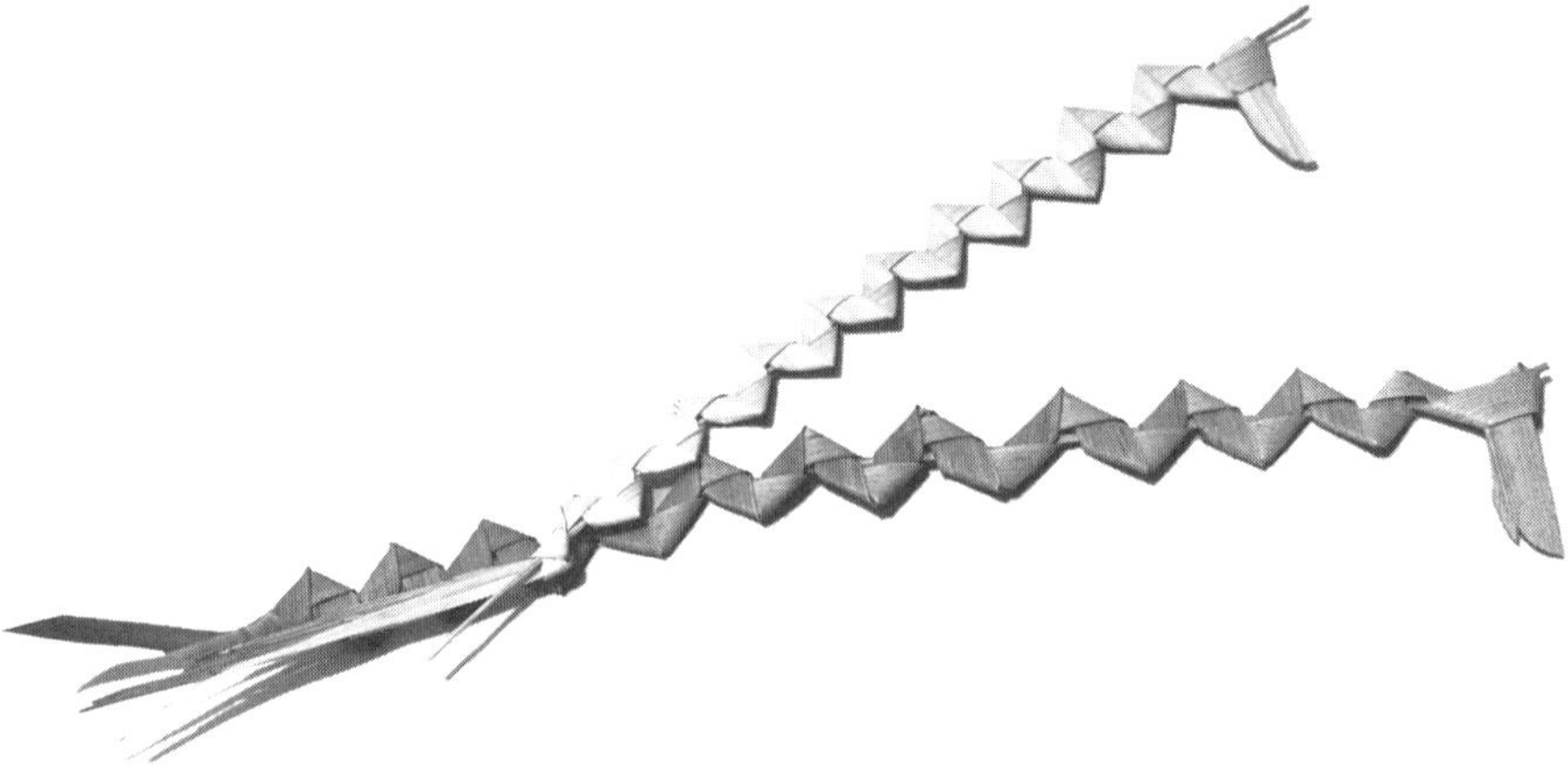

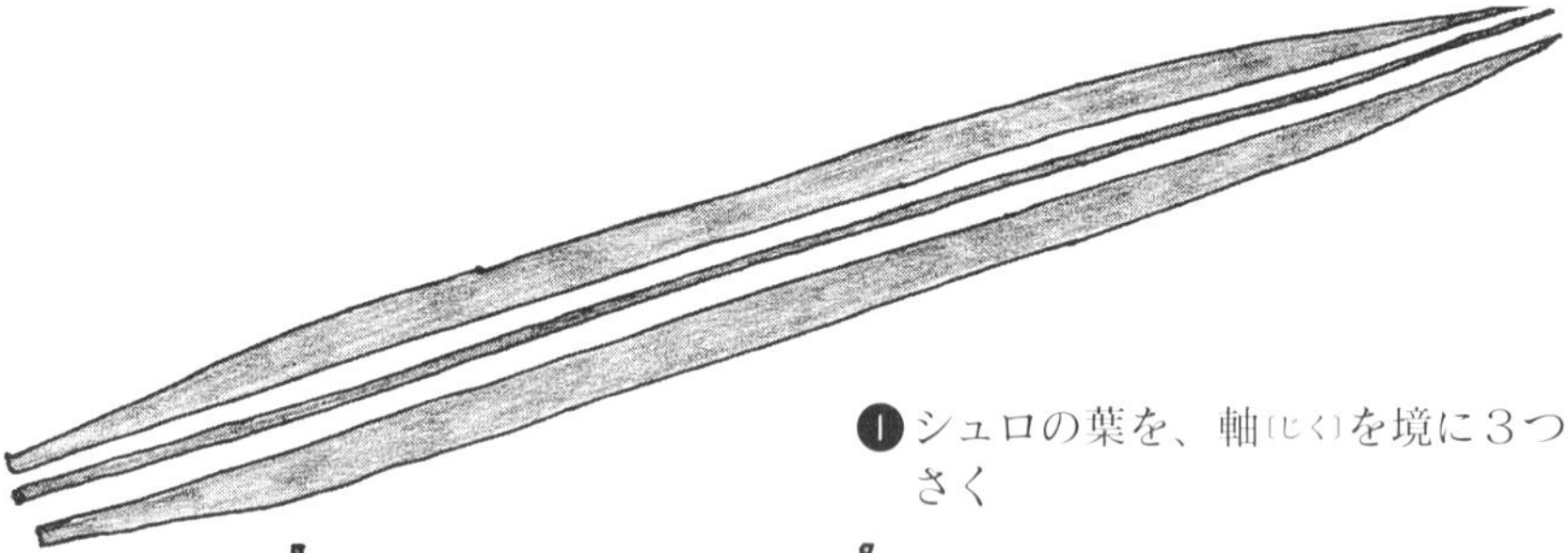

❶シュロの葉を、軸〔じく〕を境に3つにさく

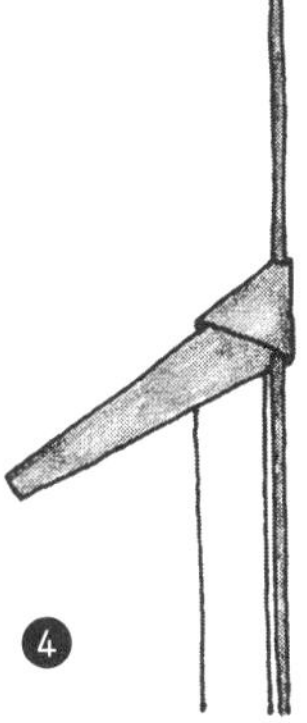

❹

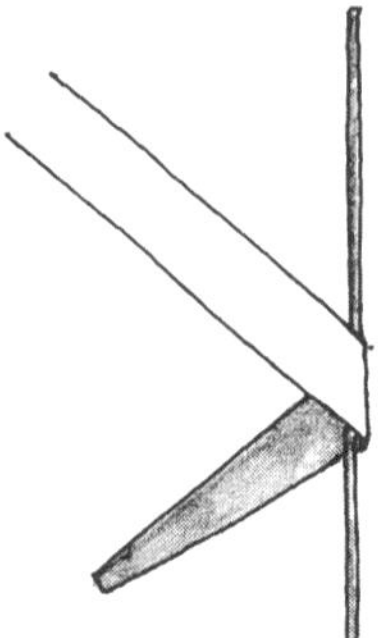

❸

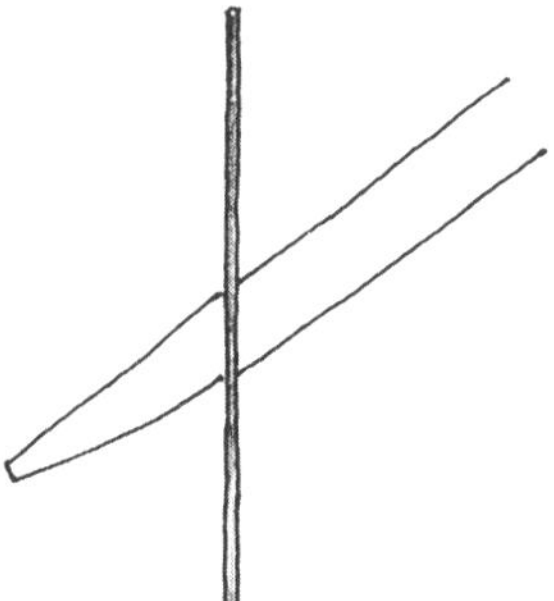

❸❹のように巻きつける

❷筋〔すじ〕に1枚の葉をななめに当て

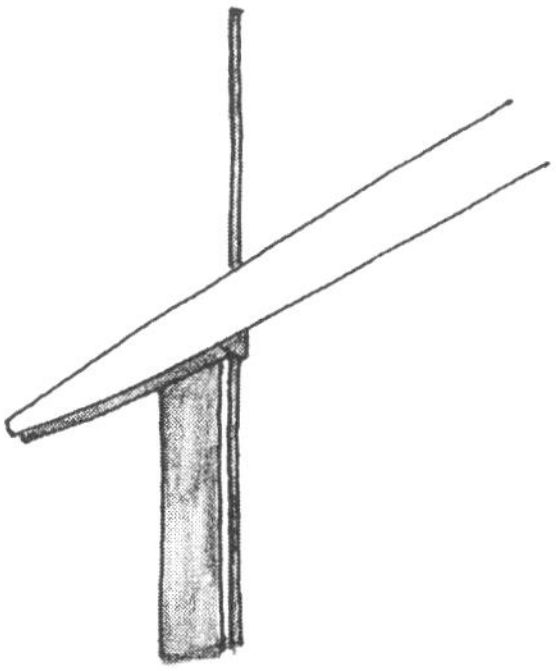

❺もう1本を同様に軸に当てて

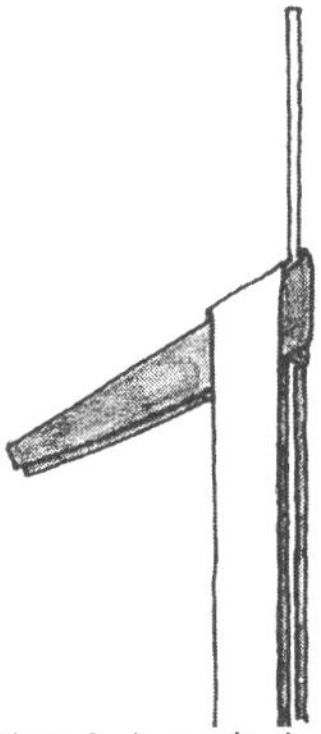

❻図のように巻く

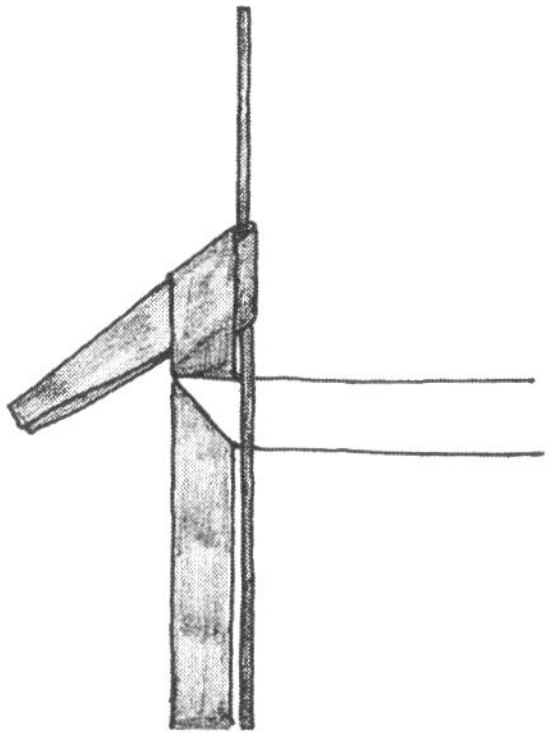

❼図のように折って

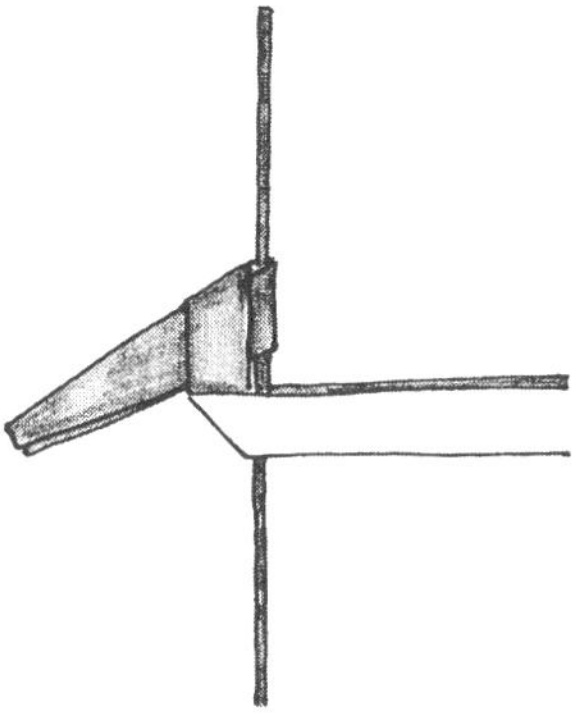

❽もう1枚をかぶせる

❾手前の1枚を図のように折って

❿後ろの1枚をかぶせる

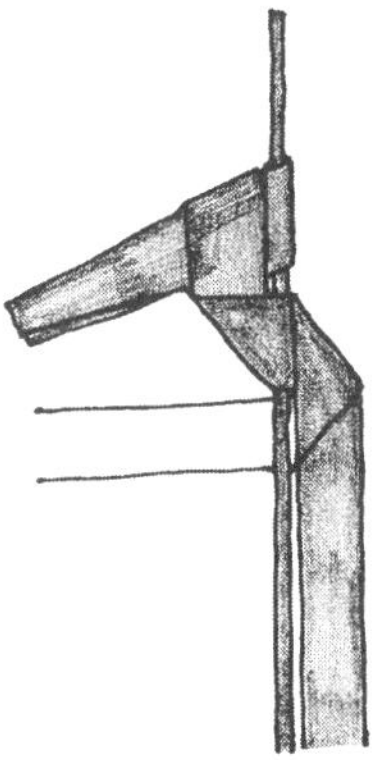

⓫手前の1枚を図のように折って

⓬後ろの1枚をかぶせる

⓭手前の1枚を図のように折って

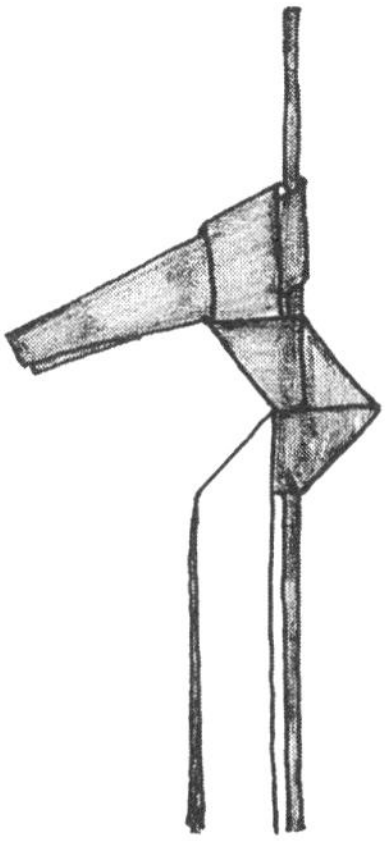

⓮後ろの１枚をかぶせる

⓯❼～⓮を続ける

⓰尾の部分を結ぶ

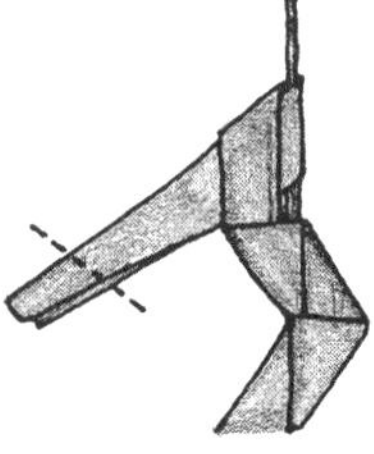

⓱頭の長いところを
切って

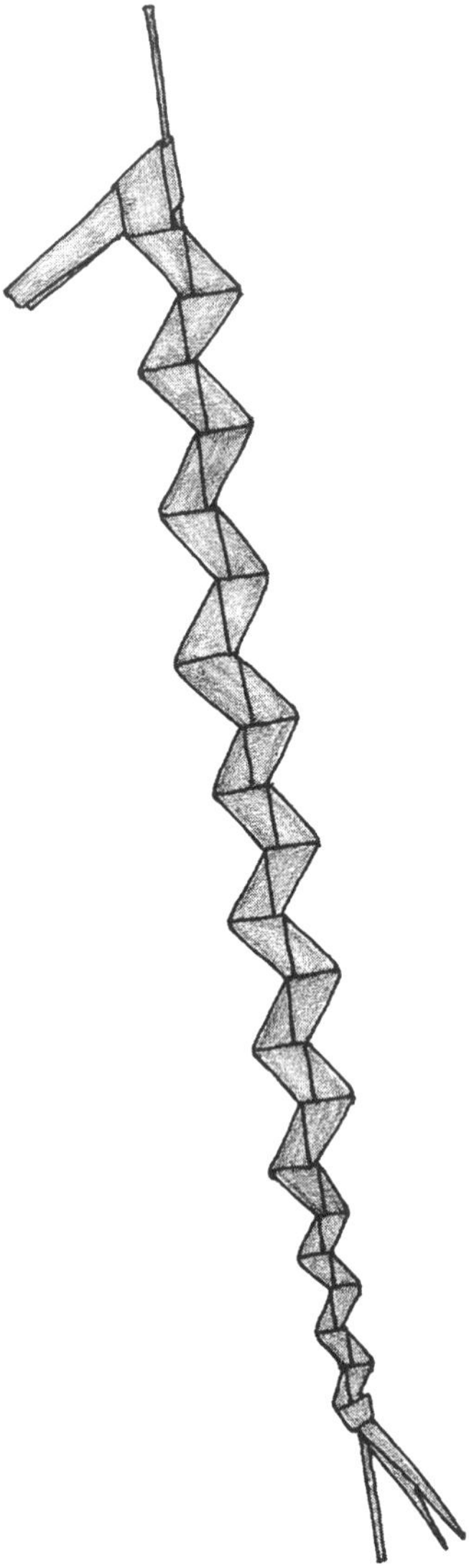

⓲できあがり

ころころボール

ココヤシの葉を使って作るおもしろいボールを、ハワイの村を歩いている時に見つけました。現地の子どもたちはボールとして遊ぶようですが、飾《かざ》りとしてもかわいらしく、またお手玉としても、なかに石ころなどを入れてガラガラとしても使える、とてもすてきなものです。形は丸みのある六面体。サイコロを少し丸くしたような形で、ヤシの葉だけでなく、パンダナスの葉で作ったものも見かけました。

軸《じく》についたままのヤシの葉を二枚一組にして、これを二つ組み合わせて作っています。この二枚一組というところがミソなのです。それにしてもあんな細長い葉から、どのようにしてあのような立体ができるのか不思議に思いましたが、実際に作ってみると「なるほど」と納得《なっとく》し、さらにいくつか作ってみるうちに、「あ、そうか」と気づきました。

べつに二枚一組の葉でなくとも、二枚のべつべつの葉を結んで一組にすれば同じことです。そこでさっそく帰ってきてシュロの葉を二枚結んで作ってみると、ちゃんと同じものができました。このボールは、子どもたちにとても人気があって、私が作って机の上においておくと、何個も何個も持っていってくれます。

材料

ヤシの葉、シュロの葉、アダンの葉、ニオイシュロランの葉などのリボン四本でボール一つができます。また荷物をしばるプラスチックのひもや、厚めの紙のリボンなども利用できます。

作り方

シュロやヤシの葉の中心にある太い軸《じく》を取りのぞいたリボンを二本。端《はし》を結んで一組にしたものを二組作ります（❷）。

はじめに図❸のように組み合わせ、その後、外側の二枚を内側に交互に交差させるように組み合わせながら面を作っていきます。三面ができたら、結び目をボールのなかに包みこみ、その上をさらに同じように包みこんでいきます。

最後は、すき間にさしこむようにして止め、余分なところを切り取ります（❿）。一回組むごとに面が変わっていくので、これを意識しながら組みすすめるようにするのがコツです。

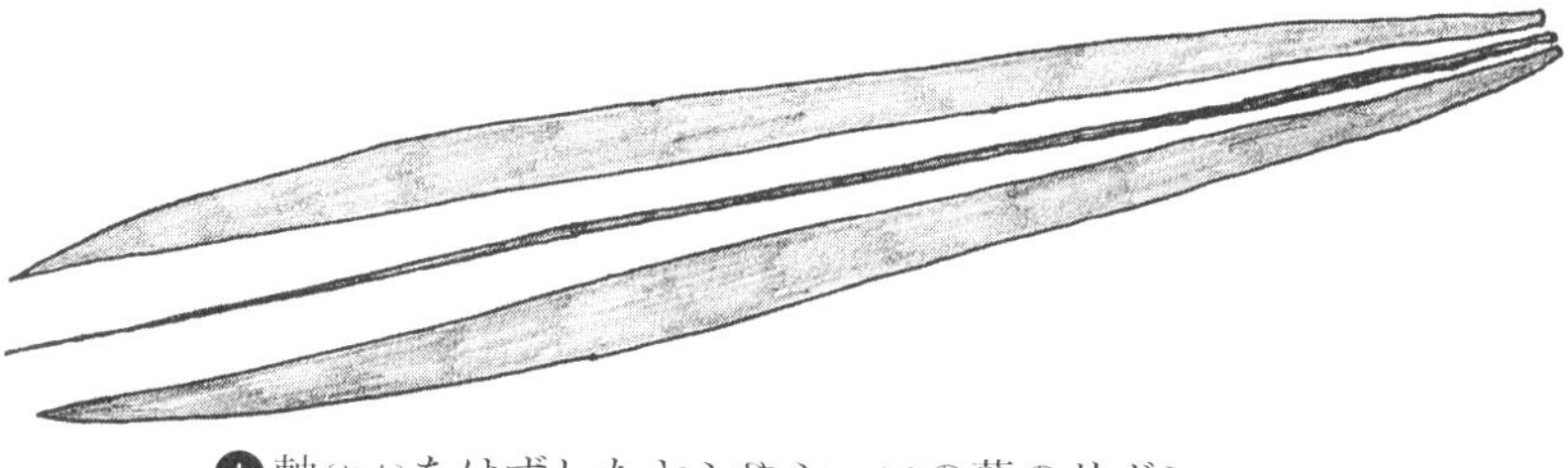

❶軸〔じく〕をはずしたヤシやシュロの葉のリボン

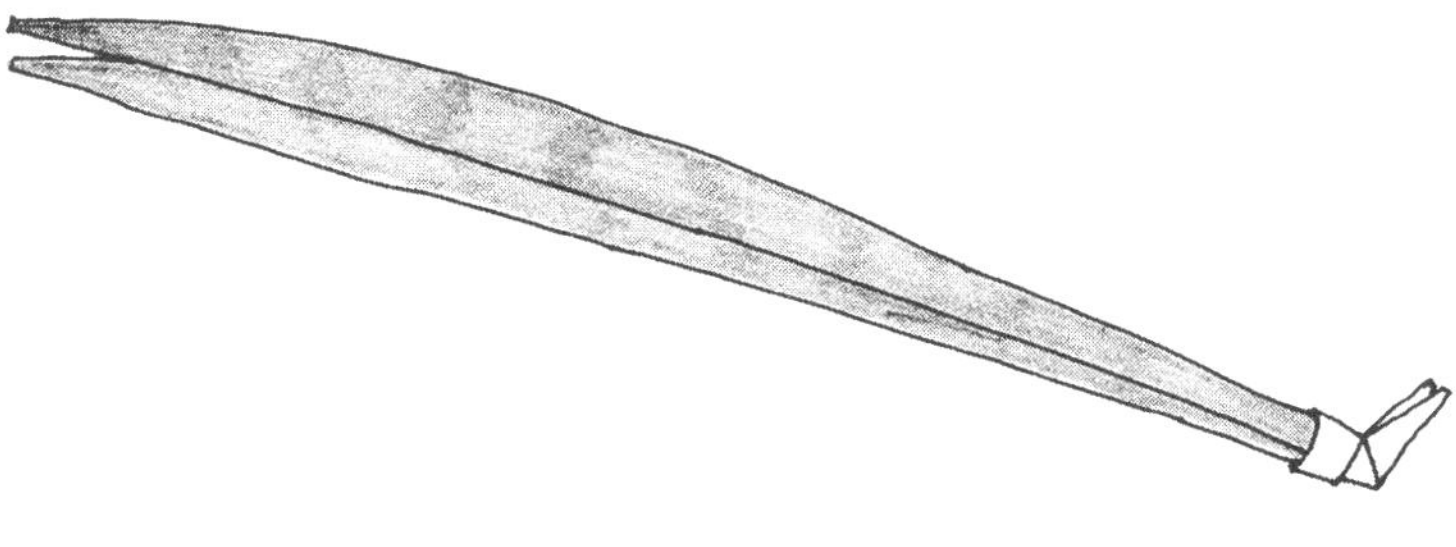

❷２枚を重ねて端〔はし〕を結んだものを２組作る

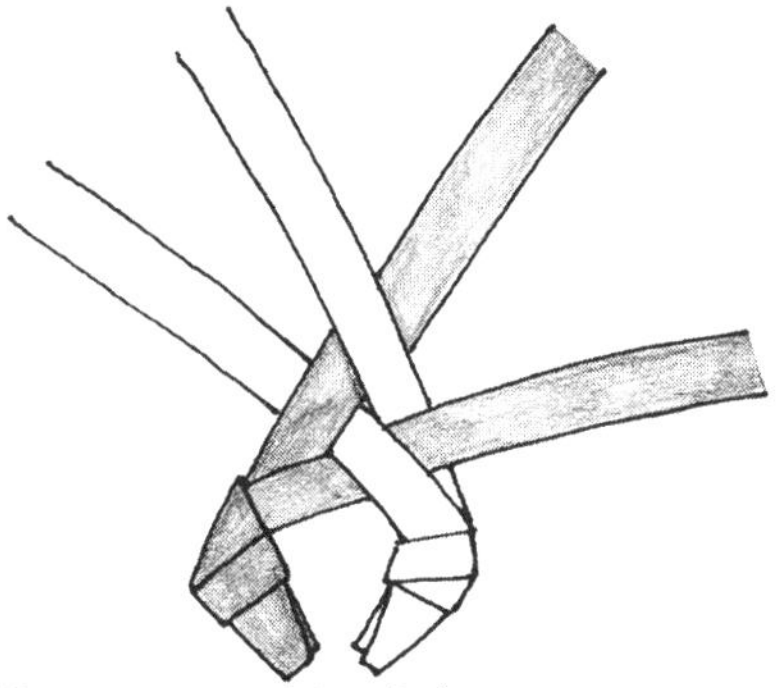

❸図のようにに組み合わせて

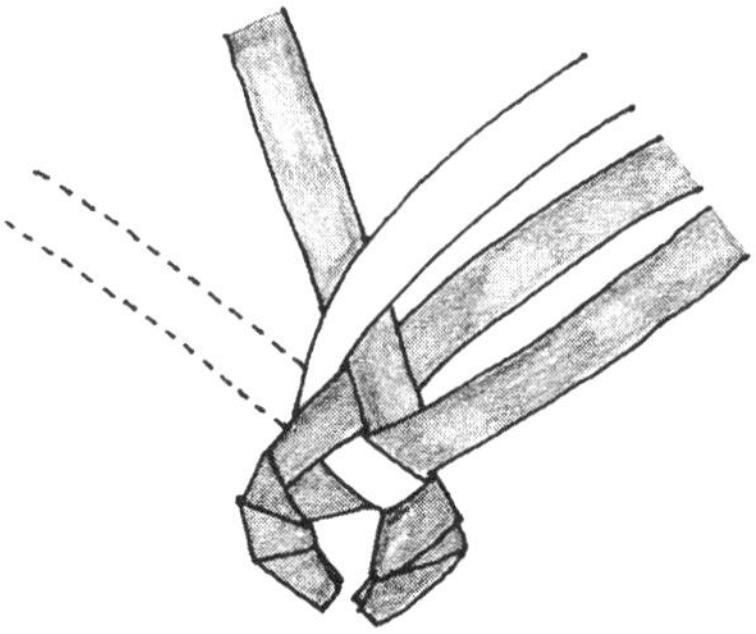

❹左端の１本を隣に重ねる

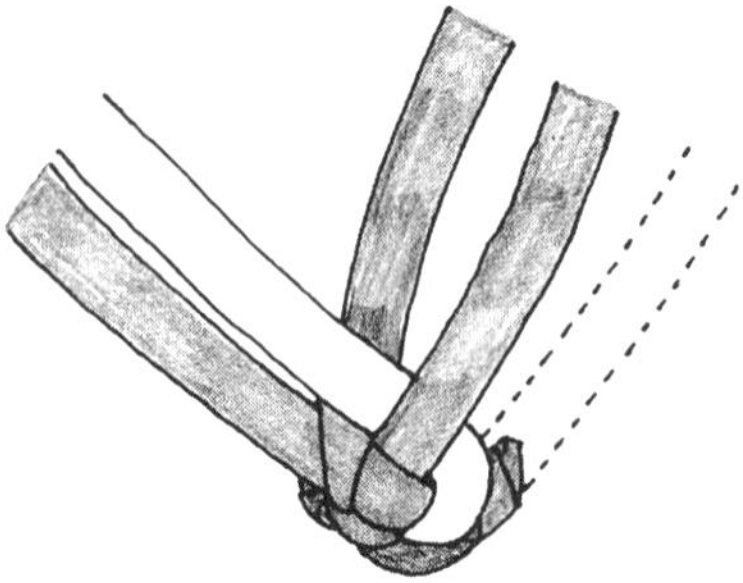

❺右の１本を隣の下を通って左へ

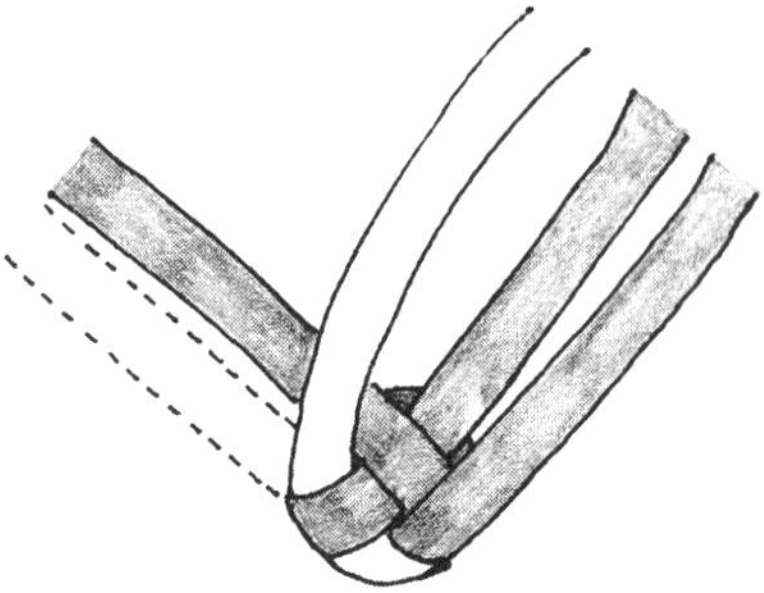

❻左の１本を右に

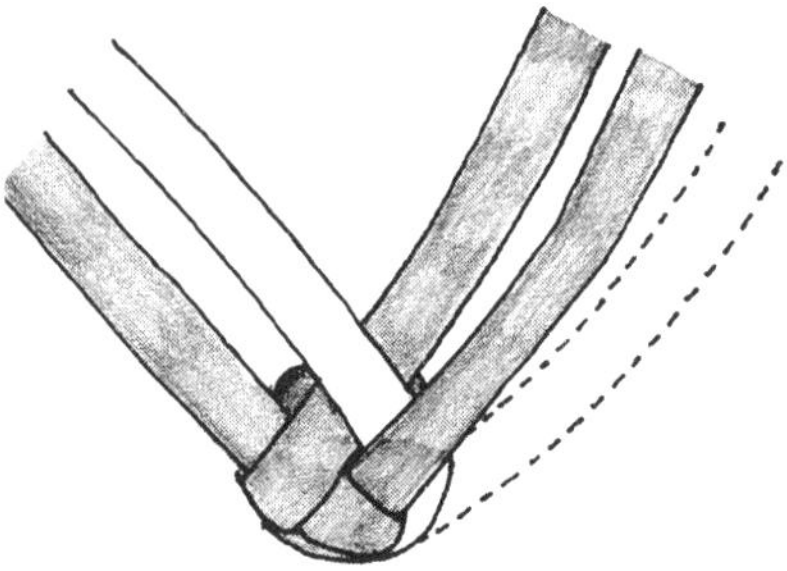

❼右の１本を隣の下を通って左へ

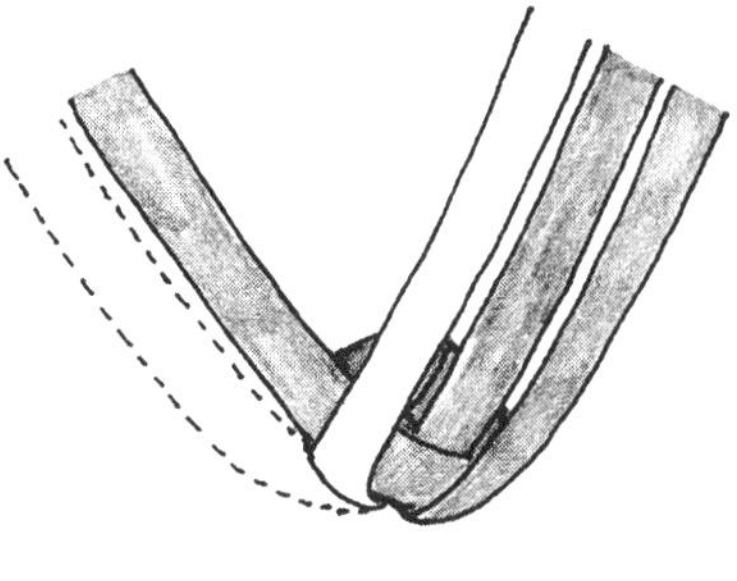

❽結び目を包みこむようにして立体にする

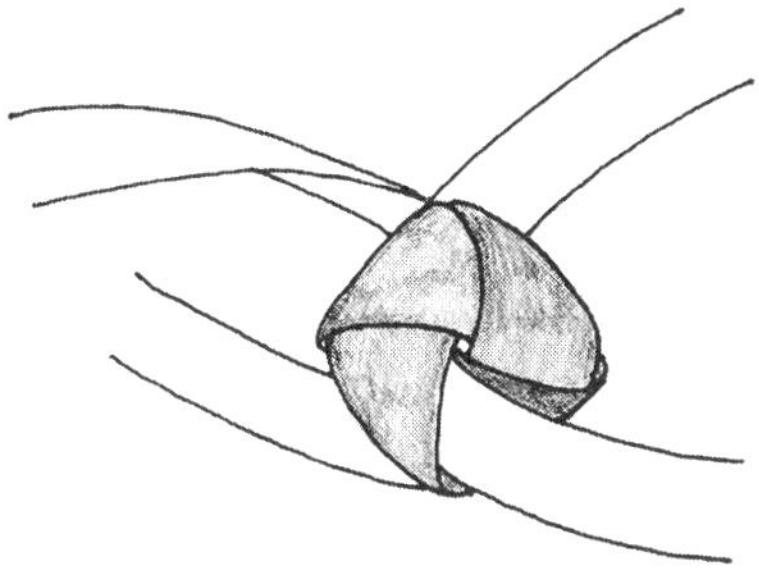

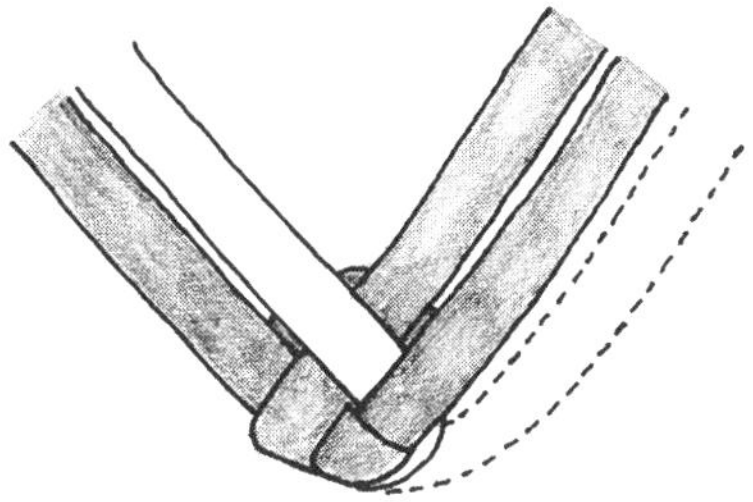

❾❹〜❽を4〜5回くりかえすと、次第に形がボール状になってくる。さらに何度かくりかえすことで、しっかりしたボールになる

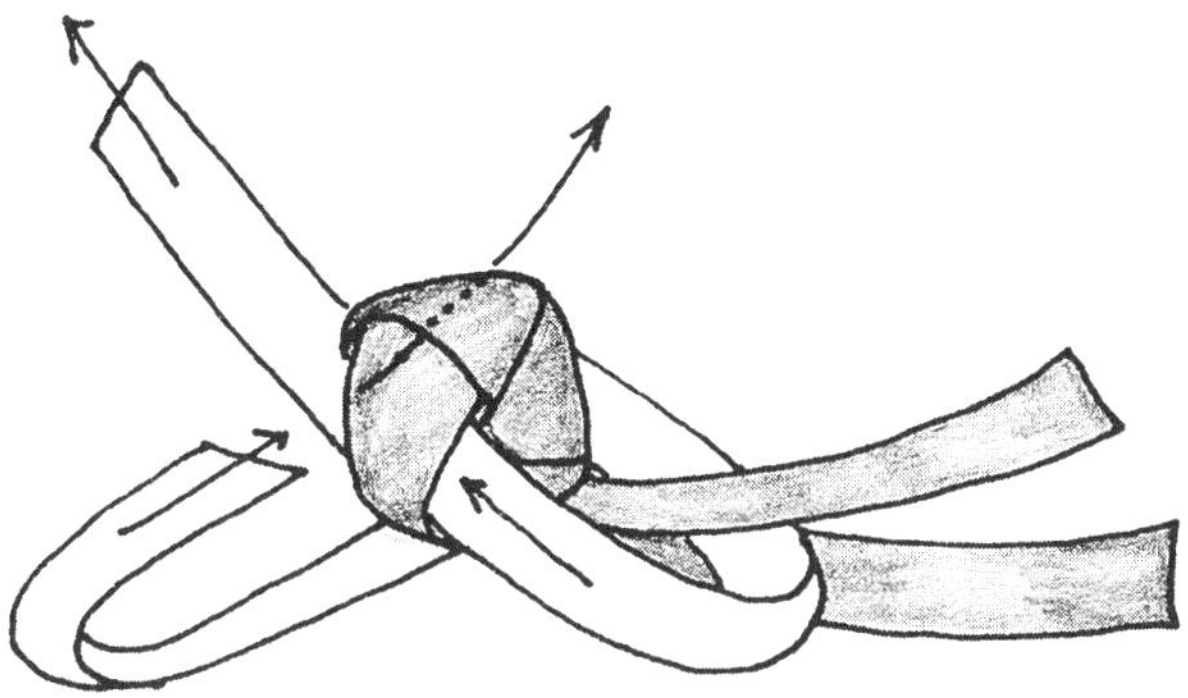

❿完全なボールになったら順番にすき間にさしこんで止める

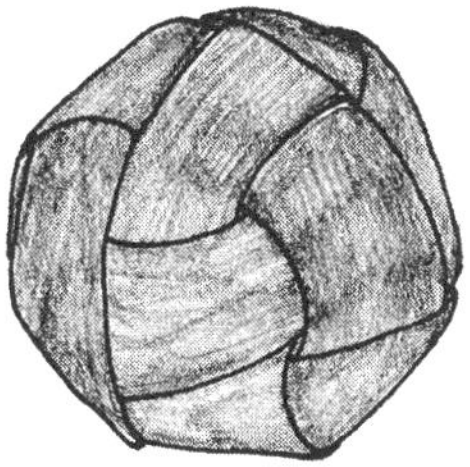

⓫最後にあまったところを切り取ってできあがり

口あき蛙《かえる》

タイの北のほうにあるチェンマイという町で夜店をひやかして歩いていた時に、ヤシの葉で作ったおもしろい蛙を見つけました。さっそく一匹買ってきて宿に帰ってよく調べてみると、それほど難しいものではなく、簡単に作れそうです。

というのも、じつはこれに似た同じような蛙が、沖縄や石垣島《いしがきじま》にも伝わっていて、作り方がこの蛙とほとんど同じなのです。ただ沖縄の蛙は、全体の形は同じですが口をあけていません。タイのものはおもしろいことに、口をあけている部分が加わっていて、これがまたとてもユーモラスなのです。ただ口の部分もよく見ると、「ああ、こうなっているのか」と、作り方はすぐに見当がつきました。

そこでさっそく持っていた紙のリボンを使ってまねして作ってみましたら、あまり時間をかけずに同じものができあがりました。

この口あき蛙は子どもたちにとても人気があり、作り方を教えるとすぐに覚えて作ります。できあがった蛙は立体的なので弾力があり、子どもたちは押すと跳《は》ね返る力を利用して、ピョンピョンと飛ばして遊んでいます。

材料

ヤシの葉、アダンの葉、タコノキの葉、シュロの葉、ニオイシュロランの葉、経木《きょうぎ》、稲わら、色画用紙、荷造り用のビニール縄など、いろんなもので作ることができます。

作り方

ヤシの葉などで、長さ三〇センチ、幅五ミリぐらいのリボンを六本作ります。

一本目をまんなかから二つに折って（❸）、これに図❹〜❽のように、二本目、三本目、四本目をたがいちがいにさしこんで組み合わせ、折っていきます（この部分が足になります）。次に、あと二本を同じように、たがいちがいにさしこんでおきます（この部分が口と前足になります）（❾）。はじめの三本を図❿〜⓯のように組み合わせて、体と足を作ります。最後は一本の端《はし》を巻くような形にして止めます（⓰〜⓲）。次に前にさしこんであった三本を使って、やはり図㉑〜㉔のようにたがいちがいに折りながら、口の部分を折っていきます。

さらに図㉕〜㉖のように折りすすめ、口の部分をそのまま前足につなげて折っていきます。後ろ足と同じように、一本を巻くようにして前足を止め、余分な部分を切り落とします（㉗）。

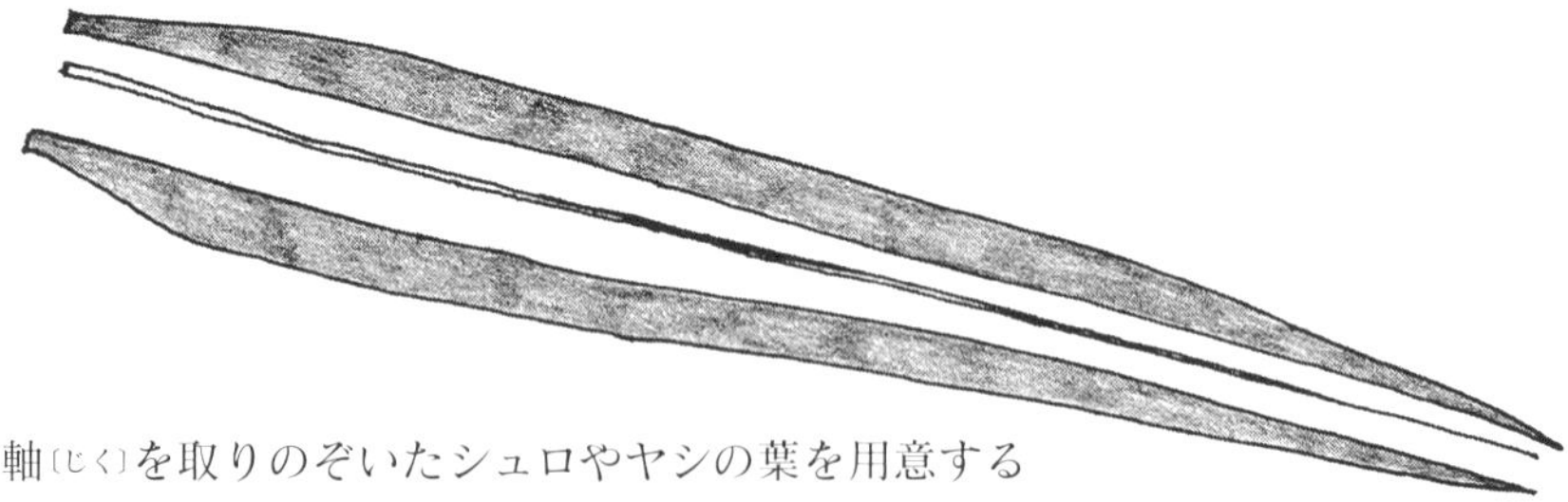

❶軸〔じく〕を取りのぞいたシュロやヤシの葉を用意する

❷幅5mmぐらいにさいて、同じ太さのリボンを6本作る

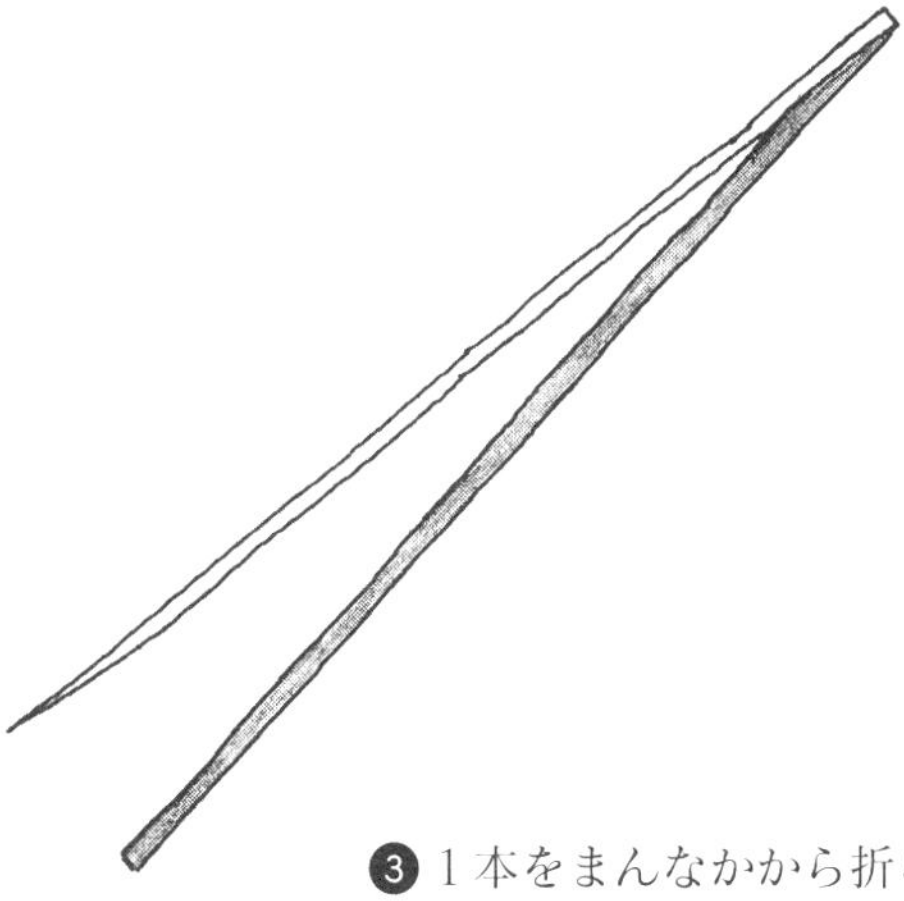

❸１本をまんなかから折る

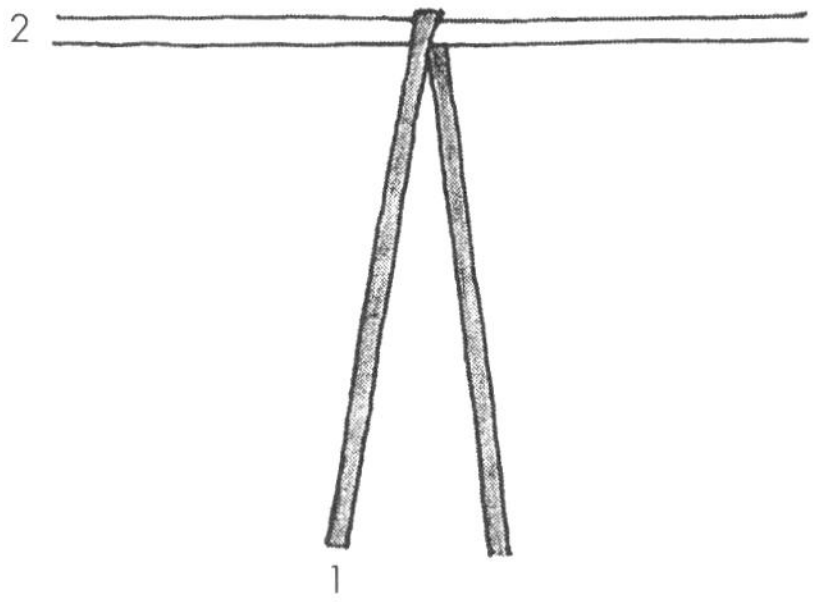

❹２本目を図のようにはさむ

❺３本目をたがいちがいにはさむ

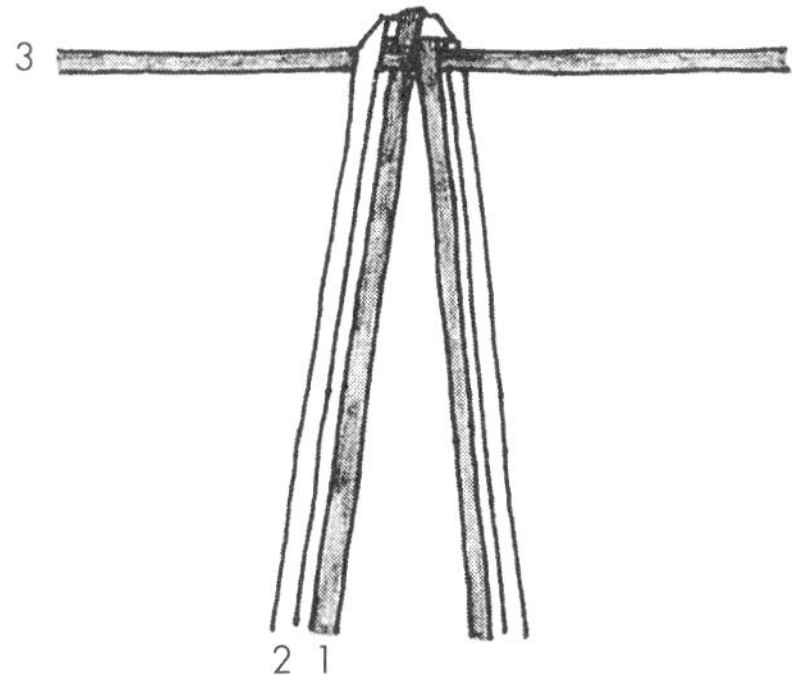

❻２本目を図のように折る

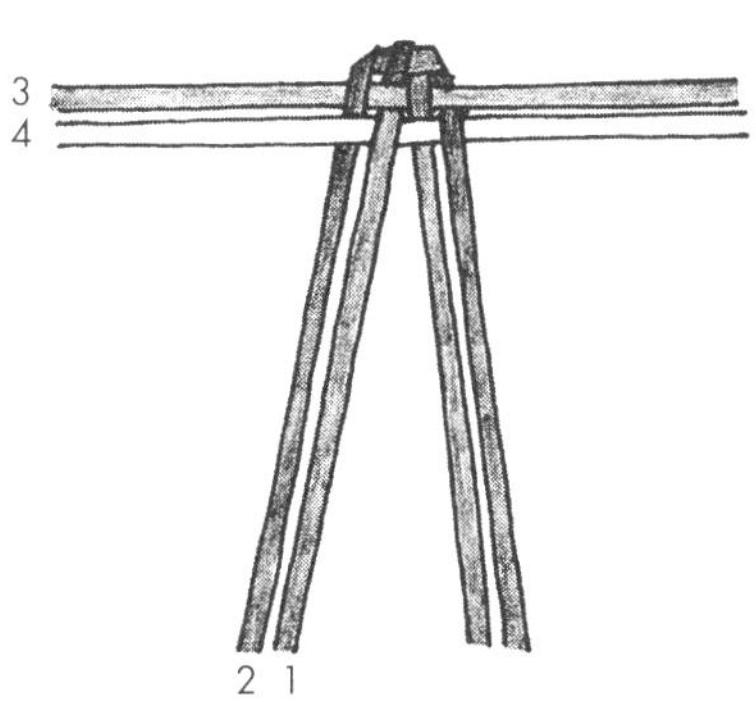

❼４本目を❺と同様たがいちがいに入れる

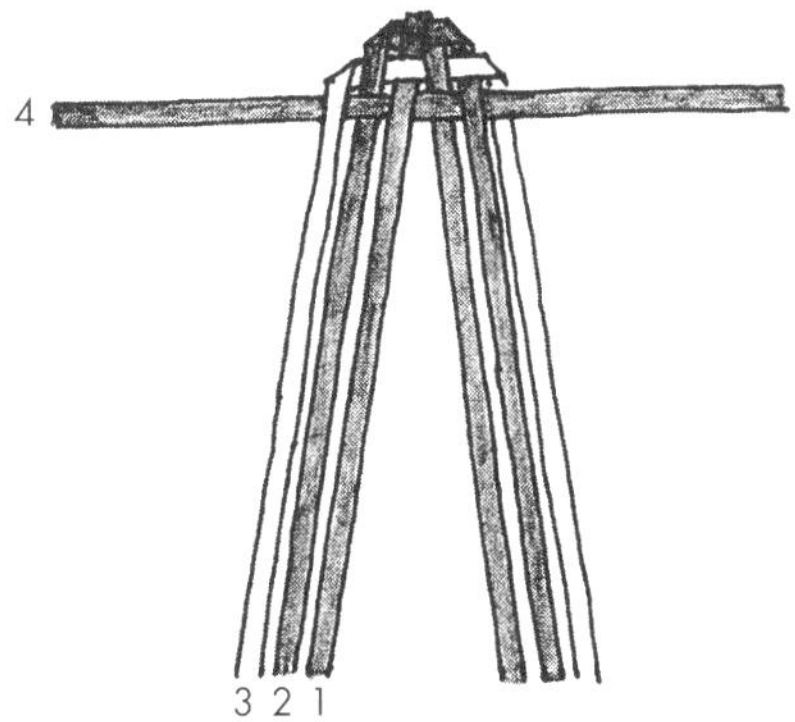

❽３本目を図のように折る

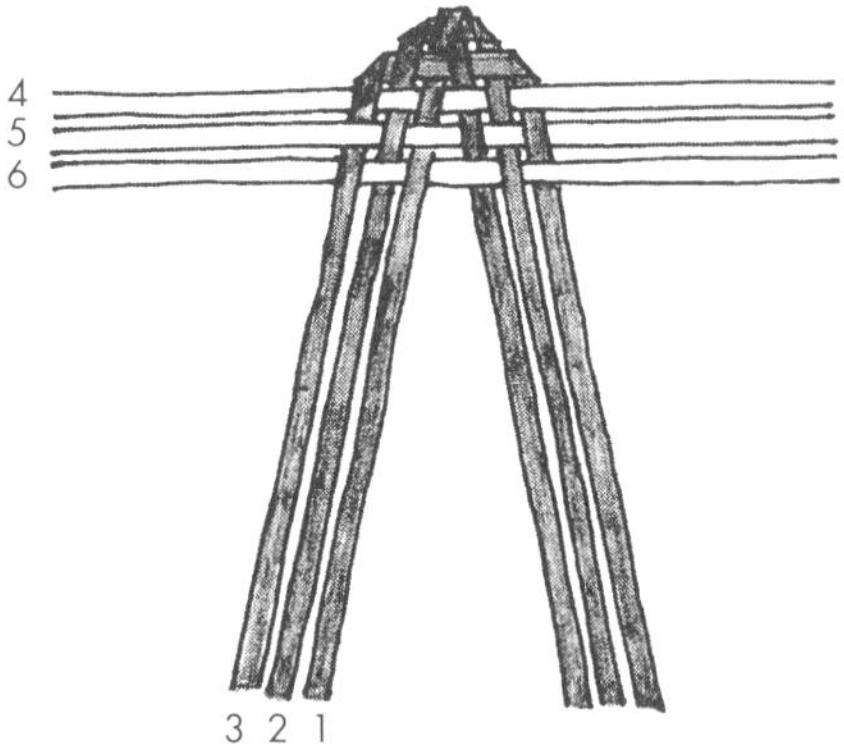

❾さらに5、6本目を図のように入れる

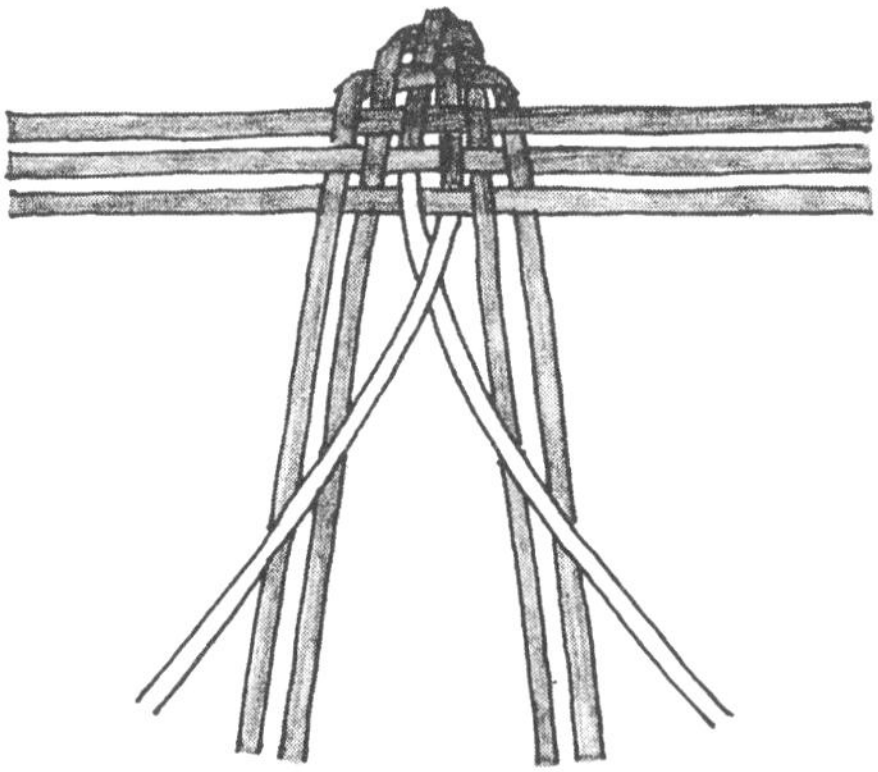

❿まんなかの2本を図のように交差させ

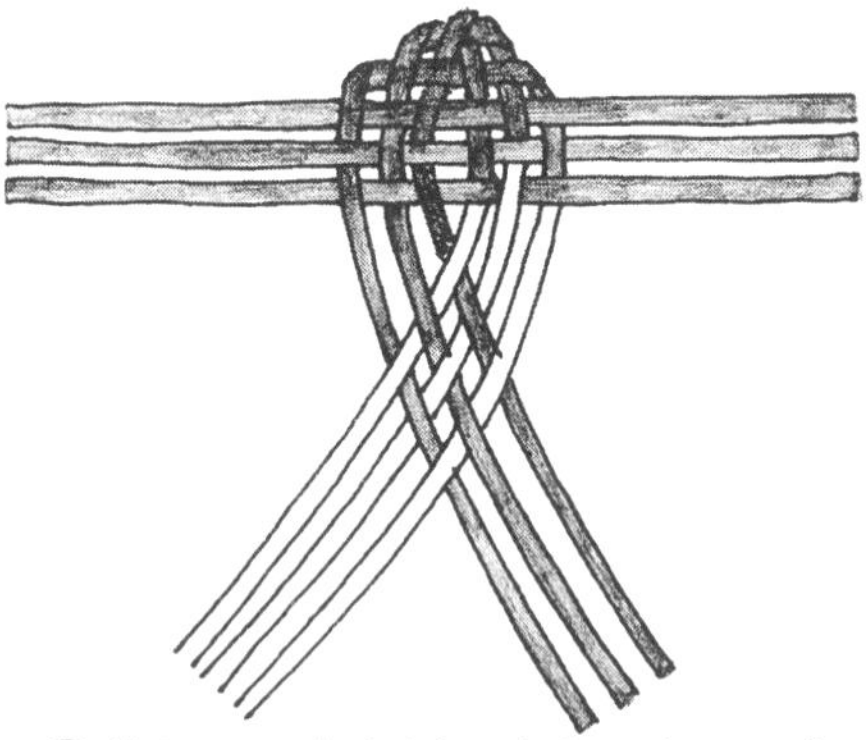

⓫残りの2本も図のようにたがいちがいに編〔あ〕む

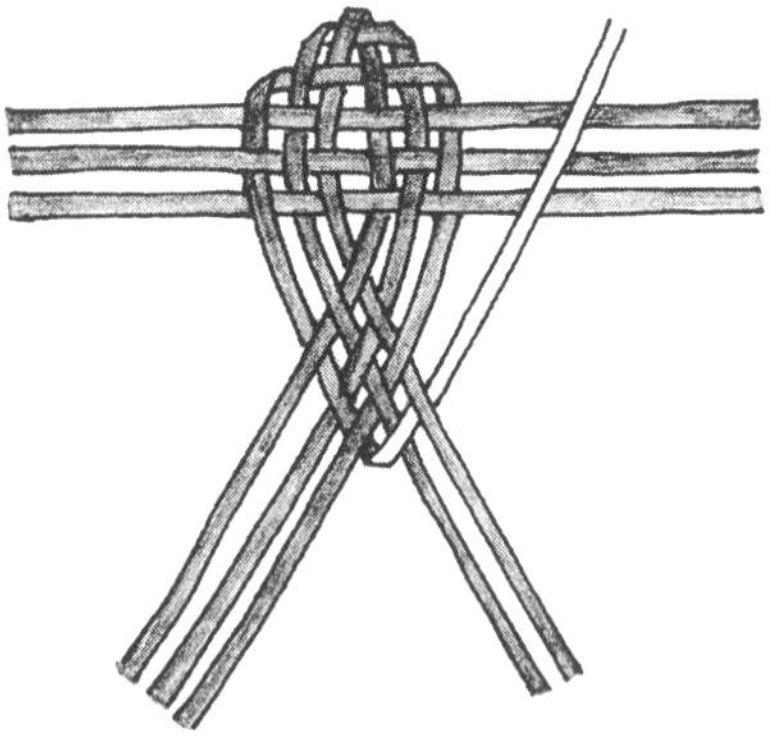

⓬右側中央の1本を図のように折りこんで

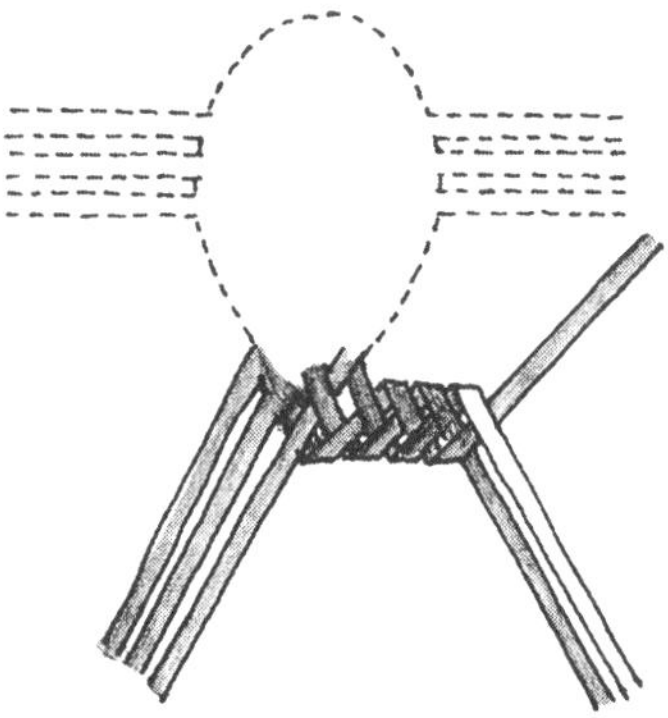

⓭右足を編む

⓮途中で図のように方向を変えて

⓯下に折りすすむ

適当な長さ（３～４つ目）で、１本を図のように止める（⑱⑲は裏側から見た図）

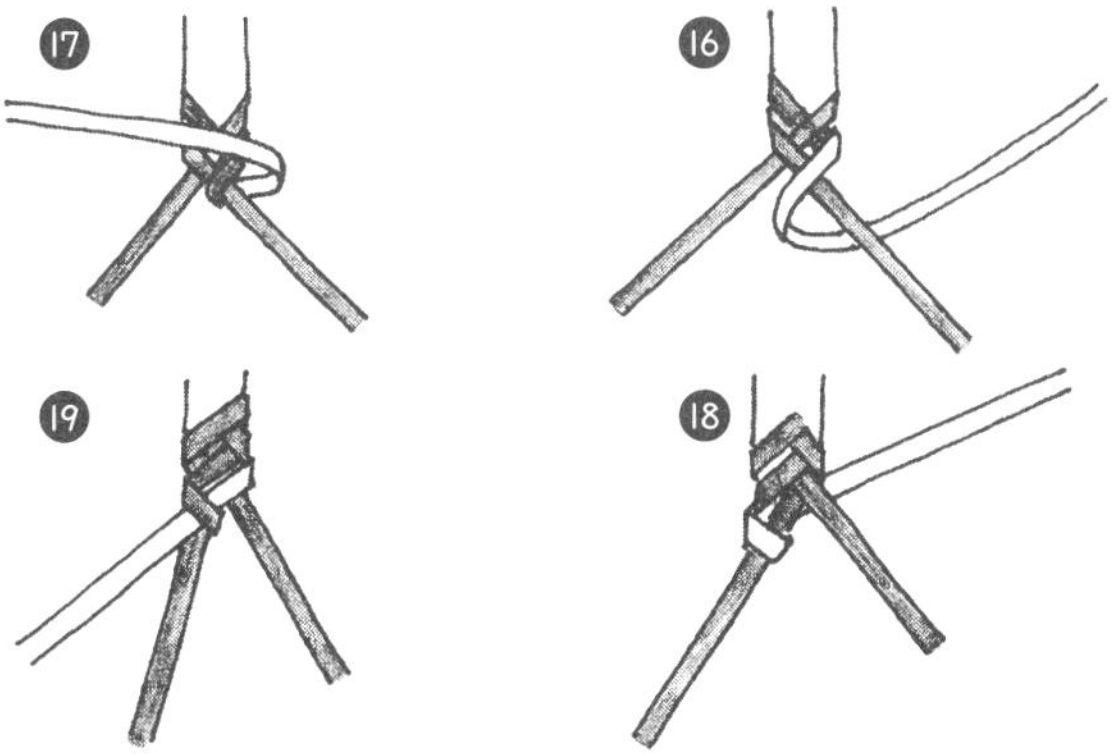

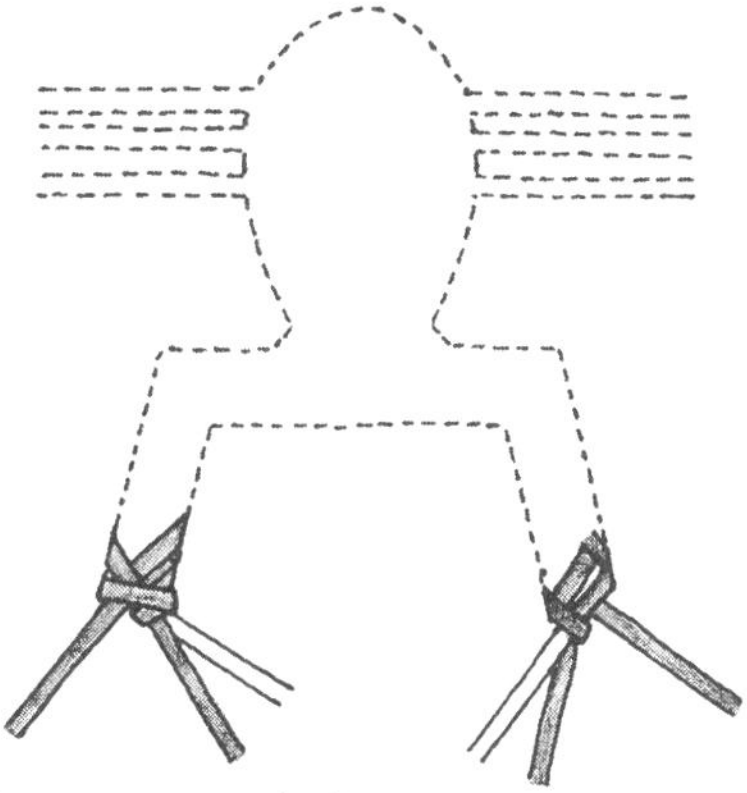
⑳足の部分の完成図

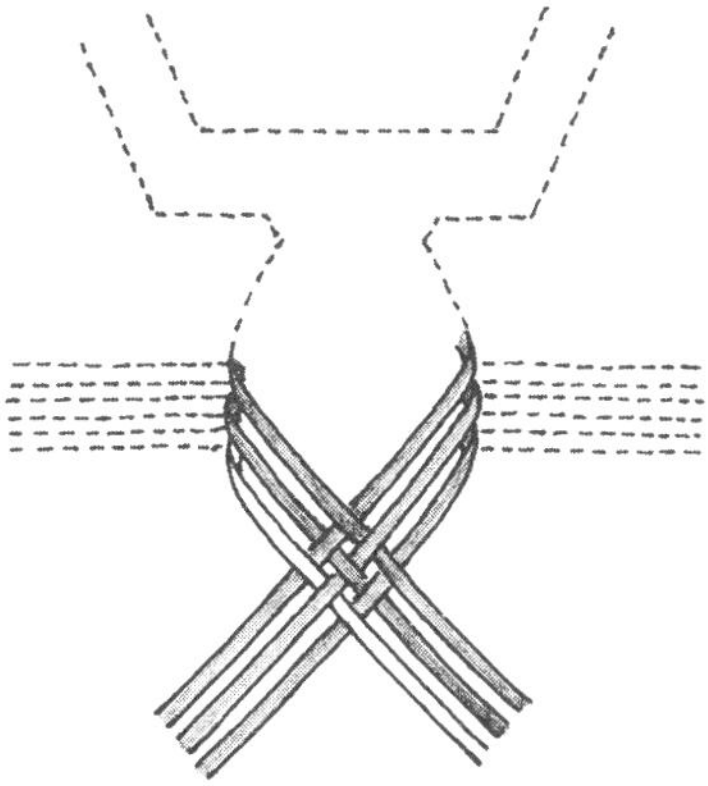
㉑裏返して、はじめに入れてあった３本で、口と前足を編む。まず図のように組んで

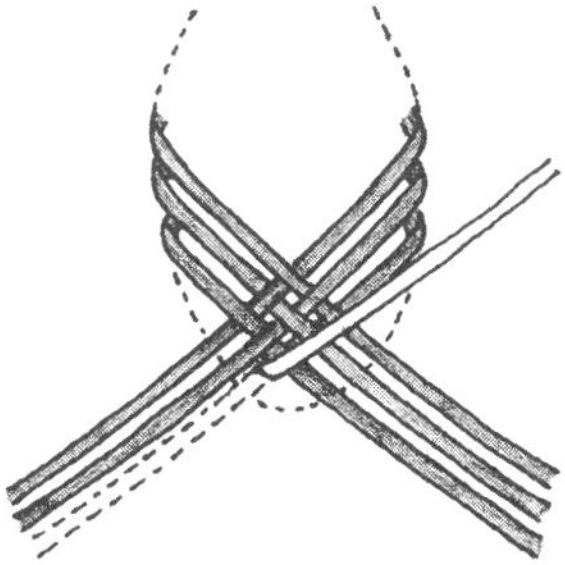
㉒内側の１本を反対側に折る

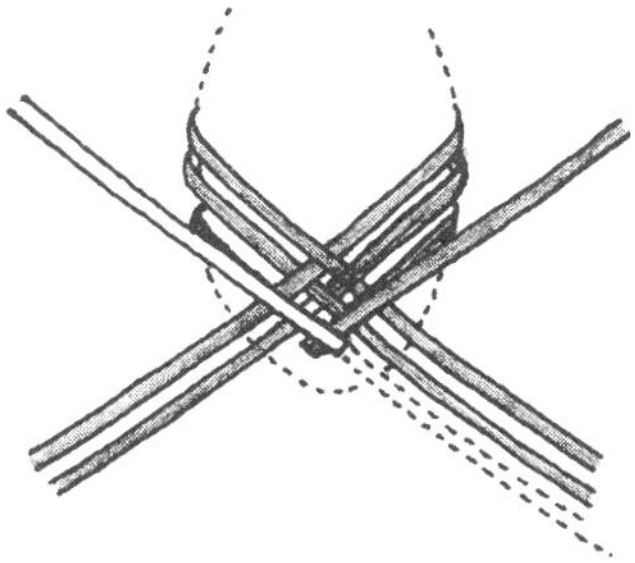
㉓両側をかわりばんこに折って

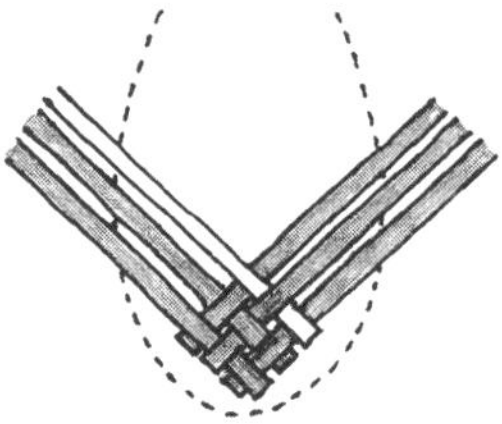

❷❹図のようにする

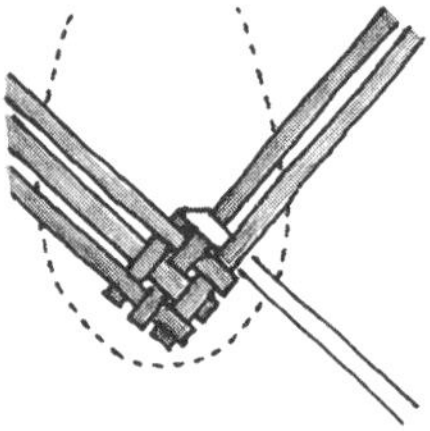

❷❺ここからは左右３本ずつで、後ろ足と同じ要領〔ようりょう〕で前足を折る

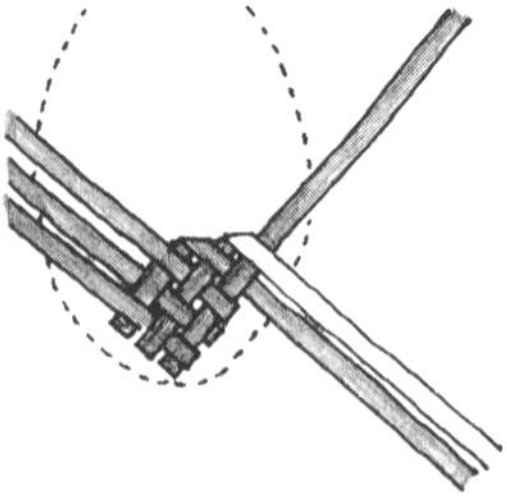

❷❻右足を折りすすめる

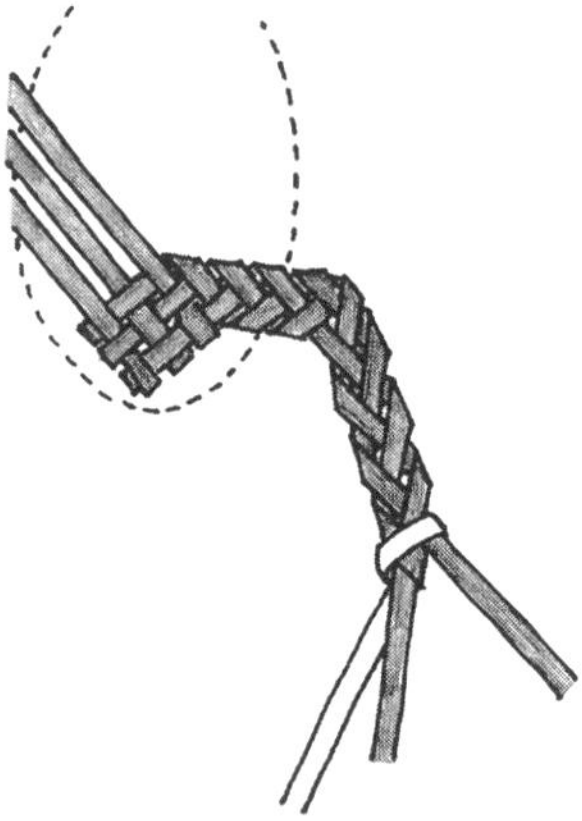

❷❼後ろ足と同じように折りすすめ、最後も同じように止める

❷❽右前足と同じように左前足も折って止めたあと、すべての足の余分なところを切り捨ててできあがり

あとがき

子どもたちをつれて野外観察に出た時など、私はよく道端《みちばた》に生えているネコジャラシの穂《ほ》で馬を作り、これを子どもの一人に手渡します。するとそのとたん、周囲にいた子どもたちが「教えて、教えて！」と群がってきます。そしてあっという間に私は子どもたちに取りかこまれてしまいます。もちろん私は喜んで教えてあげます。この時、おもしろいことに、子どもたちは「作って！」ではなく「教えて！」と言うのです。こうして私のまわりに集まった子どもたちは、すっかりネコジャラシの馬づくりに夢中になってしまいます。子どもはもともと物を作ることが大好きなのです。

先日、あるところでシュロを使った馬の作り方（24ページ　馬っこ）を指導したところ、四歳の子どもが一生懸命取り組み、とうとう二時間ほどかかって仕上げ、作り方を覚えていきました。「こんな小さな子が、二時間も熱中できるものがあるなんて、ほんとに驚きました」と、係の方が驚嘆していました。でも私に言わせれば、子どもたちはもともと手を使って物を作ることが大好きなのです。そしてこのような遊びや物を作る活動を通して、子どもは指の感覚や観察力、ものを考える力、集中力、指の器用さといった、将来の生活に不可欠となってくる自分の内に持つ能力を無意識に引き出し、自ら培《つちか》っているのではないでしょうか。

「手は体の外に出た脳である」と言ったのは、哲学者のカントだそうです。手や指を使い、工夫しながら物を作ることを通して文化を創造してきた人類の歴史を見ても、このことは十分うなずけます。そんな意味からも、これから成長していく子どもたちに、ぜひ自分で物を作る楽しさを味わわせてやりたいと思っています。


物を作る楽しさにひかれるのは、どうやら子どもばかりではなさそうです。私の勤めている学校では毎年、子どもたちの作品展を催していますが、その時に開く草玩具《くさがんぐ》の実演コーナーには、子どもたちと一緒に大人も大勢参加してきます。

何年か前、オーストラリアのパースに行った時、たまたま止まった駐車場に、カラスムギがぼうぼうと生えていました。そこで私はその麦の穂を抜き取って麦わらの馬を作り、運転手のボブという男性にプレゼントしたのです。その時の彼の驚きは大変なものでした。「すごいっ！　あなたの手は魔法の手だ！」向こうの人は私たち日本人よりもずっとオーバーに体全体で驚きを表現します。ボブは、一緒にツアーに参加していた人や自分の妻に見せて回って大喜びしています。そしてこれをきっかけに私たちはたちまち親しくなったのでした。

三年前、私ははからずもハワイで行われた世界のいろいろな国の学校の先生方が集まる教育者会議のなかで、草玩具のワークショップを開かせてもらうチャンスに恵まれました。ここに参加された先生方もまた草玩具づくりをとても楽しんでくれ、自分の国に帰ったらさっそく子どもたちに教えてやりたい、と熱っぽく話してくれました。そして私もまた、このような楽しさが、国や言葉を越えて伝わっていったことを感じて嬉しく思ったのでした。

先にも書いたように、植物の多い日本ではさまざまな草玩具が全国のあちこちにちらばっています。これらは、ずっと昔から大勢の子どもたちの、または大人たちの「遊び心」によって考えられ、作られ、楽しまれ、伝承されてきたものなのです。ところが最近、子どもたちが自然のなかで遊ばなくなったこと、また大人もこのような楽しい伝統的な草玩具を子どもたちに作ってやったり教えたりしないことから、これらは急速に消えていこうとしています。長い年月をかけて工夫され、伝承されてきたこのようなすばらしい草玩具の文化が忘れられ消えてしまうことは、とてももったいない残念なことではないでしょうか。

ここに集めた草玩具は、これまで私があちこちで見つけた日本の（外国のものも少し入っています）草玩具のなかから、誰でも簡単に作れ、楽しく、おもしろいものをいくつか選んでみたものです。使う道具もハサミとカッターナイフ程度ですから、どんな家庭でも、あるいは学校のいろんな活動のなかでも楽しむことができると思います。

最近、私はあちこちでこのような草玩具を紹介する機会が多くなってきました。そしてそのたびに、「このようなものを集めた本はないか」と、よく聞かれます。あれば私自身が欲しいのですが、残念ながら今のところ見当たりません。そこで浅学を省みず、これまで私が集めたものだけでも、紹介させてもらうことにしました。

ただ、草玩具探しは私自身もまだ始めたばかりです。日本、あるいは世界には、このほかにもまだまだおもしろい草玩具があちこちに埋もれていると思われます。こうしている間にも、文明の波に押されて、この素朴ですてきな文化がどんどん失われ、消えていっているのではないかということが心配されます。そこでとにかく見つけたものから少しでも書きとめ、残しておきたい。そんな気持ちが強く働いたことも、この本を書くきっかけとなりました。

もしみなさんのなかでおもしろい草玩具を知っておられる方は、ぜひ教えてくださいますよう、併せてお願いいたします。

二〇〇四年七月

佐藤邦昭

著者紹介

佐藤邦昭《さとうくにあき》

一九四三年、山形県新庄市生まれ
一九六五年、玉川大学農学部卒業
同年より、玉川学園小学部教諭
二〇〇八年、退職
理科教育にたずさわるかたわら、
自然観察の指導や草笛、草花遊びの普及、
草玩具の収集などを行っている
日本自然保護協会自然観察指導員
主な著書
『草笛——野の楽器をたのしむ』（共著、築地書館）、
『草笛を楽しむ』（共著、創和出版）、
『植物遊び』（明治図書出版）など
現住所　東京都町田市相原町一七六五—一二七

作ろう草玩具

二〇〇四年 八 月一〇日初版発行
二〇二〇年 八 月二〇日一三刷発行

著者……………佐藤邦昭
発行者…………土井二郎
発行所…………築地書館株式会社
東京都中央区築地七—四—四—二〇一
〒一〇四—〇〇四五
電話 〇三—三五四二—三七三一
ファックス 〇三—三五四一—五七九九
http://www.tsukiji-shokan.co.jp/
印刷・製本………シナノ印刷株式会社
デザイン ………吉野愛

 ISBN978-4-8067-1294-7 C0076